夏目漱石传

SŌSEKI: MODERN JAPAN'S GREATEST NOVELIST

〔美〕约翰·内森 著

邢葳葳 译

上海译文出版社

SŌSEKI：MODERN JAPAN'S GREATEST NOVELIST

Copyright © 2018，John Nathan

图字：09 - 2021 - 055 号

图书在版编目(CIP)数据

夏目漱石传/(美)约翰·内森(John Nathan)著；
邢葳葳译. —上海：上海译文出版社，2023. 4
书名原文：Sōseki：Modern Japan's Greatest
Novelist
ISBN 978 - 7 - 5327 - 9109 - 5

Ⅰ.①夏… Ⅱ.①约…②邢… Ⅲ.①夏目漱石(
1867 - 1916)—传记 Ⅳ.①K833. 135. 6

中国国家版本馆 CIP 数据核字(2023)第 042151 号

夏目漱石传

［美］约翰·内森 著 邢葳葳 译
责任编辑/常剑心 装帧设计/阿 科

上海译文出版社有限公司出版、发行
网址：www. yiwen. com. cn
201101 上海市闵行区号景路 159 弄 B 座
启东市人民印刷有限公司印刷

开本 890×1240 1/32 印张 14 插页 2 字数 240,000
2023 年 5 月第 1 版 2023 年 5 月第 1 次印刷
印数：0,001—6,000 册

ISBN 978 - 7 - 5327 - 9109 - 5/K · 305
定价：69. 00 元

献给诺亚，我的外孙，一个小婴儿

纪念我们的杰里迈亚

目　录

前　言

在日本现代文学的长卷中，夏目漱石（1867—1916）孑然
屹立，当之无愧地成为开辟新文学的先锋人物。他本是一名研
究英语文学的学者，却在 38 岁那年陷入深深的自我怀疑中，从
而转向小说创作。从 1905 年写作到 1916 年去世，11 年间，他
为世人奉上了 14 部严肃小说，以日本文学未曾有过的深刻性和
准确度，刻画出众多漱石风格的新人物。基于西方意义的现代
概念，他被视为日本的第一个现代小说家，此定位恰如其分。

漱石的文学贡献是伟大的，他备受瞩目的不凡人生亦颇具
时代意义。他出生时，社会变革风起云涌。在文学上他糅合日
本情怀和西方创作手法，成为日本为建造"现代"社会兼容传
统和西方元素的时代镜像。漱石的一生，极犀利极透彻地诠释
了他称之为"招致洋文化"带来的剧痛和麻痹。

漱石之成就，前无古人，愈加显得不同寻常。彼时的英格兰，乔治·梅瑞狄斯、托马斯·哈代、约瑟夫·康拉德和亨利·詹姆斯等，这些文学大师在18世纪早期兴起的新古典主义中浸染滋长，继而传承超越，发展至弗吉尼亚·伍尔夫和詹姆斯·乔伊斯的现代主义。相比之下，漱石的现实主义似乎是横空出世。18世纪和19世纪的日本流行滑稽本、讽刺小说、伦理故事和通俗剧等文学类型，其中的人物形象和现实生活相距甚远，因而日本读者突然在漱石作品里读到活生生的人物形象，是毫无防备的。

在短短11年的文学生涯中，漱石凭借杰出的造诣和超常的精力创造的辉煌文学成就，难以被划分为早期、中期和晚期的漱石。他在第一部小说《我是猫》（1905）和诙谐小说《少爷》（1905）中就已经开始明显使用反讽和多视角叙事策略了，这可能是得益于他大量阅读劳伦斯·斯特恩和简·奥斯丁等西方作家作品。此后，他的写作风格当然有所发展，且精进迅速。从他依次推出的作品中，从他对日语语言使用的大胆自由尝试中，细心的读者可以发现他文学风格的演变。日语被漱石改造得既可精确表达，又保留了其原有的无限内涵。

在生前，漱石就得到了批评界的赞美和读者的喜爱。而今，离世百年后，他在日本国民心目中的地位，如同简·奥斯丁之于英国人和美国人。以下几件小事，可以让我们管窥漱石在日本受到的推崇：从1984年到2004年，他的头像被印在日本的千元钞票上（大约等值于10美元）；高中部要求学生背诵漱石小说的段落；他是至今被字典引用次数最多的日本当代作家；他被投票评为"最能代表日本的作家",超过了《源氏物语》的作者紫式部。

2014年4月到9月间,《朝日新闻》为纪念漱石最受欢迎的小说《心》在该报初次刊登100周年,以1914年小说连载时的原貌再次在报纸上刊登连载。读者反应异常热烈,截至2014年8月,《心》的平装本就售出700万册。《朝日新闻》随即又开启了《三四郎》(1908)、《后来的事》(1909)和《门》(1910)的再连载活动。如今,漱石最为畅销的作品《我是猫》的再连载也已进行到了一半。2016年12月9日,在漱石逝世100周年之际,一款漱石造型的机器人亮相。它身穿英式西服,扎领带,穿儿童鞋,面部套取了朝日新闻社提供的漱石的死亡面具。这个1.2米的机器人(和木偶剧中的人偶一般大)坐在椅子上,通过漱石孙子的声音,朗诵了漱石作品《梦十夜》的部分章节。机器人亮相的大学现场,参观者络绎不绝。

黑暗充斥着漱石的作品,这让我们很难理解他为何能有如此经久不衰的吸引力?也许是因为,他笔下那阵痛般的生活,那难以维持的正直和尊严,以及那总是遥不可及的幸福,总能让读者们惊醒,而不是给他们似曾相识的感觉。

XI

从上个世纪80年代开始,日本每年有十多本漱石研究专著出版,几百篇相关文章发表。很多西方学者也在研究漱石。从语言学、结构主义、叙事学、性别研究、女性主义到酷儿理论,甚至发掘隐蔽较深的帝国主义色彩,这些研究视角多元、各有侧重。一言蔽之,它们把漱石从一个风格独特的日本作家的身份里解放出来,让他归于伟大的全球作家的行列。

漱石研究卷帙浩繁，我不想对此赘述。我倒是希望能给广大读者呈现漱石作为鲜活的个体和情感丰富的艺术家的一面，一起靠近和感受漱石这个人。为此，我将尽量避免抽象和学术的评论。同时，我将严谨求实，和熟知漱石的读者一起深入解读。必要之处，我也会引用其他作品和他人的评论。热衷理论的读者可以在参考文献中找到相关的日文和英文书目。

要把漱石的一生和作品介绍给英语读者，需有翻译，我都选择自己动手。有一些是没有人译过的漱石散文、信件、对话录和漱石传记等，我是别无选择地必须亲自翻译；有一两部漱石小说虽然已经有别人的翻译，甚至有多个译本，我还是选择自己重新翻译，因为翻译不可避免地涉及解读，我希望我的英语读者可以跟着我的译文去解读和品鉴。

细致钻研漱石 3 年后，我关于漱石的各种想象拼贴成了一幅令人不安的肖像画。和同时代作家马塞尔·普鲁斯特一样，漱石一辈子都是个极度紧张的孩子[①]：对极喜或极厌的事物十分较真，挑剔，高傲，时而高谈阔论，时而沉默内向，阴晴不定，难以捉摸。普鲁斯特年少起体弱多病，漱石成年后羸弱欠安且神经衰弱，常常备受身体和精神的双重折磨。这些痛苦本可能使他冷酷、尖刻、乖张甚至暴力，但是他依然可以表现温暖，并用文字表达悲悯。他是一个语言大师，有创造奇谲双关语的天赋。顺心的日子里，在讲台上或家里与朋友和追随者相处时，他可能很有魅力。但总的来说，尤其是在他的妻子和孩子眼里，

XII

---

① 原文 *un infant nerveux* 是普鲁斯特在其未完成的小说《让·桑特伊》中多次使用的词语。[本书脚注皆为编注]

他的脾性是相当讨嫌的。

归根结底，漱石是一个小说家：他在文字世界里创造美，揭橥人生真谛，为世人留下了超越他个人局限性的宝贵遗产。穿越折磨和剧痛，绝不放弃艺术追求，读这样的漱石，我们或可在某个瞬间感受崇高的震撼。

致　谢

感谢加州大学圣芭芭拉分校的同事和好友山内洋子；感谢早稻田大学的中岛国彦教授；感谢独协大学的前泽浩子教授；感谢水村美苗，我认识的最有创造力的漱石读者。感谢他们帮我厘清一些艰涩的段落。

感谢我的挚友艾伦和约翰·纽维尔细读文稿，并一如既往地，提出宝贵的修改建议。

1
肇始岁月

漱石在幼年遭遇的家庭变故，毫无疑问，奠定了他小说里的黑暗厌世基调。家中八子，他是幺儿，和两个同父异母的姐姐几乎毫无交情，4 岁前被两次送养。[1] 收养他的第一对夫妇有可能和他家的女仆有亲戚关系。漱石在去世前一年写的回忆录《玻璃门内》中写道，成年后他才知道，这对夫妇靠买卖二手罐子和锅具养家糊口：

> 每天晚上，我被放在一个装着破烂旧物的竹篓里，竹篓就被扔在夜市对面的四谷街上，无人照管。有一天晚上，姐姐路过见到了，把我包裹在她的和服里带回了家——我猜她是看我可怜吧。据说是因为我晚上不睡觉，整夜哭嚷，姐姐因此被父亲训斥。[2]

据查证，漱石在 3 岁前被送回了亲生父母家，但很快又被送出：1870 年，4 岁的他被父亲认识的一对夫妇收养，直到 9 岁再次被送回前，一直与他们一起生活。

漱石的父母为什么不能亲自养育他呢？学者们曾作出各种推测，但始终无法给出确定结论。一种说法是，漱石父母尚需照顾 5 个年幼的孩子，又恰逢家道中落。漱石出生之前，父亲是当地的名主（区行政官），这个官位由官府赐封，从 1702 年开始他家已经出了 7 代名主了。名主身兼数职，同时也是当地的巡查官、法官和警察，负责协调和裁决当地的经济纠纷和家庭矛盾。漱石父亲的管辖地，也是漱石的诞生地，是现在的新宿区早稻田南町，位于东京偏北区域山手线附近（属于上等居住区），在旧时作为幕府驯马场的高田马场山脚下，距离早稻田大学只有几个街道。夏目家族曾经做过很有势力的名主：从 1842 年开始，漱石的祖父已经进入江户时代重要名主的名单头列了，管辖 11 个邻近的町（行政区）。3 漱石的父亲继承管理了一份同等面积的城镇区域，俸禄包括大米和薪水。这个职位不仅待遇丰厚，而且有权势、受尊重。在任期间，漱石父亲将临近自家宅屋的一个行政区命名为喜久井町，这个名字涵盖了夏目家徽上的两个元素：菊花（喜久）① 和抽象化的井。4 喜久井町和漱石故居门口的漱石坂，作为地名都有幸保留了下来。

然而，在漱石出生前不久，名主这个职位被废除了。此时的日本，社会改革如火山喷发，动荡不安。1867 年，漱石出生，

---

① 日语中"菊"和"喜久"的读音都是 kiku。

同年江户时代的最后一个幕府交权下台。第二年，天皇重新掌权，不久确立君主立宪制。统治了250年的封建幕府在短短10年里就被推翻了。掌握国家新命运的是一批年轻的效忠武士，他们决意根除旧秩序，建立借鉴自西方的社会制度。社会变革的巨大齿轮推动日本走向一个现代国家，漱石的父亲因此受到冲击。尽管如此，也没有证据说明他没有能力再养育一个孩子。漱石出生不久后，他得到官位，被任命为新划分的新宿区区长。此外，漱石家在四谷拥有一块稻田（现在被开发为上等居住区），据漱石说"产出的粮食足以养活全家"。[5]

诸多迹象证明漱石家的经济状况绝对称不上贫困。漱石回忆说，或是别人曾告诉他说，两个同父异母的姐姐（漱石父亲第一任妻子所生）每天早上天不亮就起床赶着远程去浅草的一个戏院。她们先是步行到东边的码头，由于路上不安全，由家里的男仆护送，然后乘坐篷船，沿着墨田川①逆流北上到今户。随后，她俩步行到戏院附近的茶社，吃上茶点休息后，由剧院派人接到浅草町。为方便监督，政府规定小剧院只能在浅草町经营。两个姐姐的座位在包厢里，这样的座位极受追捧，座上客常常盛装出席，想要抓获全场的目光和羡慕。演出结束后，一个身着双绉和服和袴裤[6]的男子领她们到后台，见见崇拜的演员，求个扇面之类。"这无非就是满足她们的虚荣心，"漱石写道，"只不过都是花钱买的。"[7]

《玻璃门内》还讲述了一桩类似事情。漱石当时一两岁，一

3

---

① 现称隅田川。

天夜里，8 个强盗蒙面提刀，入室抢劫，要挟他的父亲出钱"资助军事行动"。漱石的祖父挥霍无度，家财散尽，漱石的父亲直克是个节俭之人，在他手上家业渐有起色，因此只拿出了一点钱，盗贼并不罢休。他们显然已经从街角的酒馆那里得到了指点，小仓屋[8]的老板求他们放过他这个穷人，去找有钱人夏目地主。这个时候，漱石的母亲说，把钱包里的钱也给他们吧。据说钱包里有 50 个金币，数目可观。盗贼走后，直克训斥妻子多嘴破财。漱石称，这是他妻子与大哥喝茶时听来的。[9] 可见，家中富足有余，即便考虑到股市投资失利，还是无法解释夏目直克为何要把漱石送养他人。

另一种说法是，漱石的父母生他时分别 51 岁和 41 岁，当时这样的年纪生孩子会被人笑话，他们因此感到难堪。"我是父母的最后一个孩子，他们年纪很大生下我，"漱石写道，"人们总是反复告诉我，现在也这样说，我母亲为自己晚年怀孕而感到羞耻。"[10]

4 据记载，夏目金之助[11]（漱石是笔名）于 1870 年被盐原昌之助和阿安领养，这对夫妇当时 31 岁，没有孩子。1868 年明治维新以前，盐原是四谷区的名主。1872 年，也许是受到漱石父亲的帮助，他被任命为地方官员（户长），明治政府为丢官的名主官员设立了这个新职位。他们举家搬迁到墨田川东位于浅草商业区的诹访町，附近住的都是劳动阶层。漱石和盐原一家在这里住了六七年，小房子坐落在一条长长的回廊街道上，通往一处漱石写过的"区役所"。

根据漱石的回忆，盐原昌之助夫妇虽然小气抠门，但舍得为他花钱。除了给他买书和闪亮的新靴子,还带他到裁缝店定做"小公子方特洛伊"[①] 式的西服和毡帽,总之很宠爱他。有的传记作家认为,盐原的慷慨是有意识的投资,指望日后能得到漱石父亲的回报,这种功利化解释无法得到证实。此外,盐原夫妇刻意向漱石灌输他们是漱石亲生父母的假话,要求漱石忠诚于他们。在漱石的倒数第二本小说《道草》里[12],主人公回忆了养父母对他反复操练的这种驯化式教导,表达出强烈的情感应激反应。小说里的这位年轻作家的经历在很多细节上和漱石相符,他的诸多回忆叙述严密,读起来很像漱石自传。当然,不能武断地说,这部基调阴沉黑暗的小说故事完全就是作者的亲身经历。(查尔斯·狄更斯曾说过,他所想象的一砖一瓦都是他亲眼所见。)但是,下面这种家庭互动,也许真的发生过。它对这个小孩的心理影响被记录得如此生动,更像是来自回忆而不是想象:

> 作为他们从别处领来的唯一孩子,健三在吝啬的岛田家得到了特殊的待遇。然而有时候,在某个凄冷夜晚,他们坐在长长的火盆旁边,向坐在对面的他问这样的问题:
> "谁是你的爸爸?"
> 健三转向岛田,用手指一指。
> "那你妈妈呢?"
> 健三看着阿常,又指一指。

5

---

① 著名儿童作家弗朗西丝·霍奇森·伯内特笔下的小绅士。这部作品多次被改编成影视作品,国内多译作《小公子》或《小爵爷》等。

得到满意的回答后，他们会换个方式再问。

"你真正的爸爸和妈妈是谁？"

尽管他内心厌恶，却别无选择，只能重复回答。他不明所以，似乎这样让他俩很开心。他俩互看一眼，脸上挂着笑。

有时，这样的对话每天进行。有时，对话不会这么简单结束。阿常似乎尤其执着。

"你在哪里出生的？"

"小健，你到底是谁的孩子？勇敢说，别害怕！"

他觉得他俩在折磨自己。痛苦之余，他感到愤怒。他不想给她想要的答案，就沉默着。

"所以你最爱谁呢？爸爸还是妈妈？"[13]

漱石 6 岁时得了天花。政府在 1872 年规定，小孩必须接种疫苗。漱石可能被疫苗感染了。当时的流行治疗方案是把柳树虫子放在脸上，虫子叮咬麻麻痒痒的，为了防止孩子抓挠，就把孩子的双手用麻布绑起来。但是，漱石把绑布撕碎了，抓挠得很严重，鼻子和两颊都留下了伤疤。漱石认为，他的自尊心因此受到了伤害。尽管漱石在其他方面都自命不凡，伤疤却让他一辈子活在自卑的阴影里。漱石的小说多次提到他的麻子脸，自我嘲讽意味最浓的来自《我是猫》。在第 9 章，作为叙事者的猫如是评价他的相貌：

主人是个麻子脸。据说，在天皇复位［1868］以前麻脸还是很流行的，不过在英日同盟［1902］的今天，这种疤脸就有点不合时宜了……我不好说，这个地球上有多少个脸上长坑的人，但是就我认识的圈子来说，一只麻脸猫也没有。人类也只有一人。没错，就是我的主人。单单就这么一个可怜的人儿啊！[14]

漱石一直和养父母一起生活，直到9岁那年，用漱石的话说，"家里头诡异骚乱，结果我被突然送回出生的地方了"。[15] 他暗指阿安发现了盐原和情人日根里胜之间的来往。日根里胜是个寡妇，27岁，有个女儿叫阿莲，比漱石大一岁。这次冲突让漱石很不安，有一次他听到吵架声，接着看到养母被打了一巴掌，歇斯底里地哭嚷起来。当漱石和养母单独相处的时候，她常常要咒骂日根里胜，咬牙切齿地骂她"荡妇"。事实上，相比养母，漱石喜欢养父多一点，但不敢当面维护他，只好静静地听她辱骂。终于有一天，盐原离家了，和他的情人及女儿一起租了一处房子。漱石和阿安一起生活。1876年，漱石父亲听说盐原打算送漱石去饭店做工补贴家用，只好接他回家。

漱石误以为自己的父母是祖父母。管他们叫"爷爷"和"奶奶"，他们并没有纠正。漱石回家的时候，直克已经60岁了，千枝49岁，年龄上确实可以做爷爷奶奶了。不过，漱石还是知道了真相。根据他在《玻璃门内》的讲述，一天夜里，家里的女仆在他睡觉时悄悄在他耳边说，两个大人其实是他的亲生父母。她好像偷听到两人商量，发愁着怎么开口说出真相，又不会伤害到漱石，女仆心生同情，这才偷偷耳语漱石。得知真相的漱石，根据他自己的回忆，又别扭又伤心：

> 我答应她保守这个秘密，但我的内心是幸福的。不是
> 因为她告诉我真相，而是因为她一直都待我很好。奇怪的
> 是，我内心如此感激她，却记不得她的名字和样子。我记
> 住的只是她的好。[16]

7　　他遭受这样的遗弃和欺骗，这时却只想着女仆对他的好，
而不是愤懑不平，令人更加唏嘘。

在漱石重回父母身边后，盐原也一直保持联络。漱石保留
了原来的名字，仍然自称盐原金之助。《道草》里的主人公讲述
过这些曲折纠结，如果是真的，我们可以推测漱石对两位父亲
的态度都很疏离冷淡：

> 在生父眼里，他是一个挡路的小物品。带着那种表情
> 说："这个孽障怎么又回来了？"不让他有一丁点受欢迎的
> 感觉。他的冷酷，和他此前感受的完全不同，把他对父亲
> 的情意肆虐揉碎，风干成了杂草。茫茫然之中，他想不明
> 白，那个在养父母面前一直笑容可掬的生父，把他带回家
> 的瞬间为何变得冷若冰霜。他对他是没有半分爱啊。
>
> "我没得选择，我可以养他，但是其他的我一概不管。
> 其他方面应该让他们负责才对。"
>
> 生父的态度就是这样。至于养父，这种人，只在乎事
> 情是否对他有利。

"我先把他寄养在父母家，他们总会关照他的。等他长大能干活了，我再去吵闹一番，再夺回来就是。"

他既不能下海，也不能上山，无处栖身。[17]

一个十岁孩子能体会到世间的这般悲凉疾苦么？也许不能。《道草》是漱石用自己童年做素材的唯一作品，细节刻画堪比狄更斯，也是他所有小说中最黑暗的一部。现实世界里，漱石的生父和养父盐原像参加拔河比赛一样，来来去去地争夺对他的控制权。直到1888年，两人终于达成了正式协议。是年漱石21岁。

该怎么理解直克对小儿子的态度呢？如果视他为负担，为什么要领回家？也许，他在以自己的方式爱他；也许，是因为愧疚太深；更有可能的是出于金钱的考虑。父亲把儿子们看作财物和投资，给自己养老送终，这种想法在当时也很普遍。9岁的漱石就已经显露出异常天赋和学术潜能，这恰恰是日本新社会十分重视的才能，未来大有可期。那时，他的三个兄长还在世，两个在读大学，需要家里供养。直克必定发现，他的小儿子才是最有前途的一个。只是，漱石在法律上还是盐原家的养子，这个问题令他颇为沮丧，也因而态度冷淡。

盐原这方面，也把漱石当作投资的物品，费尽心机，生怕养子被撬走。1872年的人口普查中，盐原登记漱石是自己的"儿子和继承人"；1874年的人口普查中，年仅7岁的漱石变成了盐原家的户主。[18] 户口登记上，盐原和妻子是家里的母亲和父亲，漱石（金之助）则是房屋贷款的偿还人。

1887 年，漱石 20 岁，他的大哥大助和二哥荣之助先后在 3 个月里患肺结核去世。2 年后，漱石参加了东京第一高等学校的英语演讲比赛，他在演讲稿中悼念了去世的大哥：

> 我察觉到，他塌陷的脸颊出现了一抹淡淡的玫瑰红，深陷的双眼又燃起亮光；他的笑容在别人看是惨白惊人，于我却是如天使般可爱。当他开口告诉我，他将不久于人世，叮嘱我照顾好自己，我的心一沉，突然有种不详的预感。"哥哥啊！上天啊！别这么说！"我能说的只有这几句，其他任何话都会被最深沉的悲伤淹没，无以言表。他准确预言了自己的死亡，临终前的最后一句话是"用功学习"，此为遗训，我铭刻在心。[19]

长子的去世对直克是一个沉重的打击。他开始和盐原谈判，希望在法律上让漱石重新回归夏目家，并坚持说这是大助的死前遗愿。（真假未可知）1888 年两人达成协议：直克支付盐原 240 日元，以补偿"7 年的养育费用"，合同签署之日支付 170 日元，剩下 70 日元无利息分期每月支付 3 日元。金之助登记为直克的第四子，盐原放弃对金之助的所有权。

同月，直克离家去京都，漱石给盐原写了一份补充文件，大意是钱款已付，他回归夏目家，希望"未来两家不要再有没人情、非人道的事情发生"。[20] 漱石此举惹怒了直克。直克认为这会成为盐原握在手里的把柄，给以后增添麻烦，怒气之下写信给盐原，声明补充文件是无效的，两家无须再有往来。他在

9

10

信中暗示，漱石是被养母阿安逼着写的补充文件。

　　事实上，在漱石成为著名作家后，盐原于 1909 年再次现身并纠缠漱石，以 7 年的养育之恩为由索要钱财。盐原变本加厉，逼迫漱石重新做他的养子。漱石深受其扰，在《道草》中有过生动的描述。

2
求学日子

在漱石的时代，百废待兴，学校和其他社会机构都在兴建之中。1871 年日本成立文部省①，次年设立全国教育体系。初步蓝图是建立 8 所大学和 8 所特供生源的附属高中。按照规划，建立 250 所中学，每 600 个公民建立一所小学。小学分成低小和高小，各设立 8 个年级，每个年级对应 6 个月的学业时间。学生 6 岁入学，14 岁从高小毕业。（义务教育从 4 年改到 6 年）在 1902 年前，文部省没有颁发统一的小学教材，教学大纲是儒家大杂烩，如背诵《论语》，还有一些新课程，如世界地理、数学和公民教育。

新兴社会崛起，漱石在这样的时代背景下同步成长。1872 年，浅草的户田小学建成，同年漱石入学。1876 年夏末秋初，他转到离家更近的市谷小学。市谷小学稍差一些，学生人数少，政府津贴也少。在 1909 年出版的短篇集《永日小品》[1] 中，漱石讲述了一件市谷小学的轶事。漱石的老师在黑板上布置作业，写错了一个汉字，在老师离开教室的时候，漱石从座位走到黑板，在旁边写下正确写法。老师回到教室后，看了一眼黑板，错上加错地宣告说，他写的也是对的。漱石写道："这样的文化水平让我震惊，即便在 1909 年的今天回忆起来，我还是心有余悸。"[2] 早年显露的博学迹象仿佛一个征兆：在他的求学生涯中，在他成年后的生活里，他一直都是周围人群里最出类拔萃的，他博览群书，同时也因为博闻强识而显得有些傲慢。

在每一篇漱石回忆学生时代的文章中，他总是说自己"是一个几乎不学习的懒散学生"，这听起来不太可能。小学时代，他三次获得优秀学生奖学金。毕业证书显示，他在 6 个月内上完两个年级，而不是常规的一个年级。在他 12 岁从市谷小学转到锦华小学的时候，他的学业超前了两年。

同年，即 1879 年，漱石升入东京唯一的中学——东京府第一中学。学校分成低年级部和高年级部，学生通常 14 岁入学，19 岁毕业。班级分正则和变则两种，正则以日语讲授课程，变则使用英文教材英文讲授。漱石上的是日语授课班，这可能是他父亲的决定，也可能在一定程度上反映了漱石似乎对英文抱有厌恶之情，这很令人诧异，因为他之后表现出了惊人的英文能力。

1890 年 9 月，23 岁的漱石考入东京帝国大学。然而，从中

① 即日本的教育部。

学到大学，漱石的经历颇为曲折，也少有记录。1881 年春天，漱石进入中学两年后就开始瞒着父母辍学。他父亲显然不会同意的，所以漱石每天早上带上午饭假装去上学。他意识到自己想要读大学，就要学好英文，不管他多么讨厌英文。但是他接下来的选择却令人费解：他入读了一所非常严格和传统的古汉语学校——二松学舍。漱石在这里待了一年，学习中国历史、孔孟思想和唐诗宋词。二松学舍早上六七点就开始上课，"作风非常守旧，令人联想到寺子屋[3]"。漱石当时已经有了不错的古汉语功底：1878 年，11 岁的漱石使用汉文写过一篇短文，汉文是一种日语和汉语的混合体，和口语日文差异很大。[4] 文章题为《关于楠木》，歌颂了 14 世纪的武士楠木正成的正直和勇敢，楠木效忠于后醍醐天皇，打败镰仓幕府为天皇夺回政权。漱石的写作在题材上没有新颖之处。为了在小学教材里强化对明治天皇的敬畏之心，文部省把楠木塑造成了一个理想的武士形象。漱石的文章展现了卓越的汉文表达能力。在二松学舍期间，他加深了对汉语典籍的理解，成为了一个年轻的古汉语学者，此后一生没有间断过汉文学习。古汉语如同一条暗河，一直潜流在漱石的写作中，影响着他的中文诗歌和日文散文，使漱石的语言更具内涵，古汉语之于漱石，如同希腊语和拉丁语之于 18 世纪的作家塞缪尔·约翰逊。

漱石学习古汉语，是最背离社会潮流的一个选择了。在 19 世纪 70 年代和 80 年代，举国齐力建设现代（西方）国家，学习西方技术和文化蔚然成风。大学校园里，学生们热烈讨论赫伯特·斯宾塞的《生物学原理》（1864）、研究进化论，和孔子

12

的《论语》相离甚远。1883 年建成的鹿鸣馆，象征了日本对西方的推崇，它有两层高，既作会客礼堂，也是下榻酒店，由一位常年居住日本的英国建筑师设计，接待外国大使和达官贵人。在这个无意间模仿了维多利亚风的风雅之地，日本政府大肆举办奢华舞会，试图让西方人相信，日本社会已经达到世界公民的水平，力推修改以前的不平等条约。

此时，漱石一头钻进了中国典籍，读了"上万首唐宋诗词"。漱石入读二松学舍的初衷我们无从得知，但是一年后，他意识到古汉语学习无法让自己成为日本启蒙时代的有用公民，于是毅然退学。接下来的两年没有记载。留存下来的漱石信件中最早的写于 1889 年，他最早是从 1900 年开始写日记的。退学后到 1883 年 9 月之间都没有任何关于漱石的记载。1883 年 9 月，他从父亲的房子搬出来，住到了寺庙里；他卖掉了自己的汉学书籍，进入补习英语的成立学舍。入读时，漱石几乎没有英文基础。大哥在家里教过他一些英文，他只是勉强读完小学英文读物的第二本，"老师的脾气太急，学生对课文题材不感兴趣，因而毫无进展"。[5] 一年后，漱石进入了高级班，开始阅读威廉·斯文顿的《世界历史》。

1884 年 9 月，17 岁的漱石通过了难度令人闻风丧胆的入学考试，进入了第一高等学校，他比同班同学小 3 岁。这所传说中的"一高"，是日本最高学府东京帝国大学[①]的生源校，是全日本最有声望的高等学府预科学校之一。这里的学生是这块土

13

---

① 现东京大学。

地上最灿烂的明星，他们也是高傲的群星。他们以特有的懒散作风显示自己的与众不同：他们住在邋邋遢遢的宿舍里，整日趿着木屐，穿着破旧的和服，披散着打结的长发。外在如此犬儒，实为精英群体，他们清楚地知道，自己是被精选出来建设国家未来的人才。

在最初的 3 年——此时学制刚刚改为高中 5 年、大学 3 年——漱石住在神田的一个简陋的寄宿公寓，末富屋公寓。同住的有中村是公，性格狂放，是一个傲慢无礼的学生，此后成为了他一生的忠实挚友。中村是公和漱石同岁，出生于广岛，家中第五个男孩，父亲经营清酒酿造。中村从东京帝国大学的法律系毕业后在财政部谋得差事，随后旅居时为日本殖民地的台湾，成为时任台湾民政长官的后藤新平的门生。1908 年，41 岁的中村成为南满铁路会社的总裁，该职位颇有权势。这条铁路南起旅顺北至长春，向东南延伸到抚顺，与朝鲜半岛的铁路连接起来，到达釜山。在 1920 年以后，日本利用这条铁路线作为枢纽，加强对满洲的政治和文化控制。[6] 中村常年在国外，但每当漱石遭遇困难，他必会前去帮助，或给予安慰和建议，或给予钱财。他们是终生挚友，但是两人性情差异极大。中村被称为"披着僧袍的獾子"，他务实果断，个性粗鲁，对敬重的人则宽宏大量，漱石是他最敬重的人。相反，漱石是一个爱幻想的人。他曾写道："满铁总裁是干什么的，我毫无所知，我怀疑他连我的一行字都没有读过。"[7]

东京一高的课程主要以英文授课，包括生物、数学、动物学和植物学，学生提问和回答问题也都必须使用英文。漱石、

14

中村和其他一些"乳臭派"在学习上吊儿郎当，瞧不起用功的学生。他们聚在一起打牌喝酒，去大街上瞄漂亮女人，以折磨老师为乐。"火炉折磨"是把教室最前面的火炉加柴烧旺，看着老师因为被烤得太热而满脸通红。[8]

漱石似乎下定了决心，做个不用功的学生。两年后他留级了，不过是因为生病无法参加年级考试。有两封保存下来的英文信，尽管没有注明日期，推测应该写于1886年的7月。漱石在信中写到的"肠胃疾病"是指当年他因阑尾破裂引发的腹膜炎（注意这封信里漱石用了养父的姓氏）：

草稿一

　　中川先生敬启

　　先生：因患肠胃疾病，我已卧榻30余天。疾病依然缠身，生活毫无乐趣，幸好还有几本书陪伴。我知道您有一套立顿公爵的小说，故写信想借阅几本。请您有空来望，借以安慰

　　您的真诚的

　　盐原

草稿二

　　先生：因患肠胃疾病，我已卧榻30余天。疾病依然缠身，因故无法上学，而期末考试紧迫在即。因此，我曾请求办公室允许我下学期初参加考试。但回复称，根据学校规定，办公室绝无可能因个别学生期末考试缺席而在新学

期单独安排考试，除非该生每门课成绩都在 60 分以上。办公室又补充说，我必须［未完成］[9]

根据这封信，是否可以理解为，漱石确实不是用功的好学生，甚至做不到每门功课 60 分？学校最终拒绝给他补考的机会，并要求他留级重修高二。根据档案，在第一高等学校 5 年的学习结束时，他已经名列第一，进入大学后成绩保持前列。漱石的同学都说，他的汉文和英文读写能力厉害得吓人。

在一高的第三年，漱石和中村是公 20 岁了，他们从破烂的寄宿公寓搬到了同样破烂的一家私塾学校，江东义塾，在这里他俩有一份兼职工作，赚点外快以减少对家里的依赖。漱石用英文教材以英文讲授地理和几何两门课程。每天高中放学后，他俩在这里上课两个小时。每天早晚他们经过两国桥步行往返一高。他们住在二楼一处逼仄的小房间，只有两张榻榻米大[①]！两张桌子紧挨着放下。当屋内太暗无法阅读时，就打开窗户透亮，当然也透进冷风。漱石曾回忆，某次他向窗外望去，看到一个姑娘站立在隔壁租屋外，一脸茫然，在夜晚的微光下，脸蛋俊俏，身形优雅。他没有和中村提过这个姑娘。一楼住着一个宿管和十来个学生。四处通风的餐厅，伙食非常糟糕，唯一的慰藉是隔天供应的一碗牛肉汤：漂在上面的浮油沾到筷子上，散发着牛肉的香味。[10]

16　　漱石和中村每月赚 5 日元，虽微薄却也能补贴需求。学校

① 3 平方米多一点儿。

的住宿费每月2日元，一高的学费只收25钱，书本大部分都能从图书馆借得。刨去公共浴室的费用，他俩合一起的钱还能剩点"零花钱"，于是逛逛街，一路上吃碗荞麦面，喝碗红豆汤，再吃些寿司。中村代表第一高等学校参加1889年的东京帝国大学赛舟会赢了比赛，得的奖金买了两本书送给漱石，一本是《文学与教条》（马修·阿诺德的圣经研究经典），一本是《哈姆雷特》。第一次读完《哈姆雷特》后，漱石坦言没看懂。

1890年秋，23岁的漱石通过了入学考试，进入东京帝国大学英文系二班，就读英语文学方向。关于学什么，漱石曾一度纠结。自孩童起，他笃爱阅读胜过一切，在中学的时候曾想过学文学。当时在大学读化学的长兄大助，非常照顾漱石，也深受漱石爱戴，可惜长兄并不支持他学文学。据漱石说，他对文学的热情被长兄批评："文学不是一门手艺，只是一项才艺！"（这里的"才艺"长兄使用了英文。)[11] 彼时盛行儒家所提倡的做对社会有用之人，兄长所言有弦外音，即文学不能算作"有用"，漱石因而动摇。在高中第三年选择学科偏重时，他选择了法语和科学，主修建筑。在一篇题为《失败》的采访中，漱石解释说这个选择颇为轻率：

> 我总是格格不入，我也确信，这样的我是不会为这个世界接受的。除非，我选择的职业是社会所需，人们将低头鞠躬，乞求得到我的帮助，不管这个我是否相配。我知道，建筑师不会有衣食之忧。此外，我喜爱艺术，心想也许可以在建筑中发现实体美和艺术美。[12]

万幸（对我们这些以漱石小说为盛宴的读者来说），他听取了哲学专业的同学好友的批评和建议：

> 彼时，我梦想建造一个金字塔那样壮观的建筑，当时学哲学后来成为文学博士的米山［保三郎］打消了我的念头："以日本目前的国力来看，你不可能造出你想象的那种名垂青史的宏伟建筑的。文学则另当别论。如果你致力于文学，你是有可能写出可以影响千秋的名篇巨著的。"我选择建筑时，算计的是一己私利，但米山说的是造福世界。我觉得他说的对，于是改了方向，改学文学。我觉得不需要再学日语和汉语了，因而选择了英语。[13]

看起来，漱石立志要成为学者，成为作家，给世界留下一份遗产，这个结论似乎有些武断。然而，确有迹象说明，漱石已经有了自己的写作规划。1906 年 11 月漱石在给《读卖新闻》的一封信中，拒绝开设一个每日专栏的约稿：

> 纵然是《读卖新闻》付我 800 日元的稿酬（每年），而我要为一份日报写的这种文章，在我死后几乎不可能留存于世……花费宝贵的时间写这种阅后即抛的文章，和我浪费生命当大学老师，又有何区别？[14]

东京帝国大学自诩其延揽的"外教"都是学养深厚的学者。1890 年漱石入学时，美学家、艺术史学家和画家欧内斯特·费诺罗萨刚好离开东京帝国大学，去波士顿艺术博物馆任东方艺术馆馆长。（时机不巧，否则漱石定会成为费诺罗萨的高徒）另外，擅讲故事的作家小泉八云在 1896 年进入东京帝国大学，可惜彼时漱石已经毕业 3 年了。漱石 3 年大学期间的外国教师主要有两位，一位是德裔俄罗斯人哲学家拉斐尔·冯·库伯（1848—1923），另一位是苏格兰的英语教授詹姆斯·梅因·迪克森（1856—1933）。

作为德裔，冯·库伯在俄国的生活比较辛苦。他是个钢琴天才，19 岁进入莫斯科的一家音乐学院，和柴可夫斯基、安东·鲁宾斯坦成为朋友，但后来放弃音乐，赴德国耶拿跟随鲁道夫·奥伊肯学习哲学，奥伊肯在日本颇有影响力。1893 年冯·库伯以博士身份来到东京，在东京帝国大学教书 21 载，教授希腊语、中世纪哲学和美学等课程。他同时还在东京国立音乐学院（即现在的东京艺术大学）教希腊语、拉丁语和钢琴。

毫无疑问的是，受冯·库伯的影响，漱石持续一生的哲学趣味得以提升。漱石开始大量阅读冯·库伯的导师奥伊肯以及亨利·伯格森、威廉·詹姆斯等大家著作。虽然无法得知漱石上过多少冯·库伯的课，但无疑他很敬佩这位性格古怪、强调个人主义又严肃深刻的老师。某次，漱石拜访了冯·库伯的"陋室"，他在回忆中说："书架上卷帙浩繁，皆是灰暗之色。"接着他又写道："假如你去大学里问，哪位教授品格最高，十有八九，大家会说的第一个就是冯·库伯，然后才是一些日本教授。"[15]

编撰《英语谚语词典（专为日本学生编订）》的詹姆斯·

迪克森，则似乎不是一位善于启发的良师。他在 1914 年 11 月 25 日给学习院的学生做了一次讲座，题为《我的个人主义》，后来广为流传，在附录部分，漱石对迪克森的英语文学课一番评论，颇有嘲讽意味：

> 大学期间，我的专业是所谓的英语文学。你可能会问，英语文学是个什么专业？让我来告诉你吧，我曾经花了 3 年时间苦苦追寻它的答案。那时我的导师是一个叫迪克森的男人。他让我们大声朗读散文和诗，写作文；他会因为我们漏掉了定冠词和不定冠词而斥责我们；他会因为我们的发音错误而生气地纠正我们。他的考卷总是同一类问题：华兹华斯的生辰忌日，莎士比亚的对开本数量，按年份列举斯哥特的小说等。年轻的读者啊，你大概觉得英语文学应该是这样学的。暂且不谈英语文学，就文学本身而言，这些知识如何能帮助我们理解文学呢？要弄明白这个道理，简直就如盲人窥篱笆一样徒劳无功。我整日在图书馆里狂热地寻觅，却毫无头绪。并不是我愚笨，而是几乎没有什么像样的书探讨此类问题。苦读 3 年，我依然不知何为文学。可以说，这就是我痛苦的根源。[16]

漱石也许在为去向哪里而苦恼，但不可能对文学一无所知。1892 年 10 月，他在大学刊物发表了第一篇重要的评论文章，《论文坛平等主义代表沃尔特·惠特曼的诗歌》[17]。是年早些时候惠特曼去世，但日本国内对他少有人知。也许正是迪克森教授

19

向漱石介绍的惠特曼的诗歌。这篇文章激起热议。[18]

　　随后几期，漱石又连续发表以"英国诗人的自然观"为主题的系列文章，探讨蒲柏、艾迪生和华兹华斯诗歌的意象含义。这些文章使漱石成为了校园里的风云人物，人人仰慕，其中就包括时任东京帝国大学的校长外山正一。试想，一位本科生就这样的艰涩主题写出文章而且获得广泛关注，确实难以想象。（以美国的教育标准来看，26 岁的漱石在各方面已经达到了研究生的水平。）非常重要的一个背景是，时值 1893 年，日本正下定决心将神秘西方的所有幽暗角落都照亮洞悉。那一年，漱石踏出东京帝国大学校园之后，随即去向另一所大学担任教职，他作为西方文学批评家的声誉正在鹊起。

3
文学之路

20　　正冈子规是漱石最早的文学挚友，这位同龄的年轻诗人对漱石产生过重要影响，他被尊称为日本的俳句之父。从 1889 年到 1901 年的 12 年间，他们用一种被称为候文的古代书信体互通书信，候文在当代已被弃用，类似汉语文言文的变体，阅读难度极高。这些书信通常是长篇大论，言辞精彩，内省反思，充满了文学色彩。他们讨论俳句，以严谨的态度交流写作，相互评鉴。子规往往是老师，漱石则是谦虚的学生。得益于子规的指导和启迪，漱石开始创作俳句。漱石的俳句大多写于苦闷失意之时，遣词抒发胸臆。当 31 岁的子规因脊柱结核英年早逝的消息传到伦敦时，漱石悲痛至深，本已失意落寞的他，一度跌入抑郁症的痛苦中。

　　1867 年，子规出生于四国西北部的松山市，本名正冈处之助。松山市是县厅所在地①。1871 年日本撤藩之前，松山藩的行政中心位于松山市，子规家世代都是当地的武士，效忠松山藩的领主松山氏族。撤藩后领地被取消，领主停止给藩臣发放俸米。1872 年子规父亲去世后，出身儒士之家的母亲不得不做些针线活供养子规兄妹。

　　子规 4 岁起随祖父学习书法。1872 年父亲去世之时，5 岁的子规开始在一所新建的小学读书，学生都是武士家庭的男孩子们。同时，子规在家中继续跟随祖父学习汉文；到小学高年级时，他的古汉语已经达到流利水平。11 岁时，子规在小学编辑了一期文学刊物，并随刊发表了第一首古汉语汉诗。21

　　1880 年子规入读中学，此时他决意要离开家乡去东京。"浅水何存鲸鱼"，他意气风发地写道。1883 年子规辍学，当年 6 月 10 日到达东京时，他年仅 16 岁。子规先是在一位叔父家短住，后来报名共立学校的补习班，在学校他阅读了赫伯特·斯宾塞后立志成为哲学家，开始热切学习英语。

　　同一时期，漱石正在另一家补习班成立学舍复习，准备参加考试冲刺东京一高，复习重点也是英语。两人互不相识，却在 1884 年的 9 月同时参加并通过考试，同入东京一高。诡异的是，两人对这场考试的回忆竟惊人地相似。当时，考试作弊乃寻常之事，即便是刚正不阿、一身道义的漱石也不觉得作弊有何羞耻。在一次采访中，漱石回忆起学生时代，提到自己在这次考试中曾偷偷问过邻近考生一个英文单词的意思，他感叹说：

---

　　① 松山市是爱媛县的县厅所在地。明治政府于 1871 年实施撤藩置县政策，形成了都、道、府、县等四种一级行政区划，其下有市、町、村等。

"太奇怪了，我考上了，但那个给我答案的考生却落榜了。"子规在回忆中也有一段相似的经历，两人的感叹竟也一样。难道给他俩答案的考生是同一个人？

机缘巧合，子规后来也搬到了同一家寄宿公寓，和漱石、中村是公成为舍友。子规和漱石应该是相识的，大概是由于他俩共同的朋友米山保三郎。米山是一个数学家，曾建议漱石放弃建筑专业改学文学。1889 年 2 月 5 日，高中学习即将结束，当日他俩参加了同一场英语演讲比赛，此时二人才开始成为朋友。子规的演讲题目《自立》是正当风靡的话题，由当时的畅销英文译书《自助》掀起，作者是英国成功学之父塞缪尔·斯迈尔斯。漱石则在演讲中悼念长兄。

至于二人的演讲比赛成绩，并无记载；不过，漱石和子规显然都被对方的演讲深深吸引，为彼此的文学才华和精湛英文叹服。二人从此结伴，1890 年 9 月一起进入东京帝国大学，直到第二年年末子规期末考不及格继而辍学。在回忆大学时光的子规时，漱石的赞美之词毫不为过：

22

> 正冈从不去教室。他也懒得去找同学借笔记抄。所以每当考试前，他就把我叫过去，我会把笔记给他汇总。他极有个性，往往一只耳朵进一只耳朵出，即便听得半懂不懂，也总要说懂了懂了，仓促完事……在哲学上他卓越超群，常常口若悬河，让我目瞪口呆。而我对哲学所知甚少，有一次他手里挥着哈特曼的一本书走进房间。是一本大部头的德文书，我甚而怀疑他自己读了多少，但是他滔滔不

绝，令我无地自容。如果他是一个孩子，那我就是一个婴儿……彼时［1888 年年末］，他住的寄宿公寓是东京的一个前任领主给老藩臣的子女开办的。我们在公寓的餐厅吃过饭……冬天的时候，将军[1] 拿着个火盆进洗手间。我问他："拿着火盆怎么如厕啊？"他说："倒退进去，放在腿上。"这个恶棍还用它烤寿喜烧吃，令人作呕。[2]

在 1908 年的一次采访中，漱石讲述两人的关系：

　　他是个奇怪的傲慢家伙，我觉得，我也挺傲慢的。我们都认为，老师们太荒诞，同学们太滑稽。子规爱憎分明，表露无遗，他和别人基本没有往来。由于某些原因，他只和我交往。一个原因是，我毫不费力就能顺着他的性子，满足他的需求。如果你喜欢自我标榜，恐怕无法和他相处。我们的个性恰好相合，又气味相投。我们的自负没有冲突。[3]

　　两个极为聪明的年轻人形象跃然纸上，他们比同龄人更富 23
创造力，以不同的方式表现出不合群的特质，都是嗜读如命，博览群书，自觉唯我独高，不愿盲目崇拜他人。他们的交情应该是始于英语演讲比赛，因为将他们联系在一起的实质上总是文字。比如，他们很快发现彼此都钟情于落语，一种由日本艺人在俗称寄席的小剧院里表演的喜剧。在他们的友谊中，竞争的意味时刻潜伏。漱石曾回忆说："先生[4] 自认是鉴赏家，但说到落语，我是个落语迷，我猜想，他一定认为我是个有价值的谈话对象，这就是我们之间的纽带。"⁵ 除此之外，两人都喜欢阅读艰涩的中国典籍和 19 世纪中期及晚期的通俗读物，还爱看讲述风月场所倒霉恋情、澡堂和理发店低俗趣闻的闹剧。

但是，正是诗歌让他们不断靠近彼此。最初，他们一起用古汉语写汉诗，五言或七言律诗或绝句，二人严格遵守汉诗的韵律，如平仄和对仗⁶。漱石如是回忆：

> 正冈早已开始写汉诗，也在写书法。我写汉诗和汉文，就大胆拿给他看。就这样他开始了解我……将军的汉文十分蹩脚，就好像是从报纸上剪下的好词好句。至于［汉］诗，他写的数目远远超过我，而我则更加精通韵律。在汉诗的意蕴连贯上，他是胜过我的。论及汉文，我自信强过他，至于诗歌，他在我之上。⁷

1889 年夏，漱石和 4 个同学乘汽船到下关市游玩。下关位于日本最西端，是一个重要的港口城市，他们在山区的山口县待了一个月。其他人都在玩将棋和牌类游戏，漱石独坐一隅作诗撰文。9 月漱石写了游记《木屑录》，子规赞赏不已。其中的几首汉诗"精美无瑕"，漱石的古汉语之精湛令子规无法置信，在漱石笔下，古老的语言变得灵动，雷声、闪电和海浪历历在目，一场他从未经历的盛宴亦活色生香。虽然漱石讲述的语调非常平淡，但是不难想象，听到子规的这些赞美之词时他雀跃的心情："他评论我的文字时，说有的人英文好但不懂汉文，有的人懂汉文但英文差，而他的兄弟漱石是奇才，汉英俱佳。"⁸

24

子规不吝溢美之词，漱石亦善赞美，词句动人，但总的来说，他是个天性严肃的人。1890 年除夕，漱石给子规写信，对子规的写作提出了批评建议，字里行间也充满了关切之意（是年子规的写作遭遇挫折）：

　　回国后你近况如何？阅读可好？写作怎么样了？每日天长，你如何度过？在这一年的最后一天，家家户户热闹至极，唯独我，独享着贫穷之奖赏，不必忙碌应酬，白日自由自在地读书，黑夜钻进被窝聆听寂静。粗俗地说，没有了金钱的累赘，我在这个缺憾的世界自在穿梭，除了自己的鸟事，别无他事。这个假期，我一直在读论文，开始读马修·阿诺德的《文学与教条》。［中村送他的礼物］

　　你开始写小说了吗？你打算用什么风格？未读之前我不想妄加评议，不过我忍不住要说，你的文字温柔细腻，如女人之风，缺少了一点真挚和坦荡，因此不足以打动读者。当语言可以去除修饰、直接明了地表达思想的时候，才能到达美的境界。当今，太多作家脑中无原创之物，却自称大师，仅因为他们善于装饰文字——这就好像让北海道的原住民穿上东京的洋装一样……作家应该把设计文字放在第二位、第三位甚至第四位，核心重要的是思想本身。我知道你一定是明白这个道理的，我还是担心你从早写到晚，没有了滋养思想的时间……

　　我要跪着求你（不是瞎说），不要每天写那么多，而忽略了阅读。你生病了；给一个病人讲他不认可的东西，这样折磨他，似乎太残酷。但事实就是，不停的练习并不能让你成就辉煌。难道，获得真理的**知识**而后死去，不是一种更好的人生么？……当然，如若你觉得练习比思想更为重要，那你就试试吧，我也无话可说了。给你的不是新年祝福，而是我发自肺腑的恳求，希望你能接受。

（也许，此时读信的你，嘴角已经斜挂冷笑了，嘟囔一句，"这个笨蛋！"没关系，你的高冷总能逗笑我。）[9]

可惜子规的回信已经丢失。漱石的下一封信写于 1890 年 1 月初，他驳斥了子规在回信中的观点：

1. 如果不知道该读什么书，为什么不问别人！
2. 如果没有书可读，为什么不去买书或者借书！
3. 如果读不懂英语，为什么不好好学呢！如果还是学不好，为什么不读日语书或汉文书呢！

你的这些谬论都是**站不住脚**的。[10]

漱石的很多写给朋友的信件都这样语气激烈，隐约有同性恋的感觉[11]，但是，并没有任何证据显示二人有身体的亲密关系，尤其当时子规的身体每况愈下。子规是否经历过肌肤之亲，我们无从得知。两人在交流中的相互责备、命令、屈就和无礼，会让读者感觉他们的关系已经超越了亲密的兄弟友情，甚至能体味到超越柏拉图关系的幻觉。

1889 年夏天，还在海边和同学们游玩的漱石给子规写了一封信，辞藻华丽。在信中漱石讲述了自己如何给教授写信，并成功说服教授，不让子规考试不及格。漱石把信写成了一个扩展的隐喻，漱石变成了一个骑士，为了一个少女英勇战斗，不惧危险：信的抬头是"情人"，落款是"你的王"。漱石还揣测子规阅信后的反应，他模拟他读完信像个动情的少女："天啊！这种亲密远非言语能表！"[12] 漱石在末尾还专横地附言："我觉得，看到这封信你就该动身回东京了，如果你还在乡间闲逛逗留，我要求你跳起来，马上来见我。"[13]

美国学者基斯·文森特把朋友间的这种交流称为"喜感的性别弯曲"。（他有时也称之为"言语的变装"。）他说，如果漱石使用的是口语化的现代日语，而不是信中类似戏仿英雄体的古代日语，那么：

> 这封信可能会（让一些读者）不舒服，想到两个男人之间的情书。但是，漱石并没有直接改变写信人和收信人的性别角色，只是运用比喻戏讽了二元化的两性差别，一个倒霉女人，被一身闪亮盔甲的骑士拯救。两人生理上都是男性这个事实，只是增加了信函的人性化和幽默的（同性）社会性本质。[14]

小森阳一的解读更加直接和具体："漱石就是爱上了子规。"至少可以这样理解，漱石和子规如约翰·多恩所说"成了彼此的最好"。

子规从蒙昧的乡间来到东京，决意改革十七音的俳句。漱石从未涉足俳句，而子规是无可争议的俳句的师者。"最近，他说他终于参透了俳句。"漱石写道：

> 世间没有一个诗人是他怕的。他督促我马上写俳句。"那栋房子后面是一片竹林，为它写一首俳句吧！"他发号施令。我还一句话没说，他已经做好决定了。我觉得可以说，他对我就像领主对部下一样。[15]

漱石留存于世的第一首俳句写于 1889 年 5 月 13 日，在他给子规的去信里。彼时二人刚刚成为朋友。5 月 9 日，子规第一次吐血，随后几天又断断续续发生。（他以为是喉咙黏膜出血，可是事实并不乐观：出血的是肺部，呈现肺结核症状，在当时属于不治之症。）5 月 13 日，漱石打电话慰问，当夜在早稻田的家中写下此信。信是用汉文写的，文采飞扬，漱石敦促子规辞掉那个"不上心、没爱心"的医生，劝他去附近的医院做一次全面检查。"遇到刮风下雨的天气，门窗都要关严实。——你务必要照顾好自己，至少为了你母亲，当然还要为了国家。"信的结尾处是一句英文——to live is the sole end of man!（活着，是人的唯一目标！）——接下来是两首俳句。第一首是这样的：

> 心念归乡去（*ka-e-r-ō to*）
> 展颜但勿泣（*na-ka-zu ni wa-ra-e*）
> 杜鹃鸟！（*ho-to-to-gi-su*）①[16]

---

① 日语原文：帰ろうと泣かずに笑へほととぎす。

诗人假借杜鹃鸟对话，但为何是杜鹃鸟呢？直觉的答案是：读者都明白，日本人认为，杜鹃鸟的歌声听起来像是咳血（单从感官推断，杜鹃鸟的舌头也是血红色的）。我们都是从布谷鸟座钟开始熟悉这种鸟的吧，我们能从它整点报时的双音符歌声中听出咳血之音吗？咳血是怎样的声音呢？是汩汩涌出的声音吗？[①] 不管我们怎么听，此处，漱石确实用杜鹃鸟指代自己生病的友人，俳句最后一行杜鹃鸟的日语，是个五音节的词汇，"*ho-to-to-gi-su*"。

　　勿泣，心念归乡去，展颜，杜鹃鸟！换句话说，勇敢一点，振作起来！但是，诗句中还藏有另一处指代。*hototogisu* 有好几个汉字写法。最常用的是"时鸟"。还有一种，非常契合漱石的俳句，是"不如归"，读过书的日本人常把这三个字读作 *hototogisu*。因此，第一行的"心念归乡去"已经和第三行的杜鹃鸟首尾呼应了，隐含咳血的意象引发了"归乡"的诸多可能性，进一步道破，是归乡的潜在危险。也许，漱石已经觉察子规疾病的严重性，因此假想了死亡世界的召唤，恳请友人勿要前去。

　　收到漱石杜鹃鸟的俳句后，子规也创作了不少俳句，开始正式使用笔名子规（原名升[②]）。实际上，"子规"是杜鹃鸟的另

---

　　① 作者对杜鹃鸟叫声的这番解释是针对西方读者的。日本文化中对杜鹃鸟意象的理解来自汉诗，中国读者对"杜鹃啼血不如归去"包含的感情必能心领神会。布谷鸟是杜鹃鸟的另一种称呼，西方常见的布谷鸟玩具报时的机关座钟经常出现在影视剧里，中国读者应该也不陌生。

　　② 处之助、升是正冈子规先后使用的乳名，他的本名是正冈常规。

一种叫法，发音是 *shiki*，日语读法是 *hototogisu*。① 在使用"子规"之前，他使用过许多个不同署名，其中也包括"漱石"。而金之助当时的署名颇为自嘲滑稽，叫"坑和峰先生"，暗指自己脸上的麻子，另外还有"来自喜久井町的滑稽人士""首都隐士"等。1889 年 5 月中旬的时候他也开始使用"漱石"的署名。此后漱石这个笔名伴随他一生，最终成为了日本当代文学如雷贯耳的名字。[17]

从 1889 年 5 月漱石给子规的这封去信开始，漱石正式向子规学习俳句。在东京帝国大学的同窗期间以及毕业后的 6 年里，一直到漱石离开日本去伦敦求学，漱石在信件里偶尔附上俳句，1889 年到 1894 年之间，共寄了 46 首。1895 年漱石搬到了子规的故乡松山市，在当地一所中学教书，开始进入俳句创作的高峰期。

1895 年 7 月，子规从中日甲午战争前线返回，身患重疾的他在神户的一家医院里疗养。之后，子规去信通知漱石将返回家乡松山。"我以为他会住自己家或是亲戚家，结果他说他要住到我这里。"漱石回忆：

> 他武断决定，都不用我说同意。当时，我租了一栋房子的几个房间，两间楼上，两间楼下。年迈的房东苦口婆心劝阻我，他听说正冈得了肺结核，警告我会被传染。我

---

① 日语中"子规"有两种读法，一个是日本原有的指杜鹃鸟的 *hototogisu*，另一个是受汉语发音影响的 *shiki*。正冈子规的笔名用的是 *shiki* 这个读音。

虽觉不自在，还是让他住了进来。我住楼上，将军住楼下。不久，他在松山的俳句学生都纷纷出现。每当我下班回家，就会看到家里一大群人。我无法阅读，不是因为要读的书多，而是没有了独处的时间，我只好写俳句。[18]

接着漱石又列数了子规的一些陋习：

午餐的时候，他会从外面点外卖，坐在那里，边吃烤鳗鱼边吧唧嘴。他从来不问问我，总是一个人点一人食。当他准备回东京，出门的时候还吩咐我给他付账。这太让我惊讶了。不仅这样，他还向我借钱，我想是 14 日元吧。途中他在奈良给我写了一封信，说在那儿把钱花光了。我猜他一晚上花光了吧。[19]

子规离开后，漱石开始寄俳句给他评鉴。1895 年到 1900 年间，在他赴英之前，共寄出 1445 首俳句，还有一批被子规放错位置了。[20] 读到赞赏的地方，子规会用红色墨水笔在上面画小圈。他也会提出删除（通常是词尾部分）和替换的意见，写下诸如"拗口""老套""缺少文采"或"有意思"等评语。少数情况下，他会画一个小圈，中间一个点，代表最高评价。到英国后，漱石的创作数量骤减。1905 年到 1910 年间，他开始写小说，俳句极少创作。1910 年漱石大出血休克，险些丧生，之后再次进入俳句的高峰创作期，直到 1916 年去世。漱石晚年的俳句大多失意伤感，抒发因病卧榻的绝望心情，而这些诗句恰恰都是精品佳作。

　　一首俳句共 17 个音节，分三行，音节数分别是 5、7、5，它是每一个译者的噩梦。诗中的隐喻和暗指如繁星密布，译文很难逃出简单释义却毫无诗意的结局。里尔克对诗歌翻译曾作精辟评价："束束月光变秸秆。"俳句之美，不可言喻，换一种语言，恐难以幸存。不熟悉俳句的读者，不妨来读一下俳句大师松尾芭蕉（1644—1694）的经典作品：

hatsu-shigure	first cloudburst	初寒骤暴雨
saru mo komino	even the monkey	犹怜小猴凄
wo	seems to want	凄然
hoshige nari	a little raincoat.	何处乞蓑衣①

30　　芭蕉善写恻隐之心，这首俳句就是经典。第一行，一个词，写出深秋的一场骤降雨，预示冬季的到来。被雨水打湿的猴子在树枝上瑟瑟发抖；那眼神，似乎在乞求一件蓑衣。原文第二行里的蓑衣，是一种草秆编制的套头雨衣。雨中蓑衣和小猴共同构成了一幅极具想象力和极富感染力的画面。

　　1694 年，芭蕉在乡间频繁旅行，身染重疾，弟子们见他行将离世，请求他写一首死亡诗。他夜间昏睡，清晨醒来，吩咐弟子来到病榻前，吟诵了这首夜里忽明忽暗闪现的俳句：

---

　　①　日语原文：初時雨猿も小蓑を欲しげなり。

tabi ni yande	Stricken on a journey	飘旅病中人
yume wa kareno	dreams careen and	梦里颠簸车
wo	wheel through	马行
kake-meguru	withered fields.	荒原尽枯色①

死亡的无助，沉入虚无的迷乱，此处淋漓尽致。仅用 17 个音节做到，只此一例。

和芭蕉一样，漱石也是一位伟大的俳句诗人。漱石一生创作了 2000 首俳句，其中有大量感人至深的佳作。早在 1896 年，子规就曾断言，他"已经渐入佳境，自成风格，思想新颖，横空出世"。当年漱石频繁给子规寄去一首首俳句，下面这首取自其中，可一窥漱石正在形成的"独特风格"：

karasu tonde	The raven is in flight	乌鸦空盘旋
yūhi ni ugoku	tossing in the twilight	晚秋暮色绕枝头
fuyuki ka na[21]	a wintry tree.	一棵枯树立②

如果读过芭蕉在 1689 年写下的一首俳句，就能更好地理解漱石这首俳句的机智和独特：

On a withered branch	枯树一枝头
a raven rests	乌鸦伫立稍停息

31

---

① 日语原文：旅に病んで夢は枯野をかけめぐる。
② 日语原文：烏飛んで夕日に動く冬木かな。

autumn twilight　　　　　　　晚秋暮色起

　　漱石在创作时，假设了读者熟悉芭蕉的这首俳句，一幅深秋荒凉的画面里，光秃的枝头伫立了一只乌鸦。然而，在漱石的诗中，乌鸦从枝头飞起，在暮色下的天空盘旋，读者的视线落到了空荡荡的树枝上，突出浓重的荒凉感（显然，漱石就是要突破这个经典的诗歌意象）。这首诗戏仿了原诗中的阴郁之气。

　　漱石的诗歌大都极具主观性，试图浓缩某个特定时刻某种感受的本质，因而最好是结合背景去读。下面这首广受推崇，可以一品：

wakaruruya	Parting!	梦里病身去
yume hito-suji no	a wisp of my dream	梦醒所行余皆忘
ama no kawa	the Milky Way	唯有天河在①

　　这首诗呼应了芭蕉的病榻梦旅诗。临死之际，诗人躺在医院的病床上，时而清醒，时而昏迷。在某个幻境里，他看到自己离开世界和朋友而渐渐远去；醒来时，只隐约记得梦境里的银河。银河，在日语里叫做天河，为诗歌增添了一份空灵的天外意象。

———————————

① 日语原文：别るるや梦一筋の天の川。

harawata ni	Bathing my inwards	暖粥沐肠胃
haru shitataru	in the flavor of	似是春光无
ya	spring	限美
kayu no aji	the taste of porridge	浸润周身醉①

这首诗写的是从死神的手里逃出后，漱石遵医嘱食用的一种食物。*Harawata* 的意思是内脏，字面意思肠子，而不是委婉说法的肚子。此处的动词很重要，*shitataru*，"滴"或者"洒"，例如给沙拉洒油。粥的味道如同春天的暖光一样浸润诗人，预32示着康复。

Kata ni kite	Alighting on my shoulder	振羽红蜻蜓
hitonatsukashiya	craving human company?	寻寻觅觅谁与伴
aka-tonbo	red dragonfly	轻落吾肩头②

诗人死里逃生，复得生命，无限感激，在大自然的怀抱里欣喜万分。秋季的天空淡蓝清爽，蜻蜓从空中飞落（蜻蜓是代表秋天的季语），停息，似与他心灵相通，和他一样渴望他人的陪伴。

漱石钟爱俳句，大概是因为在俳句中他可以寻到一方清净，

---

① 日语原文：腸に春滴るや粥の味。
② 日语原文：肩に来て人懐かしや赤蜻蛉。

远离各种困惑和烦恼，暂时不去思考"我是谁"和"我该何去何从"的问题。1890 年 8 月，当时他正准备入读东京帝国大学，和子规认识将近一年时间，他对这个新朋友哭诉了自己的烦恼：

> 最近，我频频厌烦于这个稍纵即逝的世界，为自己不能拔身出离而烦闷，无论我怎么敲脑壳都无济于事。但是，我没有勇气结束自己的生命，我的怯懦毕竟也源于我作为人或接近于人的部分。我想起歌德的《浮士德》，博士准备好了毒药，已到唇边，却最终没有喝下，我苦笑一声。活到而今，无灾无难……若人生 50 年，我只走了一半而已，却已经无法呼吸……我努力过，还是无法把自己交给这个真理：life is a point between two infinities. ［人生不过是两个无限之间的一个点。］
>
> 人不过如此/和梦的形成无异；我们的小生命/被沉睡围绕。
>
> 我早就知道：生前是睡，死后还是睡，生命的经过也不过是一场梦。只是，我无法理解为何如此，因而感到毁灭般的痛苦……
>
> 漱石亲笔[22]

时过境迁，1911 年他受邀在学习院做了题为《我的个人主义》的演讲，他回忆了这段困惑迷茫的岁月，当然没有给子规的信中说得那么详细和浓重渲染：

带着混乱的脑壳，我离开校园进入现实世界，成为——准确说是被变成——老师。幸运的是，我的英文虽有不足，但尚足以掩饰，每日教书，不至于捉襟见肘，可是，我的内心是空洞的。也许我早已习惯了一个人的空洞，但是，有一种难以名状的东西潜伏在我内心深处，它模糊，未决，难以平复，噬咬着我。更糟糕的是，我对自己选择的职业，教书育人，无法提起任何兴趣来。我一度怀疑，自己不是教书的料，这种感觉越来越清晰，直到我发现，上英语课成了我的负担和烦恼。我时常蹲守着，希望有灵光一现，我好一跃而起，逮到内心的呼唤，但是它时隐时现，不可捉摸，我环顾四周，没有任何东西召唤我去拥抱。[23]

4

乡间漂泊

34 1893 年，从东京帝国大学毕业的漱石收到了多所学校的教
职录用书，他先后尝试在三所学校教书，最终却都不愉快。他
在东京专门学校（后来的早稻田大学）任教时，被分配讲授弥
尔顿的《论出版自由》，他上起来倍感困难艰涩，既辛苦又难
过。"我不懂"，他在一次采访中坦言（英文的部分是原文中就
如此使用的）：

> 有的地方我是大约懂的，有的真不懂。但我还必须给
> 学生讲解，所以我猜，学生们听了我的讲授之后必定还是
> 疑惑重重。现在回想起来，真是尴尬死了。我觉得不是因
> 为我太年轻，我怀疑全日本也没有几个老师可以讲清
> 楚……弥尔顿的文字很多是从 Latin［拉丁语］翻译过来，

Latinate heaviness［拉丁语的厚重］和肃穆之风，非常难懂。弥尔顿喜用长句，一句话动辄 5 到 10 行，拖着很多 dependent clauses［从句］，如同走迷宫，很难确定 subject or predicate［主谓语］。我想西方人欣赏得了这样的语言，就像我们能欣赏《源氏物语》或《平家物语》，虽不能懂，但也可以感受其中的意趣。但对我们而言，它［《论出版自由》］则如同天书。如此，去教学生，痛苦至极，无以言表。[1]

这是漱石早年的教书回忆，他似乎觉得自己像个骗子，对自己的英语和理解英语文学的能力越发地没有信心，因而日渐沮丧（那些选择学外国语言文学的傻瓜们，一定能体会到这种绝望）：

做学生时，我的目标很模糊；我只知道自己想要掌握好英语和英语文学，想要写出重要的文学作品，让西方人瞠目结舌。但是，3 年的学习生涯，反倒让我丧失信心，开始严重怀疑起自己的计划。毕业了却发现，勤学只不过把我变成一个弱智，不配获得文学学历。遂至于此，我的各门功课成绩优秀，大家都超乎意外地看重我。当我向外看时，我甚至会为自己感到骄傲和满足。但是，当我向内看时，我只会为自己感到难过。我蹉跎时日，自我麻痹，渐渐地，对自己的失望之情竟开始平息。惭愧地说，我开始接受自己的不足。[2]

35

1894 年 12 月 23 日到 1895 年 1 月 7 日期间，漱石到镰仓的圆觉寺禅修两周，得到高僧释宗演的点化，释宗演后来成为寺里的方丈（也是首位在美国传授禅宗的佛教大师）。临济宗强调冥想和学习禅机谜语，即公案。漱石要修习的公案是"父母出生之前，你的本来面目"。[3] 如果漱石在小说《门》（1908）里的描述属实的话，他当时未能解出这个谜语，并被高僧训斥根基浅薄。回到东京两日后，他参加了同窗好友兼房东斋藤阿具的婚礼，他致辞说："我刚从一个禅宗寺庙修行数日回来，每日喝粥冥想。看来，我即便是重新出生五百次，还一样是个无知粗陋之人，不会开悟了解万物之始的样子。"[4]

如果说，漱石希望从禅宗里获取帮助拨开迷雾，那么结果他必定特别失望。数周后，在教书期间，他向横滨的一家英文报社《日本邮报》申请记者一职。按要求，漱石递交了一篇英语文章，题目是《日本的禅宗佛教》。报社拒稿退回，没有给出任何编审意见和理由。在中间联络的好友菅虎雄还帮漱石亲手送去了文章，他回忆说，漱石愤怒极了，咒骂报社无礼粗暴，以至手撕文章，一地碎片。

36　　　早春三月，漱石突然从东京的三所学校辞职，离开城市去了子规的家乡松山，接受了一份在当地中学教英语的工作。这一次，还是菅虎雄在中间帮忙牵线搭桥。爱媛县秘书曾拜托菅虎雄推荐一位外国老师，填补一位美国外教离开后留下的空职。菅虎雄没找到合适的外教人选，便推荐了自己的朋友。漱石接受了这份工作，但前提是和美国外教的薪资一样。学校答应了他的条件：这个偏远县城难得一遇东京帝国大学的文学高材生

（我们不妨想象一下漱石狡黠的笑容）。在那个时代，文部省统一分配公立学校的教师，职位都是公务员编制。漱石在松山的职位，相当于帝国陆军的上尉或是少尉，薪水每月 80 日元，比校长还多 20 日元。他在东京师范学院的薪水才 37 日元。

到底是什么让漱石下定决心离开东京而去了四国岛上偏远闭塞的松山市呢？仅仅薪资翻倍应该不足以让他做出此举吧，或许，彼时正陷入落魄和失败感的漱石，因为这次职位的升迁而得到了些许心理安慰。即便如此，离开东京这片他的文化归属地，辞掉三个稳定工作，而去往偏远的松山市，依然是一个令人愕然的决定。有一种说法是，漱石是因为失恋决定离开东京。此说虽缺乏证据，却未必无中生有。在 1891 年 7 月 18 日给子规的信中，他吞吐其辞，像一个磕磕巴巴的少年一样：

> 嗯嗯，让我想一下，还有什么要告诉你。哦，对哦，昨天在眼科医生那里，我碰巧再次遇到上次我给你提过的那个漂亮女孩。她绑着一个蝴蝶结发饰。晴空万里突然雷鸣啊，我被击中了，毫无防备，我的脸一定像极了秋天的枫叶，或许你可以想象一下夜色中京都岚山脚下的一堆篝火。结果，我如此慌乱，竟然把你觊觎很久的那把时髦的西洋伞弄丢了。所以今日，我只能勇敢地走在烈日下。——署名："峰和谷"[5]

37

学者们四处查询这位神秘女子，却也徒劳无果。漱石的妻子镜子，在回忆录的开头就颇费篇章地讲述了她听闻的这段趣事，兴许是从漱石的兄弟和三郎那里听来。[6] 镜子拼凑得有些奇怪和不妥，有的部分读来颇似幻觉和呓语，也许是折磨漱石和他家庭的精神疾病征兆吧。根据镜子回忆，漱石"在眼科医生诊所遇到了这位漂亮女孩"，当时他刚刚大学毕业，寄住在宝藏院。这种说法和镜子后面的自述，在时间上难以说通：漱石在1891 年 7 月给子规写信时，经常要去看眼科医生；然而整整 3年后，大约是 1894 年 9 月他搬到了寺庙寄住。这时他应该没有必要再去看眼科医生了。根据镜子从和三郎那里听来的消息，漱石住在庙里十分不自在，因为他认定庙里的尼姑受雇于女孩的妈妈，日夜监视着他呢。这个"虚荣狡猾的老艺伎"，看准了他应该娶自己的女儿。镜子接着写道，漱石告诉和三郎，这个女孩"是我肯定想要娶的人"，可是当他察觉到这位母亲想要他前去乞求以获得恩准的时候，漱石愤怒地决定结束这段关系。

根据镜子的描述，要不是因为这位东京女子带来的身心折磨，漱石是不会放逐自己远去他乡的。即便他到了松山市后，漱石也笃信，女孩的妈妈又派人来监视他的生活。镜子提出，漱石这段时间一定是"脑子有些奇怪"，一年后镜子走进了漱石的生活。

那个扎着蝴蝶结发饰的女孩，确有存在，或虚幻而已呢？江藤淳认为漱石虚构了这个女孩，好忘了真正令他心伤的女人，漱石的嫂子登世。哥哥和三郎把第二任妻子带回家的时候，漱石还是个大学生，经常回家。登世彼时 24 岁，比漱石小 3 个月，年轻漂亮，迷人可爱。不难想象，如此近距离的接触，对漱石来说难免心生隐秘、禁忌的吸引力，或许，登世亦有同样

38

的感受。和三郎那时 32 岁，浪荡放纵，经常光顾柳巷花街，深夜不归。漱石则不同，他是东京帝国大学的高材生，前途无量。二人是否有私情无可查证，但是有证据表明漱石对登世的倾慕之情。在漱石称在眼科医生诊所遇到美丽女子几周后，1891 年 7 月 28 日，怀孕 5 个月的登世死了。8 月 3 日，漱石给子规写信，信里悲痛欲绝，把登世比做人间圣女，是耐心、爱心和智慧之化身，"世间再无第二人，无论男儿还是女子——所以，我们怎么能接受得了这样一个女子的英年早逝呢！"[7] 在信的末尾，漱石附上了 30 首哀切的俳句：

kimi yukite	You have departed	佳人西辞去
ukiyo ni hana	in this floating	浮世虚华无
wa	world	所恋
nakarikei	no flowers remain	花叶永凋蔽①

　　这个系列中有一首最脍炙人口，也最袒露无遗地表达了诗人的失爱之痛：

waga koi wa	As for my love	啊！我的爱啊
yamiya ni nitaru	a moonlit night	虽有明月当空照
tsukiya ka na	resembling a drak night	暗夜犹乌寂②

---

① 日语原文：君逝きて浮世に花はなかりけり。
② 日语原文：吾恋は闇夜に似たる月夜かな。

1922 年到 1923 年间举办的一个三人访谈节目中，漱石最亲密的三个学生，小宫丰隆、俳句诗人松根东洋城和寺田寅彦，对这首看似毫无异议的诗歌给出了截然不同的解读。小宫丰隆认为此诗只关乎一个月光之夜："月亮皎洁，可惜被遮掩；云层笼罩了月夜之完美。透过云层看月亮，而夜空愈显黯淡。这暗影后的光亮，就如同诗人的爱。因此，我的爱啊：月夜如斯，犹如暗夜。"然而，俳句诗人松根东洋城另有解读："月夜完美如是，虽有皎月之光，但是诗人的内心却漆黑一片，当中原因则是某种爱恋的苦闷。"[8]

这段插曲似乎为我们了解漱石的情感生活打开了一扇窗户，然而它似乎不足以解释漱石 4 年后即 1895 年，离开东京的决定。是年 12 月，漱石和镜子两家开始商谈两人的婚事，哥哥和三郎曾给子规写信求助，希望子规劝说漱石配合家人安排，因此漱石从松山给子规写信，信里十分懊恼地否认了家中兄长的说法，一则为家人的贸然猜想道歉，二则否认了和三郎暗示的漱石不配合订婚是由于心里另有迎娶之人的猜疑。

我知道，吾兄曾求助于你，如果令你烦扰了，我在此致歉。出于我接受过的教育和我的个性原因，我和家里人难以达成共识，此等不协调历时已久。自幼童始，我就意识到，我非能够享受家庭幸福之人。我和家人的沟通实属不易，他们居然误以为我抗拒他们的订婚安排，是由于我心里另有她人，且是不可娶之女人，这实在是荒唐透顶，尴尬至极。[9]

漱石在 1895 年的 4 月初搬去松山市，不到一年后旋即离开，究竟是出于什么原因去松山呢？缘由至今不详。漱石当时的学生一致认为，松山全校师生都十分敬畏他的学识，为他能够和他们一起在这个乡村中学教书学习而感到荣耀。他的课深受学生喜爱。他教授英语口语和英语文学两门课程，面向四年级和五年级十七八岁的学生们，教材中他选了华盛顿·欧文的《见闻札记》，一部写于 1819 年和 1820 年间的短篇故事和杂文集，其中有两个小故事，《睡谷美人》和《瑞波·凡·温克尔》。漱石要求学生精读这两篇故事，训练他们分析其中每一句话的语法和句法，着重精讲了所有的单词前缀和后缀，以至于学生们戏称他"前后缀先生"。也有学生认为他过于苛刻傲慢，抱怨说这位先生不应该在松山教书。反过来，热爱文学的学生则十分敬佩他"细致、精准、深刻和丰富的解读"。[10] 即便如此，当他们犯了一个漱石认为愚蠢的错误后，依然惧怕于他的"温和讽刺"。一个学生称，在他们准备考试或是写作文的时候，漱石常常在读俳句。下课后，漱石几乎每天都要去附近的道后温泉，此地是漱石的书《少爷》中的故事发生地，1905 年之后迅速成为日本国民打卡地。此外，令学生们印象深刻的还有漱石在日本庆祝中日甲午战争胜利典礼上的衣着，一件夫拉克的长礼服和一顶高礼帽，漱石此后多次以此身装束表达爱国之情。

然而，漱石似乎无法消化当地人对他的热情和尊敬，5 月 26 日到松山后不久，他曾写信向子规抱怨："此地之人喜欢大惊小怪，小题大做，令我不胜烦恼。"

40

此等荒芜之地，我没有一个朋友；如果你在东京读到什么有趣的书，请一定寄给我。我猜大部分人是无法忍受这种生活的，只好去结婚，或是放纵自我，或是读书。这些本地人，虽然看起来都像是笨蛋，还挺会挑事的，请原谅我这么说你老家人的坏话。[11]

在他列出的3种逃避枯燥生活的办法之中，漱石选择了结婚。在7月25日给一位同窗的信中，漱石写道："最近我在考虑结婚，准备物色个这好山好水滋养的好姑娘。"[12] 基于他的社会地位和高薪水，漱石大概是当地人眼里的钻石级女婿人选了，因此前来求嫁女儿的当地人家大有人在。其中一个候选人后来得了肺结核。还有一位，漱石形容她"十分前卫，闯入房间，谈话中听到尽兴则大笑不止"。

此时，漱石的兄长从东京的一户人家为漱石寻到一位适婚女孩，18岁的中根镜子。女孩的父亲中根重一是政府官员，作为贵族院的书记官长，颇有威望，且有丰厚的薪水。他在调查了夏目金之助教授的背景之后，好感倍增；和三郎旋即被要求通知兄弟，中根家有意结亲。12月初，漱石收到一张镜子身穿正式和服的照片，心生爱慕。随后，他也寄出自己的一张高领礼服装照片。镜子后来回忆说，漱石看起来"令人尊敬，内敛坚毅，容貌温和。我收到过好多这样的相亲照，意外地对这张照片里的人很有好感"。[13]

1895年12月底漱石动身前往东京和镜子相亲，出发前漱石给子规去信写道，如果会面令他失望的话，他会果断结束这段关系。到达东京的第二天，他身着夫拉克式长礼服登门拜访中根家。按照惯例，会有一名男方家长陪同拜访，但是漱石和兄长关系紧张，故而单人赴约。中根家住在虎之门的一栋大宅子里，是政府配置给书记官长的官邸。宅子中既有和室也有西式房间，装有电灯和当时非常稀罕的电话。深宅大院里房间众多，住着中根夫妻和6个女儿，其中镜子是长女，还住着3个私人秘书、3个女仆和随叫随到的人力车夫。这次相亲的晚餐安排在二楼的一间20张榻榻米大小①的西式房间里，这里平时是中根重一的书房。镜子对这一晚的最深印象，就是她惊讶地注意到漱石脸上和鼻子上长着麻子，而漱石之前寄来的相片是毫无迹象的。镜子的妹妹时子当晚在桌边服侍，也注意到了。随后时子给姐妹们描述一番，女孩们叽叽喳喳说笑一通。也许镜子会因此失落，不过她并没有提过。餐桌上，漱石和镜子的父亲交谈密切。镜子细心观察二人的会话，却被漱石的不凡谈吐和得体举止折服。据镜子说，无论父亲命令她嫁给何种男人，她都会谨遵父命——彼时的正派日本年轻女子都遵循三纲五常——但是眼前这个男人，无需敦促，她心里中意。

晚餐后，漱石回到了早稻田父母家，自然会被详细问及相亲情况。最后反馈到东京镜子家的回复是：他很喜欢她，尤其欣赏镜子不遮掩自己泛黄且不整齐的牙齿。而今我们无法确证当时漱石的准确措辞，不过这样的说话调调颇有漱石风。此后，

---

① 约32平方米。

镜子的牙齿竟成了两人之间的雷区。

漱石和父母一起在家过新年，期间他收到邀请去镜子家玩歌牌[14]，漱石惨败。姐妹们起哄笑话他，她们的父亲则挺身维护漱石，说他是一位难得的正派学者，不屑于把时间浪费在这种雕虫小技上。

镜子家希望女儿出嫁后住在东京，并提出要漱石搬回东京的想法，不过漱石回复说短期内难以保证办妥调动。回到松山，漱石于2月7日给斋藤阿具写信祝贺他喜添贵子，又写道："我身在松山，毫无用处，年近三十，却羞对祖先。我想近期离开松山，但是如果匆匆忙忙地跑去东京，我怕等待我的是饥饿和落魄啊。"[15]

这边镜子家不断催促，那边漱石自责不已，不知该作何决定。这时，他接到熊本第五高等学校的工作录取通知，熊本在九州南部，因熊本城著名，比松山离东京更远。这次邀约是老朋友菅虎雄力促，他在这所高校教德语。[16]熊本五高远在松山中学之上，是西日本最优秀学子们的梦想之地，竞争自然异常激烈。这次的薪水更高了，每月100日元。他接受了熊本的聘约，并把这一决定写信告诉镜子的父亲，说他需要在熊本待至少一年，如果镜子不愿意远赴婚嫁，他同意退婚。父母俩觉得以后漱石还是有机会回东京的，于是答应了漱石。

漱石在松山举办了告别派对，受邀的有子规的得意门生高滨虚子，以及松山中学的校长，即小说《少爷》中"红衬衫"的原型。1896年4月9日漱石动身南下去熊本任职。6月4日，中根重一带着女儿镜子和一个老女仆登上去往熊本的汽船，8日到达。漱石一身夫拉克礼服，在码头静候迎接。第二天，镜子在熊本逛了一整天购物，买了一件夏季和服——熊本的炎热气候闷热难挨，超出了她的预料。6 月 10 日的婚礼仪式，和中根原想为女儿在东京举办的盛大豪华场面相差甚远，令他不怎么满意。婚礼在光琳寺旁边的一间出租房举行，漱石每月付 8 日元租下的。可是，听说它曾经是细川藩主情妇的房子时，镜子十分地不悦。婚礼上有老女仆的帮忙，但是天气炎热得令人窒息，到了行"三三九度之杯"大礼的时候，仪式备好的第三组酒杯却弄丢了。多年后回想起这一切，漱石对镜子说："怪不得我们一直处不来。"[17]

43

平心而论，直至 1916 年去世，漱石到死都维系着的这段婚姻，鲜有幸福时刻，重点是开头不顺。早年时候，倒完全没有金钱的苦难。漱石每月领 100 日元的薪水，付掉 10 日元的帝国海军舰船修建税金，7 日元 50 钱给文部省还大学时期的贷款，10 日元交给父亲，3 日元给年长的同父异母姐姐，另外镜子估算漱石每月还要花 20 日元购买书籍。如此一算，还剩下 50 日元可供日常花销，而当时老师的平均工资是每月 24 日元，警察是 16 日元。

问题在于，镜子自小在东京过的是群仆侍奉、百般受宠的生活，一点也不懂如何持家。她从来没有买过菜或是添置家用，也不会下厨做饭。而今，远离父母的她要在一个陌生城市里独立持家，困难可想而知。一开始，中根家的老女仆留在熊本帮她操办所有家务，镜子就完全依赖于她。可是不久，女仆就回了东京，镜子一人手足无措。漱石是绝对不愿意参与家务的。

当镜子需要外出采购时，她只能一人前往；因为漱石觉得公众场合被学生碰到自己携带家眷很不得体。婚后不久，他就对镜子讲清："我是一个学者，必须要学习，不能花时间照顾你。"[18]

漱石对镜子要求苛刻，一旦镜子做得不够好，漱石就会大发脾气。根据镜子在回忆录中的描述，新婚之后的几年是惶恐乃至绝望的婚姻状态。1897年新年，是镜子为人妇的第一个新年，却是噩梦般的新年。家里来了很多学生和同事，镜子被要求做招待的准备，备好清酒和传统日食。她做好的山药核桃糕很快就光盘了，只能整晚在厨房里，身系围裙忙得团团转，制作更多的糕点以备招待第二天的访客。漱石这边却不停地吼她，生气地骂她笨头呆脑。

更糟糕的是，镜子自小就养成了晚起的习惯。在东京自己家里的时候，起床早晚都没有问题。但是作为漱石的妻子，她需要更早起床为漱石做好早餐，目送他出门上班。可是，她总睡过头，即便在枕边放了一个小闹钟也不管用。每当漱石抱怨这些，镜子便哀叹，强迫早起的结果是昏昏沉沉一整天，导致什么事情都做不好。不过漱石对借口从不感兴趣，镜子的睡懒觉成了困扰他一辈子的问题。

1897年6月29日，漱石父亲离世，享年84岁。两年未回家的漱石携带镜子回家尽孝服丧。关于葬礼，镜子在回忆录里未做其他描述，只注意到丈夫对家人的冷漠，为丈夫对兄长的轻视和傲慢态度感到难过。[19] 镜子的家人当时在镰仓，因此只有漱石和镜子待在虎之门的住所。就在这时，镜子流产了，于是为能休养，她也去了镰仓，和妹妹们一起住在海边。漱石就在

44

东京和镰仓两地奔波来回。在岳父东京的住处，漱石读了尾崎红叶的连载小说《金色夜叉》，此书轰动一时，不过漱石没发过什么感想。漱石同时在读前一年因肺结核去世的樋口一叶的小说集，据镜子弟弟描述，漱石大为赞赏，并称："我想男子也写不出这样的作品来。"[20]

镜子身体恢复得很慢。流产加上婚后的压力或许令她一度抑郁。根据官方说法，她当时患上了急性"歇斯底里"症。总之，她"太虚弱"而不能随漱石返回熊本，新学期课程即将开始，漱石于9月6日独自返回。《金色夜叉》当时在《读卖新闻》上每日连载，在熊本买不到，漱石就让镜子每天寄给他一份，有时她寄得不及时，一下寄了一个礼拜的，被漱石训斥一番。

回熊本不久，漱石又搬家了，也许是考虑到镜子的身体状态，这一次搬到了一处田园牧歌般的郊区小院。父亲去世后，他每月手里又多了10日元，他雇了两个五高的学生来家里打杂，作为交换，他提供住宿和饮食，这种做法在当时很普遍。1898年3月，房子的主人从东京回熊本任职，漱石一家又不得不搬迁。他们暂时住到城里的一处房子，房间不够，两个住家的学生只能在客厅里铺席子，早上常常不能及时收拾床铺，惹得漱石发脾气。家里又是两个住家学生，又是常常动怒的丈夫，镜子的"歇斯底里"症时有爆发。有传言说，她曾要投身家附近的白川河轻生。传言未经证实，镜子和漱石都没有提过。不过，在漱石的小说《道草》（第38章）中，叙述者回忆自己的妻子流产后常常极度痛苦至发疯，大声喊叫着："我的孩子回来

45

了！让我去找他！我要走！"因为担心妻子夜里伤害自己，叙事者不得不用一段 5 尺长的绳子把妻子绑住。但是，漱石的小说不是自传，这种情节不能当作作者生平去读。

居住条件逼仄之下，一家人 7 月份再次搬家，这次的房子大小适中，带有一大片空地，其中还有一片桑葚园、一个花园、一个独立储藏室。在这里，漱石接待的第一位五高的学生日后成了他的忠实学徒和一辈子的至交好友，他就是寺田寅彦，俳句诗人、随笔作家和东京帝国大学的物理学教授。寺田想要跟随漱石学俳句，因此来请求做住家学生，但被漱石一口拒绝。此后，寺田常常带着俳句来拜访，漱石不得不给他反馈建议。

在这间房子，1899 年 3 月 31 日，漱石迎来了他的第一个女儿。镜子请求命名笔子，漱石同意。镜子一直为自己的书法羞愧，因而起名笔子是希望女儿能写一手好字。漱石虽然因为不是儿子而颇感失望，但却非常溺爱女儿。后来，当漱石失心疯时有发作期间，他变得残暴。笔子成年后和 5 个弟妹同样惧怕父亲，但漱石以他特有的方式爱笔子，虽有些畸形。比如，仆人来自日本南方，肤色黝黑，而漱石偏信民间流传，说是谁抱着襁褓里的婴儿，婴儿的长相就随谁，漱石因此禁止仆人抱女儿。不过，如果镜子不在家，面对大哭的笔子，漱石也只能冲仆人大喊求助。镜子回忆说，笔子端坐在漱石的膝头，漱石端详着女儿的脸庞，不无悲伤地感叹道："17 年后，她 18 岁，我就是 50 岁喽。"事实上，漱石去世时正好 50 岁，就在笔子 18 岁时（按照日本的年龄算法）。

虽然家庭生活焦虑紧张，冲突不断，漱石的教学工作顺风

46

顺水。他任教不久就晋升为教授，相当于陆军少校，而且很快成为五高最受欢迎教师之一。高级班的英语课上，他讲授《一个鸦片吸食者的忏悔录》和《织工马南》。早上7点到8点，他会给来家里的学生开小灶讲《奥赛罗》。晚些时候还有别的学生来家里参加英语会话。镜子为这些男孩感到难过，当他们犯错时，漱石总会高声辱骂。可是，前来求教的学生还是络绎不绝。课内课外，漱石的要求都极为严苛。他在五高时的一份试卷留存了下来，可以管窥其难度：

二年级学生　文学　夏目金之助　1898年12月23日

听写并翻译下面的英语词汇：

antidote

acquiescence

captiousness

connivance①

He consulted his anger more severely than the occasion seemed to warrant. ②

三年级　文学

1. 用英文解释下列术语：blank verse, common

---

① 意为：对抗、默许、找茬、纵容。

② 意为：他大发雷霆，怒火异常，事态本没有如此严重。

measure, heroic couplet, alliteration①

2. 解释词语：hymenial chorus, to strike home, to look askance, Cathay, marry (interj.), ignis fatuus, cornucopia②21

47 　　尽管漱石在熊本颇受欢迎，但他本人已不想继续待下去了，第一年就给岳父写信请他在东京帮忙找个职位。中根当然希望女儿离家近一些，尽心四处活动，为女婿求得两个职位。一处是东京商业学校，年薪 1000 日元，比漱石在五高的收入低了 200 日元，中根承诺愿自掏腰包补偿女婿，漱石谢绝了。他写信给子规道："如果我必须教书，我还是愿意留下来，取得一些成绩再离开。而且，校长也恳请我留下。如果他真是这么看重我，我就应该尽自己最大能力；所以暂时我就不另谋他职了。"22

　　第二份工作是在外交部做翻译。"我虽然厌倦了当老师，但我毫无信心能在政府里做翻译，毫无勇气尝试，"他对子规坦言，"比如说，我完全没有法律词汇的底子，我怀疑自己就是一份英文电报都没办法交差的。"23 接下来他又写道：

　　　　你问我到底想做什么，我真希望能给你一个确切的答案。坦白讲，我不知道自己正在做什么，甚至不知道自己是谁。如果可以，我希望离开教学，做一个文人，把我生

———————

① 意为：无韵诗、普通格律、英雄双行体、押头韵。
② 意为：催眠合唱、击中、隔目而视、契丹、哎呀（感叹词）、磷火、丰饶角。

命里的每一分钟都献给文学。如果每月我可以有 50 到 60
日元的保障，我现在就愿意回到东京，每天沉浸在我自己
喜欢的艺术世界里，只可惜，热爱的事情并不会让口袋里
生钱，我得找到其他的谋生方法（除了教学），然后把所有
业余时间都留给自己，读我所爱，写我所爱。[24]

生命之目的何在？漱石带着不确定来到熊本，而现在他似
乎在迷雾中看到了一直追寻的灯塔。但很快，迷雾又将降临。

5

伦敦研学

　　1900 年 6 月 17 日，漱石收到来自文部省的通知："你将被派往英国做交换学生两年，学习英语教学法。"[1] 受雇于政府教书，漱石只能服从。19 世纪 70 年代，日本政府启动建设现代化日本的很多项目，新政府选派了日本最优秀的青年人学习欧洲社会的各类真经。等海归学子提出欧洲国家不仅重视务实学科也重视艺术时，日本政府的视野开始从公共医疗和君主立宪扩展到绘画和文学了。与漱石同时期的医生和小说家森鸥外，在 1884 年到 1888 年被帝国陆军派往德国学习医学和公共健康。（中国政府也在尝试类似政策：作家鲁迅在 1902 年被公派到日本学习了 7 年。）

　　作为第一个高等院校派出的教师，漱石心有顾虑而不愿前往。5 年前，他曾在松山市给一个旧日同窗写信，表达了想要攒钱出国旅行的想法。[2] 但是时下局势有变，他有妻有女，幼女 2 岁（虽然他还不知情，其实镜子当时又有了身孕）。而且，他了解自己的精神状况，旅居异国他乡恐怕是个不小的折磨。他向校方提出抗议，称自己不符合外派条件，希望另派他人，无果。五高认为自己的推荐被文部省承认，是学校的荣耀，不能更改。漱石于是前往文部省报到，以了解更多情况。这次外派限制他学习英语语言而不是文学，这令他非常苦恼。好消息是，一位负责特别项目的官方学者[3] 告诉他，他可以自由选择学科，只要是高等院校和大学教学需要的就行，这让他长松一口气。尽管不是很情愿，漱石还是出发去英国了，暗自决定学习英国文学。他把这次外派看做是自己的职责，一旦他接受了，就会全力以赴去完成任务。[4]

1900 年 9 月 8 日，周六，漱石从横滨登上普鲁士号，一艘北德国汽船公司新造的轮船。镜子此时已经携女儿笔子搬到了父亲房子的侧边别馆，特意和父亲一起过来给他送别。子规和学生高滨虚子特做俳句一首送别漱石。

熬过了 40 天的海上风浪，轮船到达了意大利热那亚。漱石一路上在停泊港口寄出的很多信件和明信片，大多历时三周到达日本。9 月 10 日寄出的第一封信是写给岳父的，感谢他到横滨给自己送别。第一天就吐得七荤八素，但是漱石竟然觉得海上比家里舒服奢侈，尤其令他难忘的是一天吃 6 顿饭。船上乘客大多是英国人和法国人。到神户港口的时候，漱石下船吃了一顿日料，给岳母及妻子的兄弟姐妹寄了封问候信。

9 月 19 日漱石在香港给高滨虚子寄了明信片，说自己患了痢疾并且晕船，烦透了"外国人和西餐，以及狭窄的浴盆和马桶"，"想念茶泡饭（绿茶浇米饭）和荞麦面"。

船开往斯里兰卡的科伦坡的一路上，漱石开始给镜子写信，9 月 27 日的第一封信中详细描绘了美丽的山丘和香港魔幻的夜景以及上海的繁华兴盛，接着讲述了他在新加坡的"愉快一天"，先乘坐马车游览了植物园和博物馆，最后在一家日本饭店吃了晚餐。毫无疑问，漱石极力描绘一幅生动画面，希望镜子也能感受愉悦。不过，在信的末尾，他改变了语气。日本政府每月只给镜子 24 日元，漱石认为这点补给实在少得可怜，但还是叮嘱她先付好父亲的房租。接着，他开始谈正事：

> 你那满嘴牙实在有碍美观。你真的应该去拔掉和换掉几颗。
>
> 还有我反复给你讲过的，你的秃顶绝对是病，你应该去看看医生。绝对不能忽略我说的话。
>
> 金之助夫人镜子[5]

漱石在第一次见到镜子时就注意到了她牙齿的缺陷；而他对秃头的憎恶则已是成见了，后来的小说《我是猫》也有显露。读他对镜子的评论和后来的通信，有一个问题是如何解释他的语气。毫无疑问的是，他对镜子讲话多半是傲慢和训斥式的。这些在当代读者看来，是粗俗卑劣的，我们如何看待呢？结合漱石所处的时代背景，他对妻子的居高临下也许并不是什么稀奇事，男人们通常对待妻子就像暴君一样。也许吧。

在 10 月 8 日的信中，漱石称自己不想和其他乘客有任何来往："二等舱里有 50 多个乘客，非常热闹，却没有一个人是能交谈的，所以我一直沉默。"漱石继续自我封闭，到伦敦后更加严重。

下一封信写于 10 月 23 日，此时他在巴黎已经待了两天了，深深为其瑰丽辉煌陶醉。他似乎已经从上一封回信中得知镜子再度怀孕了。他赞许了此事："很好！"还给了一些建议："怀孕期间最好远离小说或其他引发情绪的读物，每天开心一点。"[6]

漱石的去信充满伤感情绪，仿若陷入一种偏执的妄念，似乎要远离尘世独处内省：

> 很快我即将独自去往英格兰了，我不禁遐想等待我的将是何种命运。我注意到，船上的男男女女都是白皮肤，衣着华丽。怪不得咱们日本人看起来气色灰黄。这里的女性，即便是侍女，也都个个光彩照人。像我这样的麻子脸，是一个都没见到的！[7]

10 月 28 日漱石到达伦敦，住在高威街 76 号，这里提供早餐，有很多日本住客，距离大学也只有一个街区。"这里比住在客栈安全"，漱石给镜子的信里写道，但是每月的租金加伙食费大约 180 日元，超出了他的补助。16 天后，他搬走了，此后又搬了三次家，在伦敦四处找寻合意的住所。一方面他对食物、环境、住所文化氛围等十分讲究，另一方面口袋里的钱又不是

51

很多。

10月30日，漱石在街头游荡了一整天，兴奋之中迷路，于是拜访了日本大使馆，第二天又参观了伦敦塔。这段经历被他在1905年写进一个短篇故事里。那天晚上，在大使馆一位官员的陪同下，漱石还去了干草市场剧院，观看了谢里丹的讽刺剧《造谣学校》。

11月1日，漱石乘火车前往剑桥拜访时任彭布罗克学院院长的查尔斯·安德鲁斯。趁此拜访，漱石帮人带了一封信。写信人是格雷斯·凯瑟琳·诺特，她是在熊本传播福音的一位传教士，恰好和漱石同乘普鲁士号轮船回家探亲。安德鲁斯院长给漱石介绍了一名日本交换留学生，后者在当天下午和第二天上午带漱石游览了校园。等晚上回到伦敦后，他就拿定主意不选剑桥了。一则剑桥的学费每月400到500日元，如此他每月补贴所剩无几，没办法购买书籍。另外，他听说剑桥大学的男人们每天下午都要参加运动，晚上则参加各种社交活动，这不符合漱石的风格。漱石推断牛津也差不多是一个样。漱石还考虑过去爱丁堡大学，但是他对苏格兰口音颇有顾忌，漱石把它比作日本仙台地区的方言"zu-zu语"①，担心自己吃不消。如此，只剩下伦敦了，一座杂乱吵闹的街道"被掩埋在马粪里"的城市。好处是，伦敦的西郊剧院林立，还有数不清的二手书店。

52　　11月5日，漱石参观了英国国家美术馆和伦敦大学学院，

---

① 仙台方言的特点是shi和su不分、ji和zu不分，所以被称为"zu-zu语"（ズーズー弁）。

并给威廉姆·帕顿·克尔留了一封信，请求他允许自己随堂旁听。克尔是苏格兰人，是研究英国中世纪文学的泰斗（他写的圆桌骑士的故事深受 W. H. 奥登的崇拜）。克尔教授邀请漱石第二天到他办公室去，于是 11 月 7 日起，漱石开始旁听他的课程了。

11 月 12 日，漱石搬到了西汉普斯特德的普莱丽街 85 号，这里位于伦敦西南角，房租便宜些，这个社区很受伦敦大学师生的青睐。房东是个老处女，她在法国长大，母亲去世后和继父弗莱德里克·米德搬到了英国。弗莱德里克是普鲁士人，69 岁，在城西还有两家制衣店，专门制作军装。[8] 此外，这家寄宿家庭还住着米德小姐同母异父的弟弟，这个弟弟和父亲关系很僵。另外还有一位总在超时工作的女招待，安格尼斯·布莱斯，她只有 15 岁。

漱石从 11 月初开始旁听克尔教授的课，两个月后又不去了。1901 年 2 月 9 日，在给 4 位朋友的长信中[9]，漱石说这些课程虽偶尔有趣，但是大体和日本所教相差无几，于是他决定买书自学。漱石之前对时间和金钱有时很是节约，在伦敦期间则升级成了吝啬，这一点令他的伦敦居留黯淡不少。

漱石离开前，克尔为他写了一封介绍信给威廉姆·詹姆斯·克雷格（1843—1906），这位莎士比亚研究学者后来成了漱石的导师。克雷格是经典著作《剑桥莎士比亚》的主编，1891年完成此书后接替老朋友爱德华·多顿（主编的多部莎士比亚研究书籍被东京帝国大学选为教材）担任《阿登版莎士比亚》总编。漱石见到克雷格时，他正在写《李尔王》的导论，这也被视为他的代表性名篇。漱石后来写道，他在东京帝国大学教书时，克雷格的《哈姆雷特》是非常重要的参考资料，对他帮助甚大。

1901 年 1 月 18 日，漱石首次拜访克雷格，当时克雷格"像一只燕子一样落脚在"贝克街格罗斯特广场 55A 大楼背面三楼的一间小公寓里。女管家简总是大敞着房门，这个女人五十岁上下，戴了一副厚厚的眼镜，"表情总是紧张兮兮"，像极了《远大前程》里贾格思的管家莫丽。克雷格的会客厅塞满了书籍，他身穿一件条纹法兰绒衬衣，趿着一双拖鞋，他的头发和胡子都是乱蓬蓬的，当他握手时，伸出的双手毛乎乎的，疲软无力，令漱石怀疑握手的意义。克雷格没有教学计划，漱石每次上课都完全不知道要学的内容。有时克雷格会大声朗读他喜爱的诗歌：济慈、雪莱、斯温伯恩、沃尔特·惠特曼（克雷格夸口说惠特曼来看过他）等诗人的作品。读诗时克雷格激动得全身抖动。有时他也讲解诗歌，一口爱尔兰口音的英语滔滔不绝，艰涩难懂。漱石回忆说，自己往往就专注地盯着导师的脸，把自己完全交付给命运。克雷格丢三落四，家里也乱七八糟，经常是找不到需要的书籍。"我的华兹华斯呢？"当他大叫大嚷时，简就会突然出现，非常体贴地很快找到所需书目，取下递给他，轻声回复："这是您要的书，先生。"

1901 年的日记里，漱石事无巨细地记录了他每周去克雷格家的情况。下课回家路上，他会去路边的二手书店里淘淘书。（1 月开始他经常光顾著名的大象和城堡地区。）塞缪尔·约翰逊的《英国诗人传》、十四卷本的《复辟戏剧》、三卷本的麦肯齐①、麦克弗森的《奥西恩》②、1789 年版的柯柏③、《史密斯的圣经词典》、《斯宾塞作品集》（1679）④、梅瑞狄斯⑤的《罗达·弗莱明》、三卷本的范妮·伯尼的《埃维莉娜》⑥ 和简·奥斯丁的全集……到漱石回日本时，他已有 400 册左右的藏书。

第一次见面时，漱石答应每次上课付 7 先令，每月一结。克雷格常常因需要用钱要求提前付些钱。漱石往往口袋里有多少就给他多少，克雷格照单全收，多出的钱也不找零。在一篇满腹牢骚的日记（1901 年 2 月 12 日）里漱石写道："今日拜访克雷格。请求他给我改英语作文。他要另外收费。真是个唯利是图的家伙。"[10]

1900 年圣诞前，漱石第二次搬家，这次他搬到了"非常偏远"的弗洛登路 6 号，"旁边是臭名昭著、肮脏破败的坎伯威尔老城"[11]。这次搬家大费周折，他不得不雇了一辆马车把一撂撂书籍从伦敦西南搬到伦敦西北。每周 40 先令，可住三楼的一间屋子，还有一日三餐。夜里极冷，屋里暖气的风从窗户和门缝溜走，根本无法暖和起来。书架"是玩具箱那么大"，屋里还有

54

---

① Henry MacKenzie（1745—1831），苏格兰小说家、戏剧家、诗人。

② James MacPherson（1736—1796），苏格兰诗人。他于 1762 年声称发现了凯尔特神话中的英雄、古爱尔兰战士奥西恩（Ossian，又译莪相）的诗作。这些诗篇究竟是麦克弗森根据凯尔特语的奥西恩作品翻译而来的，还是麦克弗森本人的创作，曾引发长期争议。学术界最终认为麦克弗森假托了奥西恩之名，这些诗歌实则大多是麦克弗森的创作。

③ William Cowper（1731—1800），英国诗人。

④ Edmund Spenser（1552? —1599），英国文艺复兴时期的诗人。此处指的可能是 London: Henry Hills for Jonathan Edwin 出版社 1679 年出版的版本。

⑤ George Meredith（1828—1909），英国维多利亚时代的小说家、诗人。

⑥ Fanny Burney（1752—1840），英国小说家和书简作家。代表作《埃维莉娜》是社会风俗小说发展史上里程碑式的作品。

半张桌子。这里的人物和普莱丽街的同样怪异。这里原来是一家女子学校，因暴发一场热病关闭。学校的女校长布莱特夫人是目前的房东。学校关闭后，她嫁给了比她小15岁的哈罗德·布莱特。哈罗德25岁，有工程专业的学历。布莱特夫人的妹妹斯巴罗小姐也在这里帮忙打理，这位年长的女士以前是音乐老师，可是一旦有旁人在场，就会紧张得没法演奏钢琴。安妮·佩年方23岁，是本地人，住在漱石楼上的阁楼里，每天半夜她沉重的脚步声都会吵醒漱石。大家都叫她佩，不过漱石戏称她为拜姬·帕顿，这是模仿她每次说"对不起（Beg your pardon）"时的特别发音。拜姬·帕顿一出场就像是狄更斯笔下的角色。哮喘病使她的脸颊总是红彤彤的，每次见到漱石都叽叽喳喳说个不停，虽然漱石完全听不懂她的伦敦腔，她的唾沫飞溅到漱石脸上，还依然说个不停，不给漱石一点机会插话或问答。不过，她应该是个好心肠的姑娘，漱石似乎很喜欢她。

圣诞的第二天，漱石给镜子写信，给她说了搬家的事情，介绍了房客们的情况，和以前一样，他还是无法不提补助不够的窘境：

> 最让我担忧的还是没钱的问题，还有就是害怕生病。我绝对不会被疾病压垮，可是缺钱花也着实令我头疼。50钱日元只相当于10或20钱。一眨眼工夫，50日元就没了。新住处十分破旧肮脏，不过我得忍着，毕竟是便宜啊。我打算在饮食和衣物方面节约着花，省下钱可以买书。这实在太痛苦了。这里很少有外国学生住，大部分住客都是政

府官员或商人，都比我有钱多了。我倒是不羡慕他们买的奢侈物件或是游玩消费，要是我有那么多钱，我一定买很多书。我知道你每月只有约 20 日元的补助，日子一定也很难，那就想一想我的处境吧，你也能忍下去的。我理解你从你父亲那里借了些钱，我也知道数额不多，不过我希望你能用每月剩下的钱去还掉欠父亲的钱，哪怕是一两块钱……昨天是圣诞节，特别重要的节日，类似我们的新年。满屋里装饰着绿色冬青花饰，大家全都来到大厅，一起吃自助餐。在这家寄宿家庭，我们昨天吃了一顿"鸭子"大餐。[12]

55

然后漱石道歉因为工作太忙而忘记镜子的叮嘱——给女儿寄圣诞贺卡。在这封信里，漱石吐露了他的严管式育儿理念：

听说笔子很健康壮实，没有什么比这个更让我高兴了。我希望你不要过于宠爱她，让她觉得可以为所欲为：别因她央求就买太多糖果，别让她总是坐着，这会限制她的腿脚发育的。这些负面影响不会马上显现，但是以后会冒头的，比如得那种可怕的慢性病。世上最难之事，莫过于正确养儿育女了，我希望你能充分关注……我希望可以多给大家写写信，可是我每分钟都在忙，也希望能高效率使用时间……想说的话还有很多，可是我却没有时间去写。给每个人代问新年好。[13]

在这封圣诞信里，他对弗洛登路印象相当不错："我想，这里以前既然是一所学校，房东以前是教书先生，这里的氛围还是有格调的，他们待我也不错，就像家人一样。"[14] 可是到了 2 月 9 日给朋友写信时，漱石已经完全换了口吻，或许他的看法变了：

既然是所学校，应当还是很有氛围的，但是我总算发现了，这里没有一个可以说上话的人。这里的人不读书，也不讨论，虽然房东大姐以前是校长之类的，但是她嘴巴整天不是吃饭就是谈论以前的各种舞会……她的英语不赖——毕竟也曾管一个学校的啊——可是谈不上优雅格调，而且她的词汇量非常有限。要是哪一次要用一个不常见词汇，八成要弄错发音或是重音。当我用到一个很难的词汇的时候，她就假装听懂，显然，她脸上的神情告诉我，她不会放低一个英国淑女的自尊屈膝来跟一个可怜的日本佬请教的。

事实上，我们是饱读诗书的学者，比他们大多数人都强，没理由为自己的英语知识感到羞愧。有个西方人不知道"pillory"［示众］是什么意思。还有一个在争辩到底应该说"such a one"还是"such an one"①。一个老妇人坚持说"benefit"是群体名词。如果读到没有听说过的单词，他们八成会把重音读错。请注意，我讲的这些人可是接受过

① 此处是最基础的语法，冠词 an 的使用根据的是发音规则而不是拼写规则，one 的第一个发音是辅音 w，不应该用 an。

教育的，有的还是大学毕业呢！房东的妹妹没怎么上过学，但至少不会假装懂。房东的丈夫看起来很体面，但我估计是从来不读书的。最近我们一起去了趟剧院，看了《鲁滨孙漂流记》改编的舞剧，这位丈夫居然问我这剧是根据小说还是真实故事改编的！[15]

从这封信可以看出，漱石对自己的英语水平是相当自信的，一旦发现本地人犯了语言错误或是没有文化就非常鄙视他们。1月12日的日记非常长，他是这样开头的：

> 千万别以为，本地人就比我知道更多英国文学。他们大多数人都忙着做买卖，根本无暇读〔英语的〕文学作品，甚至高水平的报纸都不读的。我意识到，他们觉得输给一个日本人很没面子，所以一旦我发现他们因为我的学问高而感到不舒服的时候，我就转移话题……在一个大学课堂上，我听到有女学生问教授怎么拼写济慈和兰道的名字。[16]

一周以内，漱石的日记里必记载这样的抱怨，比如一个本地人居然问他知不知道"evolution（革命）""straw（吸管）"甚至"tunnel（隧道）"的意思，他被惊得目瞪口呆！[17]

漱石坚持自己英语水平和英国人相比是不差的甚至是一样的好，这种执念像是带有自我防御的色彩，也许他需要这样给自己信心。尽管表面上他是如此傲慢，但是骨子里他对自己的英语能力是缺乏信心的，对如何驾驭这门语言越来越感到绝望

57

（尤其是伦敦东区人的方言，这种"底层人说的语言"让他心灰意冷）。事实上，无法和当地人进行深入的交流令他非常悲观，漱石由此决定自我封闭，退回自我的世界里。"这里没人能与我做有趣的亲密交谈"，他写信给朋友说：

> 如果两年内我的英语能提高的话，我可以坚持去学。但是由于各种原因，这是不可能的，既然如此，我的时间和金钱到最后都是浪费，那么还不如及时止损。所以，我决定待在自己的房间里，苦筑自己的堡垒。[18]

在弗洛登路，还有一个日本房客，田中孝太郎，27岁，是个商人，在塞缪尔公司上班。田中住在这里的半年里，经常陪伴漱石。他们经常一起去沃克斯豪尔公园散步，步行穿过克拉彭广场、布里克斯顿再到附近的丹麦山，在傍晚常常去剧院看戏。漱石非常爱去剧院，每每尽兴而归。除了这项开销，他的另一个癖好是每次夜间外出都要隆重着装，穿着夫拉克大衣，戴着丝制帽子。高衣领、长燕尾、丝绸帽和木拐棍，这套行头打造的精致日本人形象，有些滑稽甚至辛酸，但漱石不觉得另类。每一个明治时期的绅士——漱石就是一个非常典型的明治新绅士——都脚踏着两个世界，一脚深埋在日本国民历史之中，另一只踏入西式新世界，因而常常两不相融，不知所措。

在田中的陪伴下，漱石看了帕特里夏·布雷的喜剧《错误的莱特先生》，"爆笑不止"，他这样记载；看了一部他不怎么喜欢的外国剧《基督徒》；还在2月23日到查令十字街的女王陛下剧院看了《第十二夜》。漱石在日记中写道，马伏里奥的扮演者是当时很火的演员兼制作人赫伯特·比尔博姆·特里爵士，不过他没有对角色表演做任何评论。他提到"场景精美，服装精致，令人眼花缭乱，座位售空，我们只能在走廊观看"[19]。3月7日，他俩去特鲁里街剧院看了《睡美人》的舞剧，漱石连声叫好，激动地称之为他看过的"最为精彩绝伦的演出"。

58

1901年1月22日，搬家不到一个月，维多利亚女王去世了。第二天，漱石用英文写下这段文字："国旗降下半旗。全城沉痛哀悼。我，一个外国人，也系上了黑色领带表达我的尊重和同情。'这个新世纪开头就是凶兆啊'，我去买黑手套时店主叹道。"[20]2月21日，他和房东急切地赶去海德公园，观看女王的葬仪队。但是到地方后，漱石发现自己太矮了，黑压压的人群人头攒动，他什么也看不到，于是布莱特先生义不容辞地把他举到肩头观看。[21]

1901年1月22日，虽然还没有收到镜子的回信，漱石又写了一封去信，询问孩子是否顺利出生，并叮嘱她产前产后要照顾好自己。他抱怨了几句异国他乡的诸多不便："风俗习惯完全不同：每天用冷水洗漱、刮胡子和梳头发要花去大量时间，更不要提换衬衫和解扣子的时间了！"

毫无例外的，漱石又再次提到时间和金钱的紧张：

伦敦的日本人一堆一堆的，但是和他们打交道又费钱又费时间啊，所以我大部分时间独处，忘乎所以地读书。同时我也没有太多机会去和外国人打交道，我也不想特意去做，毕竟时间和金钱都是有限的……走在街头，我看到好多想买回去做礼物的东西，不过又买不起，所以我更喜欢一个人在公园和郊区散步……住在不熟悉的地方本来就不舒服，捉襟见肘的经济让我寸步难行。我真是别无选择，只能闭门不出，勤学苦读；外出经常令我陷入开支过度的危险。

信的结尾非常突兀地回到了两个老话题：

> 等你产后恢复好了，请一定去看下那几颗问题牙齿。如果钱不够，请跟父亲借一下，等我回去了自会还钱。别把头发挽上去，对你的头发和头都好。有一种奎宁水，据说可以治头皮屑，你应该试一下；它还能预防秃顶。
>
> 写太长也是浪费时间，就此搁笔。[22]

两天后，漱石收到了镜子写于 12 月 21 日的来信，马上又回信。信的主题是新生婴儿的起名问题。漱石提供了一长串男孩的名字，名字既有趣，又充满了智慧和幽默，和往常信件的郁闷绝望截然不同。信里的俏皮语气很难翻译出来，有不少双关和文字游戏①，也许下面这一段能够略有呈现：

> 咱俩孩子想必也是一个闷葫芦，可以叫他夏目木〔"沉

---

① 这种双关用英文很难表达，对于同样使用汉字的中国读者来说倒是一目了然。

59

默"，起这样的名字在英文和日语里都够怪的]，可能很有风格。或者，你希望孩子将来大富大贵，夏目富［"财富"］不错。麻烦的是，他父亲叫金之助[23]，可是看看他穷得就像教堂里的老鼠一样啊。[24]

不过，在漱石 2 月 20 日的下一封信里，就没有丝毫幽默感了：

> 自我离开日本，已有半年，我感受思乡之苦，渴望回家。我只收到你两封信，自你上封信后，再也没有半点你的消息。我猜，一切如故。我猜，如果你和孩子不幸有了意外，我至少也会收到电报，由此，我不必过于担心。只是，我孤单苦闷……你应该已生下孩子了——母子平安吧，我希望——我有点担心。我期待你的来信，却迟迟未至……日子一天天过去，我越发思乡。我尽管是个没心没肺的人，却热切地想念你。我觉得你应该鼓励和表扬我吧……
>
> 住宿诸多不如意，我还是要坚持凑合下去，再差也不过如此。房东妹妹负责我的衣服清洗和房间清理，干得挺利索，看到衬衫和裤子破了，不用我说，都会主动给我补一下。如果你也能如此体贴细心该多好啊……想说的话还有很多，不过我得去散步了，就此搁笔。等你身体恢复好了，给我写封短信吧。[25]

第二天，漱石受邀去艾芝西尔夫人家，她是热心肠的诺德夫人的朋友，漱石一方面觉得应该赴约，另一方面要克服不愿社交的想法。他在 1901 年 2 月 21 日的日记里描述了这次酷刑般的经历，言语流露讥讽，给他的伦敦日记又添酸涩（英文的部分是原文中就如此使用的）：

> 大雪纷飞。我的手表显示下午 3 点。百般无奈，我必须去一趟 Dulwich［达利奇］。我在雪中出发。等我到达时，手表告诉我，我早了 30 分钟。大雪愈加厚密。别无选择了，我只好游荡在街头观赏雪景，直到邀约时间到了我才敲门拜访。"请这边来"，我跟着主人的引导，被吓了一跳。Drawing room［客厅里］簇拥着六七个女士在等我。我只好就坐。左右都是不相识的女士，即便这个屋子的女主人我也是不认识的。邀请一个素未谋面的外国人 at home［到家里］，还是一个日本人，我觉得不合乎礼仪。不过我猜，她也是不得已邀请我的，就像我不得已来赴约一样。上茶了，我们交换几句礼节性招呼。接着她的丈夫出来了。一个灰白头发的牧师。他看起来不是很高兴。他的妻子面目慈善，言辞良好。我赶快离开了。彻头彻尾地浪费我的时间。西方的社交真是可笑。谁能把如此拘谨的社交视为风尚啊！毫无趣味可言！雪还在下。我回到住处，和里面的人玩了会儿扑克和 dominos［多米诺］。我回到自己房间，却无心读书。我盯着炉子 30 分钟，然后上床睡觉。愚蠢的事情！[26]

4月9日，诺德神父再次来邀请漱石去艾芝西尔夫人家喝茶。那天晚上，漱石依然觉得无法回绝，写了答应赴约的纸条。4月17日，他又来到富足的达利奇。诺德夫人也来了。这一次，女士们做了议程：

> 艾芝西尔夫人就耶稣做了一段演讲。我被迫也发表自己的观点。她问我，我是不是从未 pray［祈祷］过。我回答说，我不知道该向谁 pray［祈祷］。艾夫人大呼竟有人不知这 great comfort［莫大的安慰］，实在是可怜，开始哭起来。我为她感到难过。艾夫人说："我会为你 pray［祈祷］的。""非常感谢您。"我说。她问我能否答应她一件事。我回道："当然了，您如此为我着想。"她请求我阅读 Bible［《圣经》］的 Gospels［《福音书》］。我当尽力，我回答说，内心感觉糟糕极了。我离开时，她又一次提醒我。我再次承诺。现在，我必须要读 Gospels［《福音书》］了。[27]

61

3月9日，漱石再次给镜子写信：

> 热切等待你的来信，未收到半个字。2月2日，从横滨出发的 Rio Janeiro［里约热内卢号］在旧金山湾沉船，我担心你给我的信说不定也在船上。
>
> 孩子出生了吗？是男孩还是女孩？我毫不知情！在异乡他国，我担心极了。如果你自己无法书写，应该请父亲

或他人代笔……我还是一样的忙，没时间写冗长的信。请
代我向大家问好。[28]

3月18日，漱石从岳父的来信中总算得知，自己又喜得一
女，打算叫恒子，生于1月26日。为什么写信的不是镜子呢？
她怎么可能忽略了写信呢？可能的解释就是她的精神状况也不
佳。漱石有时会抑郁甚至出现幻觉癔症，镜子也有一些古怪的
时候。她的这些症状间歇发生，被诊断为歇斯底里。虽然漱石
在信中叮嘱她"身体恢复了"记得写信，但并未清楚说明是镜
子产后身体虚弱还是精神状况不佳。

针对漱石对她不写信的指责，镜子开始把大女儿笔子的生
活日常写信汇报给漱石，对此她称为"笔子的日记"。

> 这就是很傻的日常记录，无非就是什么时候醒了，保
> 姆带她去哪里了，什么时候笑了或是哭了，她的牙齿长得
> 怎么样了，什么时候着凉了之类——没有人会觉得值得读
> 的东西，不过夏目似乎很喜欢，我每月寄给他一份，他都
> 要回信表示感谢。[29]

62　　漱石在日记里提过多次，表示喜欢这些记录，但是不久又
开始吹毛求疵起来：

> 我从你的来信里发现，你每天半夜才睡，早上9点或
> 10点才起床。几点睡没有关系，但是要早一点起床。我们

有一句谚语："晚起晚睡身体遭殃。"早上9点或是10点起床的女人不是情妇就是高级应召，要不就是底层妇女。受过良好家教、出身正派的女性，大抵是不会这样懒懒散散的。你可以观察下父亲家附近［矢来町］的人，看看你是不是属于鲜有的例外，我出国前就跟你说过，但你似乎并未在意。如果传出去说，夏目家的女人早上9点或是10点才起床，有多尴尬多糟糕！难道你不同意吗？……在我看来，这样的习惯对孩子影响也不好。如果笔子长大后、结婚了也是早上9点、10点起床的习惯，我该怎么面对我的女婿！你的父母可能觉得没关系，但是我认为很重要！一个人的主要责任就是不断尽力去克服自己的缺点。况且，早起对身体有益……你信里说寄来了恒子的照片，但是信封里没有照片。[30]

复活节来了又过去了。耶稣受难日①那天，漱石一整天待在家里读《诱拐》②。

4月的第三周，布莱特一家付不出房租了，拉着漱石一起半夜从弗洛登路逃到了图庭的斯特拉路。"一个破败的地方，"漱石在日记中写道，"搬到了图庭。比我听说的还糟糕。糟糕的环境，糟糕的房子。我不想久待。"[31]

漱石待了不到3个月。7月11日，漱石在《每日电讯报》

---

① 复活节的前一个周五，被称为"Good Friday"。这天是英国的公共假日。

② 作者罗伯特·路易斯·史蒂文森，19世纪后半叶英国伟大的小说家。代表作有长篇小说《金银岛》《化身博士》等。

上发了一则广告：

> 求含餐寄宿。租房者是一名日本绅士，要求完全是英
> 国家庭，房东喜欢文学。北部、西北部、西部八区等的安
> 静、方便的住所更佳。有意者请回信至伦敦中东区伯青路
> 城堡公寓 2 号，巴克收。[32]

第二天漱石收到了很多回复。就像布莱特夫人说的，日本
人是理想的房客，因为他们通常准时交租，不抱怨伙食，也不
会掺和房东家事。7 月 13 日，漱石给其中一位叫里尔小姐的回
信。7 月 16 日看房后，他决定搬到里尔小姐家，地址是伦敦西
南四区，克拉柏姆公地大通公寓 81 号。

7 月 20 日从图庭搬出又是一场折腾。几个特大号的皮箱子
装着一个个纸箱，纸箱子里放着漱石的书籍，下午 4 点才搬完。
纸箱子尺寸太大，大门都进不去，漱石不得不打开箱子，抱着
摞起来的书爬三层楼搬到自己房间。天气酷热，漱石觉得自己
流了一升的汗。房间里堆满了书，连坐下的地方都难腾出。[33]

克拉柏姆公地的房东是普丽西拉·里尔，她 58 岁，有个比
她小 10 岁的妹妹伊丽莎白。伊丽莎白以前在海峡群岛住过，那
里的居民都会说一口流利的法语。另一位房客是退休的陆军上
校。在这里，漱石终于觉得遇到了意气相投的人，一直租住此
地，直到 17 个月后离开英国。他尤其被年轻的妹妹伊丽莎白吸
引。12 月 8 日给子规的信中，漱石表达了仰慕之情：

你能相信吗？我又搬家了！这是我来到英国后的第五次搬家。同住的是两名中年女性和一名退役军人兼古怪老人。看来我总是和年长的人有缘分。其中一名女士读弥尔顿和莎士比亚，还说一口流利的法语——真是让我佩服。她常问我："夏目先生，你知道这个词的词源吗？"她还夸赞我："夏目先生，你的英语真棒，你一定从小就开始学习英文了吧？"［中文有句谚语］"人贵有自知之明"，如果你把她的赞扬当真了就大错特错了。这里的女人经常会说"真棒"，其实就是一种可笑的说法。[34]

　　来伦敦第一年的年底，漱石的兴趣发生转变。他之前一直跟随克雷格先生学习18世纪和19世纪的英国诗歌散文，还有莎士比亚。现在他停下来回望，却发现自己所学甚少：他意识到假如他一直像现在这样学下去，过完在英国的第二年，再加上一辈子，也永远不会读完他书单上的那些名著。现在必须要从阅读实践中思考一些理论问题，回答一个基本问题：什么是文学？他决定花10年去研究这个问题，直到他彻底梳理清楚了，再告诉这个世界。在他的大部头著作《文学论》的开篇，他回忆了自己当时的决心：

　　　　我把自己封闭在房间里，把我全部的文学书都放在一个柳条箱子里。我发现，通过阅读文学去理解文学问题，就如同用血水去洗血迹一样。我因此发誓要确立文学的形成、发展和消退的心理机制……

我深知，对任何人来说，要在一两年内实现这样一个
崭新的课题，工作量浩繁。我每一分钟都在努力，借鉴所
有可能相关领域的材料，节省下来的每一分钱都花在了买
书上。那六七个月的时间里，我心无旁骛、灵感迸发，这
样的研究状态后来再也没有过了。[35]

新课题开始后，漱石在日记和信件中频繁提及，并常常自
贬。1902 年 2 月 16 日，他给熊本的同事兼好友、现东京一高的
德语教授菅虎雄写了一张颇为沮丧的明信片：

我能留在这里的时间越来越少了，我的学术研究却毫
无进展，也毫无头绪。我无法忍受回日本后继续做老师的
念头。继续回熊本教书更是可怕的想法。如果别无出路，
我宁愿一辈子待在英国。这些日子，我不再阅读文学了。
我在啃心理学、进化论等其他学科的书。我想写点东西，
不过，我有自知之明，大约是要半途而废的。[36]

65   4 月 17 日，漱石给镜子写道：

对于要写的东西，我有清晰的想法，日夜思考，追求
这个目标。等我回到日本，这样的专注和用心读写怕是不
可能了。这是旅居国外的唯一收获。否则，来西方求学就
是一无所获了。[37]

是什么令漱石改变研究方向？我们找不到明确的解释。能够确定的是，1901 年 5 月到 10 月这一阶段，旅居伦敦的日本化学家池田菊苗对漱石影响深远。这一时期，池田菊苗暂住在漱石在图庭的寄宿地。[38] 从漱石的日记来看，他并非一直闭门不出，离开房间的时间里，他经常和池田菊苗讨论各种话题：英国文学和中国文学、教育、禅、哲学、理想中的美人（两人都认为自己的妻子皆非理想型）。池田菊苗既是一个科学家，也是一个文化人，因此很容易猜到，两人的交流点燃了漱石对科学研究方法的兴趣，令他开始转向"客观思考"文学而不是浸染式研究文学。同一时期，漱石还在和另一位科学家兼人文学家朋友寺田寅彦保持通信，在给寺田寅彦的一封信中，漱石谈到了池田菊苗：

> 我们聊了很多事情，他是一个非常出色的学者。他不仅在科学上博学多闻，远超于我，我还确信他是一个大思想家。在我所有值得尊敬的朋友中，他当然是人中翘楚。我也经常和他提到你，你有空也了解了解他吧。我肯定，你会发现和他聊天受益匪浅，不仅是科学方面，在很多方面都是。[39]

漱石从文学读本到文学"核心动力"的抽象思考，至少可以解释他为何结束了跟克雷格的学习。尽管他多次提到"有一年没有见到导师了"，但具体时间不明确。10 月 7 日，漱石在日记中说"给克雷格写了一封信"。10 月 15 日，他去拜访导师，但是克雷格外出不在家，于是他"还了书后就离开了"。从此克雷格的名字再没出现，漱石的日记也仅仅记录到 11 月 13 日，此后没有续篇。也许，他结束和导师的学习，以及搁笔不写日记，都侧面反映了他在外部世界遭遇的与日俱增的困难。

离开克雷格的另一个原因可能是两人对当代文学的不同观点，漱石誓要研究当代文学，而克雷格志不在此。1901 年 2 月 20 日，漱石在日记中写道："我向克雷格求教乔治·梅瑞狄斯，他却一无所知。还说了一堆借口。没有哪一条规则要求我们必须阅读每一部英国文学作品；没读过也不必感到羞愧。"[40] 尽管漱石在日记中对此一笔带过，但克雷格对当代文学的无知想必是令他大失所望了。根据龟井俊介的说法——小森阳一也赞同——漱石求学无门，找不到能带领他研究 19 世纪和当代英国文学的导师，因而只能"闭门学习，自立门户"。龟井此番说法颇有修正主义的味道，他认为漱石不去选剑桥或是牛津的课程，不是因为学费或者同学态度问题，而是因为两个学校都没有开设现代英国文学的课程。（小森觉得这并不令人惊讶，因为日本直到二战以后才开始出现明治、大正文学）爱丁堡大学和都柏林圣三一学院开设了当代文学——讲授哈代、康拉德、梅瑞狄斯和詹姆斯——但是漱石担心自己不习惯苏格兰和爱尔兰口音，因此他选了一个较差的学校即伦敦大学。龟井又解释说，克尔教授研究中世纪文学和中世纪英语，阅读难度非常大。克雷格对现代文学又知之甚少。因此，漱石别无选择，只能自学。龟井俊介认为，漱石由于毫无头绪，又担心没有结果和丧失自尊而焦虑不止，快要疯掉了。[41]

颇为讽刺的是，这个阶段，伦敦市居住着好几位漱石想要研究的小说家：约瑟夫·康拉德快要写完《吉姆老爷》了，乔治·梅瑞狄斯、H. G. 威尔斯、托马斯·哈代、萨默塞特·毛姆、拉迪亚德·吉卜林、柯南·道尔等都住在伦敦市，亨利·詹姆斯彼时正开始写《鸽翼》，穿梭于他在伦敦的两处居所——莱伊的羊羔屋和格罗夫纳屋。漱石知道这些作家，正在阅读梅瑞狄斯和詹姆斯，两位作家的复杂高级语言令漱石恼火——"亨利·詹姆斯的天赋是能把简单的东西说得跟天书一样难懂!"漱石在笔记本里写下了这样的抱怨。作为一名贫穷的日本交换生，漱石没办法接触这些大作家。于是他越来越多地把自己封闭在房间内，一边担心着开销，一边狂热地阅读，一边在笔记里一丝不苟地做记录，字像"苍蝇头那么大"。

在后来的人生中，在成为作家的岁月里，漱石始终深受两种恶性疾病的困扰，即肠胃疾病和精神疾病。这两种病经常前后脚到来，一个触发另一个地发作，通常都是从肠胃疾病开始。1901 年 1 月 22 日，他在信中给镜子写道："近来肠胃疾病频发，不过尚可忍受。"他接下来的补充令人不免心酸地想到漱石不久后病倒的事："我只是祈祷，不要倒在异国他乡。"[42] 2 月 21 日，他买了一瓶卡尔斯巴德矿泉水，这是一种从捷克斯洛伐克卡尔斯巴德温泉提取的盐水，据说可以帮助消化、缓解胃痛，根据漱石的记录，3 月 29 日他又买了一瓶。9 月 22 日给镜子的信中，漱石再次提到持续困扰他的胃病："最近，我的胃病又犯了，情况似乎比我在日本时还严重。可能和我在这里吃的肉太差有关系。"[43]

1901 年 7 月 1 日的日记里，漱石似有预兆地第一次提到自己的精神疾病："我很痛苦。小事纷扰不断。我猜这是神经问题。"[44]

1901 年 4 月到 5 月漱石创作了《伦敦消息》系列，主要是为了安慰和娱乐生病的子规，子规读后不断要求新作品。在《伦敦消息》中，漱石曾就自己居住在弗洛登的几个月里，被周遭的一切所吞噬的感受，做了一番描述：

> 当我走出房间，遇到的每一个男人身形都可怕地高大。而且，他们看起来忧郁低沉，毫无魅力可言。我突然想到，这样的国家应征收身高税，就能有更矮一些、更省钱的子民了，不过这只是我的酸葡萄，自尊心作祟罢了。论漂亮，他们确实是面孔华美。这时，一个比普通英国人矮半截的走了过来。"开始了！"我暗自较量，可是他走过去时，我发现他比我还是高了 5 厘米。接着我发现自己在偷看一个长相奇怪、黄皮肤的拇指汤姆①，结果却是镜子里的自己。我不禁哑然，哭笑不得，镜中人也对我苦笑……在日本时，我虽然不觉得自己白，但十分确信自己的肤色还算正常，可是在这个国家久居之后，我渐渐觉得自己的肤色竟是如此非人——一个黄种人混在人群中，卑微慵懒地走去影院看戏或参加什么庆祝活动。[45]

68

---

① 《格林童话》中的拇指大的小人。

几个月后，漱石订好了下一年回日本的计划，此时他才明确表述自己的焦虑，里尔姐妹看到漱石整日待在房间内，则心生不安起来。1902 年 9 月，漱石总算向镜子透露了自己的精神痛苦程度。像往常一样，漱石先是叮嘱镜子要好好养育女儿们，接着他袒露：

> 最近，我神经衰弱。情绪抑郁，我觉得压抑极了。但也请不要担心，毕竟也没有十分严重……我感觉反应迟缓，心情沉重，无法专心阅读。这倒是让我警惕。我担心是脑子坏了，以后只能懒散混沌度日，不能取得成就。但你也别担心。请照顾好自己和女儿们。[46]

事实上，漱石的情况严重多了。文部省要求漱石每年提交"研究进展报告"。漱石已经拖延一年没写了，虽然桌上的读书笔记堆得有 15 厘米高，但是他却没有取得值得报告的成就。文部省不断催促，电报漱石"务必提交进展报告"。漱石埋头苦写，最终在 9 月初提交了一份空白报告书。此举令文部省恼火和担心，也加重了漱石的抑郁。

9 月 9 日，日本英国文学学者、后来成为知名作家和英国诗歌翻译家的土井晚翠来到伦敦并拜访了漱石。里尔姐妹说她们的房客连续数日把自己关在房间里，深夜里痛哭，她们哀求土井晚翠搬来同住。土井说漱石也请求他留下，很期待他的陪伴。[47] 土井在克拉柏姆公地租了一间房住了 10 天，直到 9 月 18 日离开，也没能帮助漱石走出抑郁。期间，两名前往德国的交

69

换生中的一名回日本时途经伦敦，他和土井都很担心却束手无策。漱石不愿意讨论自己的困境，也拒绝出去喝酒，而是日夜学习，把自己逼入绝境之中，令旁观者忧心。朋友们都觉得他应该马上被送回日本，土井则犹豫要不要把漱石的状况报告给文部省。

土井最终决定这件事他无权插手，自己甚至都不是交换生。但不知道谁报告了，很可能是另一位英语学者冈仓由三郎（《茶之书》的作者冈仓天心的弟弟），他也是漱石的朋友。9 月底，文部省收到一份来自伦敦的电报："夏目疯了"。这封电报的内容辗转传到了很多朋友和同事耳朵里，甚至镜子在大阪的妹妹和妹夫都听说了，但是他们都觉得漱石安全回到日本之前，此事应该瞒着镜子。

10 月中旬，漱石获得了短暂喘息的机会：退休律师和艺术收藏家约翰·亨利·迪克森邀请漱石和自己一起北上旅行，去苏格兰高地的皮特洛赫里。在当时的情况下，漱石能接受邀请本身就是奇事，不过这次旅行大有裨益。多年后，漱石在《永日小品》中回忆，秋日的皮特洛赫里，深谷迷人，静谧温婉，秋日把树叶染得五彩斑斓，白云之下"古韵悠悠"。

漱石在苏格兰流连忘返，自抵达英国以后，他第一次逃离了伦敦的阴霾尘土和喧嚣人群。10 月下旬或 11 月初左右漱石返回伦敦，旅行令他神清气爽，但神经依然衰弱，行为时有异常。他预订了 11 月 7 日从伦敦到横滨的日本货船丹波丸的旅客票。一位恰好也在伦敦的日本熟人，注意到漱石无节制地花钱买书，担心他会花光所有补贴，最后连回家的票都买不起，因此从他买书的钱里扣下了一部分提前买了船票。这位熟人还教漱石骑自行车。伊丽莎白·里尔也劝说漱石学骑自行车，当时的英国人流行自行车运动，可以减压。漱石学了几天，多少会一点了，后来据此写了颇具自我嘲讽意味的喜剧《自行车日记》：自行车歪歪扭扭冲下薰衣草山，完全失控，街边列成一排的英格兰少年们大喊嘲笑。

文部省给另一位去德国的交换生发电报，即后来知名的日本德国文学研究奠基人藤代祯辅，让他陪伴漱石一起乘坐丹波丸回国。待藤代到了伦敦，却惊讶地发现漱石已经取消船票了。藤代找到漱石的寄宿处，发现漱石呆坐在一地书籍的中间，少言寡语，拒绝在 7 日乘船出发。漱石的解释是，在苏格兰待太久了，耽误了时间，现在来不及收拾行李，藤代回忆说：

> 我多次提议我们先出发，行李可以交给友人收拾打包，但他不为所动。说实话，我觉得他房间内的书实在多得超过了我的想象，普通学生一般买不起。换做是我，我也不放心把这些书托付给别人。另外，依今日我之所见，大可不必担心——在我看来，说他疯了是夸大其词了……第二天，他带我参观了肯辛顿博物馆和图书馆，我们在图书馆的烧烤屋一起吃了牛排，又喝了些麦芽酒。他最后对我说："我就不去码头送你了。"[48]

当月晚些日子，漱石收到了令他濒临崩溃的噩耗：高滨虚子来信，告诉他正冈子规于 9 月 19 日凌晨 1 点驾鹤西去了。在这封悲恸至极的来信里，高滨虚子请求漱石在他的杂志《杜鹃》里写篇东西[49]。漱石于 12 月 1 日回复：

你好。我一直通过你每月有心寄来的杂志关注子规的身体状况，我想感谢你告诉我子规的离世。我离开日本之时，心想着自己没机会再见到活生生的他了。我想我和子规彼此心照不宣，因此，这个消息也算意料之中。但是，啊，太悲伤了，我说不出旁的话了。我想着，疾病缠身如此痛苦，他这样离开也许更好。他在世时，我写了《伦敦消息》系列给他解闷和安慰，以笔抒情，或琐碎，或冗余，再无其他。即便这样，我也常说要多写一些给他，却又总是拿没有时间或是忙着学习的话做借口，这是我习惯性推脱的无耻借口，而在我再次拿起笔之前，我们的朋友却已登白玉楼①了。我对此无比悔恨，对你和他都很抱歉。[50]

4 年后，在《我是猫》第二卷②的序言里，漱石公开自责没有顾及朋友死前的请求。他引用了 1901 年子规死前一年写给他的信：“我想写更多给你，但是身处痛苦的我，想必你能理解……”漱石这样写道：

---

① 传说读书人死后居住的地方。指才子英年早逝或文人逝世。典出《全唐文》卷七百八十《李商隐（十）·李贺小传》。
② 《我是猫》最初以连载形式发表于《杜鹃》杂志。单行本初次发行时分为上中下三卷。

从如此遒劲的草书笔迹里，很难看出书写者正在死亡线上挣扎着。每每读起旧信，我就仿佛对着一位逝者鞠躬请求原谅。"我想写更多给你，但是身处痛苦的我，想必你能理解……"这毫无疑问是实话，然而我的回复，"我也想多写点，但实在是太忙了，我希望你谅解我"，听起来就是托辞。可怜的子规日日等待我的信，直到生命的最后呼吸停止，也未能等到。[51]

漱石给高滨虚子的信中写道：

我答应你写一篇子规记，可是我该如何下笔？我茫然不知，思绪混乱……我试着想写诗纪念他，可是我穿着我的英国领衬衫，坐在书桌前，吃着牛排，没有写俳句的丁点灵感……近来这些日子，我变成了古怪的人，一半是西方人，一半是日本人。当我写日文时，英语词汇疯狂涌入笔下。而当我写英文时，日语词汇不断滋扰我令我想切换成日语写作。我就像无可救药的白痴一样。等我回到日本之时，我会变成一个英国花花公子，领结上别着鲜花，跨着一辆自行车。[52]

信尾颇令人费解：漱石在英国期间的其他写作都表明，他 ⁷² 自我封闭，想要远离英国带来的影响，只在外表上接受其影响——比如他戴丝制帽子、挂拐棍——然而这封信里的漱石似乎变成了一个畸形的杂糅人，陷在两种截然不同的文化里，无法在任何一个里面安放自我。这是否只是一种文学表达？漱石是说真的吗？进一步说，虽然我们无法知道答案，但就我们所知道的他的生活状况，能告诉我们什么信息呢？1902 年 4 月 17 日给镜子的信中，漱石表达了对英国的审美厌恶，期望回日本：

> 没有樱花，让这里的春天不完整。而且，这里的人和物，都缺乏品味、细腻和优雅……荞麦面，日本大米，日式衣服，卧在缘廊[53]上欣赏花园，啊，一想到这些就让我更加期待回国。哦，欣赏绿地上飞舞的蝴蝶。[54]

漱石回国后的生活，确实非常"日本"：如果肠胃允许他就选择吃日食，他偏爱和服，他喜欢背诵能剧，喜欢书法、水墨画和落语。他的伦理观和三观显示出坚定的儒家思想，这方面他是非常典型的明治文人。但是他的写作则越来越呈现出西方文学的叙事特点，这应该是他大量阅读西方经典的结果。没有任何一个日本作家能达到漱石这样的自觉程度。所以，当漱石说自己部分西方人部分日本人的时候，不管他自己是否当真，也不是毫无道理的。毫无疑问，漱石的这种文化摇摆之痛，恰好反映了日本当时在转型期经历的迷茫。

花了几周时间托运好书箱后，1902 年 12 月 5 日，漱石最终从阿尔伯特港乘坐日本邮船博多丸回国。尽管船上也有不少有趣的日本乘客，漱石还是选择自处，自我封闭在幽暗之中。在《文学论》（1907）的序言里，他总结了自己的英国经历：

伦敦两年是我一生中最痛苦的阶段。我在英国绅士之中，仿佛是一只流浪狗混在狼群之中，我勉强维持可怜的生存状态。别人告诉我一共有五百万英国人，我就好像一滴水在五百万滴油中，几乎无法生存。[55]

在塞得港口，漱石给伊丽莎白·里尔寄了一张明信片，感谢她的盛情接待，并宣称自己"绝对不会再到"英国这样的地方了。

6
回归故里

　　也许漱石最早的精神疾病迹象，从他忘记告诉镜子自己的归国日期可以看出端倪吧。镜子是从一份 1903 年 1 月 24 日的剪报中知情的，应该是住在大阪的建筑师妹夫铃木祯次剪下寄给她的，报上说"〔熊本〕第五高等学校的夏目教授"乘坐博多丸经过上海、香港和长崎于 1 月 23 日到达神户。镜子后来收到了漱石的电报，称将乘坐神户到东京的快速铁路，路程 24 小时。镜子跟漱石的兄弟和三郎借了钱，补好漱石的和服和衬衫，和年老体衰的父亲一起，去东京以西 80 公里外的国府津站接漱石。漱石当时身穿高领毛衣，留着凯撒胡，胡子两头向上翘起，打着厚蜡。接着，他们一起乘火车到东京的新桥站，此地当时正流行鼠疫。寺田寅彦和亲朋好友前来迎接漱石，他回忆漱石下了火车，双手捧着 5 岁女儿笔子的脸，向上仰起，盯着看着，然后"脸上挂着诡异的笑容"松开手。[1]

漱石离开日本的 2 年零 4 个月期间，镜子和两个女儿笔子、恒子，住在位于新宿东北部矢来町父亲居所的一处别馆，这里从前是一个有名的艺伎娱乐区，环境时尚（现在的新潮社出版社所在地）。镜子每月的生活费只有 22 日元 50 钱，这笔钱是熊本学校发给漱石的不在岗工资，镜子父亲从高位退下，经济状况也很窘迫，无法给镜子任何资助了。[2] 这个别馆又小又破，榻榻米几乎磨平了，纸糊的障子门也破了很多洞。在如此恶劣的条件下开始回国后的新生活，无疑不利于漱石已经不稳定的精神状态。

镜子在回忆录中写道，最初的三天相安无事。第四天，一家人坐在一起，漱石看到烧炭炉旁边有一枚 5 钱的硬币，相当于 5 分。见笔子看了自己一眼，漱石咕哝道："这个顽劣小孩在耍我呢。"马上掌掴了女儿。孩子大声嚎哭，镜子在旁边看到了整个过程。漱石后来的解释更是吓人。他说有一天在伦敦，他给了一个乞丐一枚硬币。可是回到宿舍后，他在房间的窗户边看到了一枚同样的硬币。他一直觉得是女房东偷偷跟踪自己，又故意使坏激怒他。而今在炉边看到相似的场景，他马上觉得是笔子在做恶作剧，于是生气地打了女儿。[3]

从这诡异一幕发生后，漱石的精神状态每况愈下。[4] 朋友菅虎雄看到他神情茫然地坐在一地书箱子中间，仿佛不知道怎么拆箱子、怎么把书整理到书架上。此外，噪声也会激发漱石病态的歇斯底里，当恒子夜里哭泣时漱石会暴怒，嗓门大的仆人们也会惹得漱石大发脾气，漱石还疑心仆人们私底下合伙对付自己。即便无人招惹，半夜里漱石也常会突然暴怒，把手边的枕头或其他东西扔出去，而镜子完全不知道缘由。春日渐去，6月初，多雨之夏来临，漱石的病情越发严重，镜子已经招架不住了。此时，镜子正怀着第三个孩子，晨吐厉害，接着又不幸染上重感冒，继发胸膜炎，时常卧床不起。丈夫的易怒在去英国之前从未发生过，这让她苦恼不解，于是让自己的医生为漱石查看病情。一个偶然的机会，医生见到漱石，当即判断此病并非简单的神经衰弱症[5]，劝说镜子去咨询精神病专家、漱石在英国见过一次也十分敬重的吴秀三医生。诊断后，吴秀三告诉镜子："此病无法治愈。看来病愈时，疾病潜伏起来罢了，一辈子都会复发。"[6] 至于吴秀三如何跟漱石解释病情，因缺乏记载我们无从得知。根据日本的从医规则，如果患者病情十分严重，那么医生会把病情告诉患者家属而不是患者——如此看来很可能吴秀三没有把病情告诉漱石。[7]

76

7月份，漱石专横地要镜子搬出千驮木的新家，镜子一方面顾虑孩子安全，另一方面担心自己和孩子继续留在漱石身边会令他的病情恶化，于是带着孩子搬到了矢来町父亲家。他们分居了两个月，9月份镜子让母亲去跟漱石道歉说和（西方读者一定觉得应该是漱石道歉才对），并请漱石的兄长在中间调和，请求漱石允许镜子带孩子回家。漱石同意了，但警告镜子说不要指望她们母女能像在岳父家里那样被宠溺。

情况似乎尚可，如此过了两个月。10月底，镜子生下了她和漱石的第三个女儿荣子。女儿的降生似乎刺激了漱石，他大发脾气。镜子描述了这样一个男人：深陷严重的偏执妄想，指责妻子和仆人合伙惹怒他，怀疑街对面旅舍的一个学生是监视他的私人侦探；镜子产后躺在屋内，他就坐在屋内的一处屏风外面，念叨着说十分清楚镜子的心思，等她身体恢复了就永久地送回娘家去。镜子的母亲十分担心，觉得女儿和外孙女们是和一个疯男人同居一室，来劝女儿跟她回娘家。镜子十分生气，把母亲赶走了。"只要他愿意，他可以鄙视我，打骂我，"她记得自己当时说，"不管发生什么，我一定会留下来照顾他和孩子们。一想到若我只考虑自己而离开将给周围人造成的麻烦，我就知道不能离开。"[8]

从年底延续到1904年，一系列事情考验着镜子想要尽责的决心。清晨，镜子进屋给漱石送衣物，被他吼出房门。他不再给镜子家用钱，而是让镜子列出各项收费，月底和她清算。夜半醒来，漱石令镜子端茶送饭，第二天早晨，镜子发现盘子里的食物丝毫未动。香烟抽完后，他就直接把空烟盒往墙上扔；怀表不动了，他就摔到地板上。一个旧时被他辞退的女仆十分同情镜子，会在漱石不在家的时候溜进来帮忙做家务，她还央求菅虎雄和高滨虚子邀请漱石外出。在家里，漱石总要谴责镜子故意惹他生气。在镜子看来，却是漱石故意折磨她。

奇异琐事，时有发生。一日，女佣拿着一把生锈的小直刀，按照漱石的吩咐交予女主人镜子，并传话说："用此物施展你的花招吧。"漱石究竟何意，女佣一头雾水，不过他脸上的诡怪神情把她吓坏了。镜子当下心领意会。小直刀的日文是"小刀"，常用于词语"小刀細工"，字面意思是小直刀术，比喻小伎俩、小花招。漱石以此迂回方式转告镜子，任凭她怎么折腾，都拿他没办法。[9]

1904 年初夏，家中有了些许平静。但有迹象表明，尽管漱石表面上风平浪静，内心依然备受折磨。他在笔记本里曾留下一段潦草的英文涂鸦，小宫丰隆找不到更好的术语归类，把它们统称为"琐记"。

> 给妻子教训，我失去了她；给妻子和她家人教训，我行将失去我的孩子；在给他们一个严厉的教训之前，我决计要失去一切，除了我的意志。当我行使我的意志，他们须低身鞠躬。他们须对我鞠躬，却把我视作没心肝的丈夫、冷酷的父亲和顽固的亲戚。他们须对我鞠躬，并在心里照到了懦弱的自己，还要怪到我头上。傻东西！想想前因后果吧。即便你像那些最恭顺、最尽职的妻子们那么恭顺和尽职，我也不会原谅你。你等着瞧吧，你等着瞧吧。等你使出浑身解数，用尽所有伎俩，或是心满意足，或是意犹未尽，直到最后黔驴技穷，所有这些，终将都甩到我身上。[10]

除了这些简单明了的坏情绪，还有更为复杂深刻的疯癫呓语。

> 我恨你们，女士们，先生们，我恨你们所有人；我发自内心地恨你们，直到我生命的尽头，直到你们的最后一个子孙；我的恨，对你们毫无用处，它曾经潜卧在我的肝

脏、心脏或是肾脏的一角，而今公然展示，不为售卖，只为慈善，这是因为我羽翼未丰，没有你们当中某些人能处处获利的本事。现在，我要公开这瓶密封珍藏的怨恨和悲痛之酿，供你们免费畅饮、尽情享用。化学家总爱说化合物之间能相互中和。但愿我的恨能中和掉爱和赞美的毒汁，让苦、涩、酸的气味氤氲遍及你的心灵，直至你康复到原初状态。[11]

用英语表达似乎赋予了漱石谴责的许可证，当他发誓要用一剂"恨"中和掉"爱和赞美的毒汁……氤氲遍及你的心灵，直至你康复到原初状态"，也许，潜意识里，他发出的是艺术的呼唤，一个小说家的使命召唤。这像极了他进入文坛的宣言，几个月后，1904 年末，他当真提起文学之笔，打开了一瓶"密封珍藏"的陈酿。

对于自己神经衰弱的病情，漱石有几分了解呢？1903 年 7 月 3 日，彼时他的病情正在恶化，给菅虎雄的信中他论及疯癫和自我：

> 你说山川不久就会疯掉？我觉得不会。大部分人都是疯子，只是他们自己不知晓而已。不必大惊小怪。这个世界是一个正在展出疯子的博物馆。标签贴着大疯子的是跌倒的英雄和天才。很可惜，你我之流只是小疯子尔尔。想想盗贼吧：窃钩者诛，窃国者侯。在这个世界，干的什么事不重要，做到什么程度才要紧。[12]

奇怪的是，漱石的偏执狂和怒火症只发生在家庭内部，在外他似乎可以正常表现，至少能应付得过去。回东京后，他要做的第一件事就是找个体面的地方安顿家人。镜子因病卧床数周，漱石和菅虎雄一起探访了繁华都市东京的一些街区，包括本乡、小石川、牛込、四谷和赤坂等地。1903年2月底，他在离大学校园步行15分钟的千驮木站找到一处舒适的住所。[13] 房主斋藤阿具是以前的大学同学，现在搬到了东京以北300多公里处的仙台市，是仙台第二高等学校的老师。这处小平房不到80平方米，而漱石一家六口，有4个大人（包括2个用人）和2个孩子，以我们现在的标准看十分狭促，但当时在这个中上层的居住小区也属于普遍现象了。屋内两间和室，各8张榻榻米大①，其中一间做了漱石的书房，也唯有此间装有玻璃推拉门，朝南向，拉开后通往一处小庭院。庭院尽头的栅栏外有一块房主的菜地，能干的用人种了茄子、黄瓜和花生。

搬家需要花销，搬离熊本时他们卖掉了所有的家什，而现在的房子需要置办家具。可是没钱了。漱石从英国回来时几乎身无分文。他忠实的支持者，东京帝国大学的美学教授大塚保治，借给了他150日元。漱石和镜子用这笔钱购置物品，准备从岳父在矢来町的别馆搬出。1903年3月3日，漱石一家搬迁新居。他们在这里住了近4年，直到房主重回东京，他们才再次搬家。那时，漱石已然成为日本文学界的风云人物。

4月，漱石同时在第一高等学校和东京帝国大学任教。他曾

①　约13平方米。

在这两所东京的顶尖学校就读，以优异的成绩毕业；而今，他又回来任教，忙碌程度自不必说。日本那时和现在一样，官僚体系非常僵化，这一点举世共通，因此就档案来说，漱石依然是熊本第五高等学校的教授。根据和文部省签订的协议，漱石应该在熊本再教 4 年书，即在伦敦每待一年就要在熊本多教两年。不过，漱石无意回去。1901 年 2 月，漱石从伦敦给 4 位友人去了长信，信尾请求说："我想离开熊本。你们一高需要老师吗？虽然未来还不确定，如果不出差错的话，只要我还活着，只要狩野君还担任校长，我去教书可以吗？我可以少要工资。"[14] 1901 年 6 月 19 日，漱石给德国留学交换生、曾被文部省派去伦敦陪自己回国的藤代祯辅写信，再次提及此事："我给狩野〔亨吉〕去信询问能否在一高任职，但他一直没有回复。我真是受够熊本了。"[15]

漱石的朋友四处为他求情，等他回国的时候，两所学校都给他留了位置。尴尬的是，他的人事关系还在熊本。五高的新校长希望漱石回去工作，当他得知漱石隐瞒了留在东京的想法，更是不想放人了。漱石只好递交辞职信，信中还要求发离职金。3 月 31 日，漱石被批准辞职，同时得到了 300 日元的全额补偿金。拿到钱的时候，漱石一家仅靠每月 24 日元的不在岗补贴过着拮据的日子，还有将近 300 日元的欠债。

与熊本相比，漱石在一高的职位是降了。日本文部省禁止高校从兄弟院校聘请同级别教师。所以狩野亨吉只能按新进讲师而不是同级教授的职称聘用漱石，漱石的收入从原来的每年1200 日元降到了 700 日元。教学任务很繁重，每周 12 小时英语语言课程。漱石沿用了前任老师的教材，即塞缪尔·约翰逊1759 年出版的《王子出游记》，又新选了罗伯特·路易斯·史蒂文森《新天方夜谭》里的《自杀俱乐部》。漱石在课上先读一遍，然后让学生朗诵和翻译。这种教学法注重语言，生硬刻板，没有乐趣：他反复纠正学生的发音，不仅要求学生背诵词汇，还要掌握词源词根。漱石将 benevolence、sympathy、compassion等单词拆开，讲解它们的希腊或拉丁词根。5 月的第一次课程测试，漱石要求学生写出一些复杂词汇的反义词，令学生们措手不及。

在一高的这些学霸眼里，漱石的傲慢态度、三件套西装、高领口衬衫和尖头皮鞋，尤其是他打着发蜡的凯撒胡，就是活脱脱一个海归假洋鬼子的形象。一日，漱石走进教室，看到黑板上画着自己的卡通像，高衣领撑着高高昂起的头。漱石一言不发，擦掉开始讲课。还有一次，一群学生挖空心思找来一些大部头字典，从中挑选艰涩问题挑战漱石。漱石没有正面回答，而是以连珠炮的语速提出更难的问题，镇住了学生。

在 14 年后的一本回忆录中，作者中勘助回顾了在漱石班上做学生时的事：

> 有人听说新来的老师对学生要求比以前严格很多。我们都觉得已经被打压得够呛了，这个消息太吓人了。后来新老师出现在教室里，原来是夏目先生。第一印象是他的头发和胡须，大背头，打着卷，像个花花公子。我们还是用老教材《王子出游记》，我印象最深刻的是他读第一章时

的发音。该怎么形容呢，是一种自命不凡的完美发音，明显的鼻音，声音颇有磁性。听着正宗的发音，我一阵阵担心。作为一个被训导多年的乖乖学生，凭着我敏锐的直觉，我知道，这个新来的老师给我们上的课，要求一定不低。没错，他的严厉程度无人能比，但不是那种令人不悦的卑鄙方式。我记得考试的时候，他会在教室里走来走去，驻足低头看，然后说："没有这个汉字，写出正确答案！"他有时这样和善，有时也令人生畏。[16]

4月21日，漱石在东京帝国大学上第一次课。他没有求朋友找这份工作，当得知被录用时也并不欣喜。教高中生读英文是一回事，上他所谓的"英国文学基础"大学课程则是另一回事。他很担心自己无法胜任，虽曾认真做笔记，但仅在英国学了两年，换成自己讲解这些文学大部头理论，实属不易。他担心自己不够格接替前任拉夫卡迪奥·赫恩①。

赫恩是19世纪50年代日本被迫开放国门后加入日籍的最 ₈₂ 有才能且最有成就的西方侨民之一。和漱石在英国遭遇的冷落经历不同，他成功融入日本社会和日本文化，成就斐然。1850年在希腊的莱夫卡达岛上出生——他的原名拉夫卡迪奥便来源于此②。他年幼时被希腊母亲和英国军医父亲弃养，在爱尔兰和姨母一起生活，后又被姨母弃养。他曾在法国的天主教学校学

① Lafcadio Hearn（1850—1904），随笔作家、英语学者。加入日本国籍后改名小泉八云。
② 莱夫卡达岛（Lefkada）与拉夫卡迪奥（Lafcadio）发音近似。

习两年，习得流利法语，曾在伦敦流浪生活，19 岁时流落到辛辛那提谋生，用他的话来说，"身无分文被丢在美国城市的人行道上，开始新生活"。辛辛那提的两年生活和新奥尔良的十年经历，把他打磨成一位明星记者，善写当地故事，题材丰富，包括谋杀、克里奥尔人口、法国歌剧和路易斯安那巫术等。他还是《斯克里布纳杂志》和《哈珀周刊》的常约撰稿人。此外，他还出版了很多译著，翻译了法国作家内瓦尔、阿纳托尔·法郎士、皮埃尔·洛蒂和莫泊桑等的作品。

在美国写了两年西印度群岛的故事后，1890 年，40 岁的赫恩被《哈珀周刊》派驻到日本。他受到了当时另外一名杰出侨民的帮助，那人便是日籍英国人巴兹尔·霍尔·张伯伦，一位语言学家，也是东京帝国大学的哲学教授。赫恩得到一份在松江的中学教英语的工作。松江市是一个很封闭的城下町①，位于岛根县最北部，靠近日本海。他娶了当地武士的女儿小泉节子，两人养育了 4 个孩子。他在松江住了 15 个月，教英语，写早期日本的故事，居住时间虽不长，却被当地人视为英雄。直到现在，松江依然是新奥尔良的姊妹城市，每年的圣·帕特里克节都会举办爱尔兰风格的庆祝活动。赫恩家的日式房子和庭院成了日本国家地标性建筑和博物馆。

1891 年下半年，赫恩搬到了熊本，在五高教了 3 年英语，1894 年离开。两年后，漱石和镜子来到五高（这是漱石第一次接替赫恩上课，1903 年在东京是第二次）。1896 年，在老友张

---

① 以旧时领主居住的城堡为核心建立的城市。

伯伦的推荐下，赫恩被东京帝国大学聘用为英国文学讲师。此时，他已经加入日本国籍，从妻姓改名为小泉八云。

赫恩在日本居住 14 年，直到 1904 年离世，生前写作 4000 多页，讲述自己在日本这个新世界的所见所闻。第一本短篇杂文集《日本魅影》发表于 1894 年，由霍顿·米夫林出版社出版，讲述了赫恩在日本生活的 27 个片段。故事流畅，细节感人。他左眼失明，右眼高度近视，必须拿着放大镜，摸索着走进房间，然后像读盲文一样艰辛地写作。初期创作受在日亲身经历启发，真情洋溢，令人动容，也难免幼稚。时间久了，和很多侨民一样，赫恩不像最初那么仰慕日本文化了，最后还曾和张伯伦倾诉，"日本人真是可恶透顶"。

赫恩最为著名的作品是日本灵异恐怖故事集《怪谈》。[17] 和其他作品一样，妻子节子用日式洋泾浜英文给他讲日本故事，赫恩进行再创作，写出了《怪谈》。赫恩不会读日文，会说的日语也非常有限。[18]

1902 年 11 月，在东京帝国大学教书 6 年后，赫思受邀赴康奈尔大学做一系列日本文化讲座。时机恰恰好，他一直在安排儿子去美国东海岸的一个寄宿学校读书，正好可以送儿子入学。然而，他向大学提出的学术假被人文学院院长否决。赫恩很是失望。随后，他接到院长减少课时的提议，从每周 12 节降为 8 节，工资也随之少了，他愈加愤怒。赫恩不知情的是，在日本师资的支持下——出于各种原因，他们不喜欢赫恩，比如他没有学术背景，虚伪地穿着日式服装，假惺惺的日式举止，拿着普通教师两倍的工资——院长决定招聘日本老师到英语文学系，用从赫恩那里截下来的工资聘请一个或几个日本教师。赫恩觉得自己被怠慢了，拒绝减少课时的提议。1903 年 1 月 5 日，他接到大学行政办公室的通知，自己和大学的聘用合同 3 月 21 日到期后不再续签。在给朋友的信中，他把合同终止描述为"不可忍受的羞辱"，并表达了对养家的担忧，然而事实上，他的写作版税不断增加，可以保障一家的舒适生活。

3 月 2 日上完最后一堂课后，赫恩的学生在校园示威游行，学校当局犹豫了。院长召集会议，赫恩没有出席，于是院长亲自去新宿赫恩家拜访。赫恩无法接受学校做出的新安排，他和东京帝国大学的关系迅速恶化。接着他收到了斯坦福大学和康奈尔大学的橄榄枝，但他最终去了早稻田大学。第二年，44 岁的赫恩死于心脏病，家人为他举办了佛教葬礼，葬在东京的杂司谷陵园（漱石也葬于此地）。

赫恩离职后，教师委员会建议用这笔钱聘请 3 名英国语言和文学老师。一位英国圣公会牧师阿瑟·劳埃德受聘每周上 2 个小时的英语课；通过独特的日语翻译把象征主义诗人介绍到日本的上田敏受聘任英语讲师，每周课时 4 小时。漱石和上田敏职位一样，每周课时 6 小时，年薪 800 日元，加上一高的 700 日元，他的总年薪是 1500 日元。和 1900 年出国前在熊本的 1200 日元年薪相比，考虑到通货膨胀，漱石回国后的经济状况变差了。

漱石分到了两门课程，分别是英语阅读和英国文学概论，每门课每周 2 课时。阅读课他选了《织工马南》作为教材。[19] 漱石的要求形式刻板，作业量大，重语言轻文学，学生们反感作业像中学生一样做句子翻译，还把最喜爱的老师赫恩被解雇的账算到了他的头上。开始上课后，漱石毫不掩饰地表达了对他们英语水平的失望，导致学生的敌对情绪加剧。

　　同一天下午，漱石在一个更大的教室里上英国文学概论课。根据自己在伦敦的读书笔记，漱石从18世纪的笛福、理查逊、菲尔丁开始讲到浪漫主义诗歌，最后讲到19世纪的现实主义作家，如简·奥斯丁、狄更斯和乔治·艾略特。上课异常艰难，赫恩没有给学生做过文本细读训练，也没教过文本形式和风格分析。简单说，赫恩的授课风格是刻板的反面。他讲过丁尼生和斯温伯恩的文本，鼓励学生发挥主观想象，感受浪漫主义诗歌的启发。这真是耐人寻味，赫恩的授课方式是日式的、感性的，他若是日式抹茶，漱石便是格雷伯爵茶。

　　如果说，漱石的学生最初因为赫恩的离开而讨厌、憎恨漱石，后又因为漱石的学科专业水平、严厉教学、耍酷的西式着装和繁琐的要求而畏惧、疏远他，那么事实上，漱石对学生也抱有同样程度的失望。5月21日，漱石给准备离开日本到南京教书的菅虎雄写信，他说一高的教学工作量和熊本相比非常轻松，如微风轻拂，但东京帝国大学完全不同："我在这里不受待见，学校反映学生们听不懂我的课……看看期末他们的考试成绩吧，我做好了辞职的打算。如果真是这样，我打算把英国的学术研究拾起来继续做下去。"[20]

　　期末的《织工马南》考试是一场灾难。考试内容只是写一篇小论文，要求是"概括小说《织工马南》，并写一篇英文论文"。学生们完全没有准备，觉得语言测试不应该出此类试题。

漱石让不少同学挂科。[21] 6 月 15 日的文学概论考试也是一篇小论文：“总结 4 月以来的课程内容，并写一篇评论。”[22] 结果好不到哪儿去。[23] 在给菅虎雄的另外一封信中，漱石说会坚持自己的想法：“我去见了校长，说了我对教学的粗浅想法，已经萌生想要辞职的念头。他一番高谈阔论极力劝阻，打消了我的念头。结果我答应留下，继续我原来的教育理念——可怜啊。”[24]

1903 年 9 月 29 日，镜子从父亲家回来后不久，漱石开始上莎士比亚戏剧课，学生们对漱石的看法开始好转。他花了 4 个月讲《麦克白》，1904 年 2 月 24 日开始花了大半年讲《李尔王》，1905 年花了 6 个月讲《哈姆雷特》，最后在 1906 年讲解了《暴风雨》。这门新课替换了原来读《织工马南》的阅读课，上课时间不变，从上午 10 点到 12 点，每周两到三次课。上课的礼堂 20 号教室是学校里最大的一间教室，每次都座无虚席。漱石下午的 19 世纪英国文学理论概论课，对于非英语专业的学生来说，门槛比较高，而莎士比亚戏剧课的情形就完全不一样了。莎士比亚是英国的缩影，和贝多芬、歌德共同组成了西方文化的集大成者，是现代日本人竞相学习模仿的对象。[25]

坪内逍遥是第一个把莎剧翻译成日语的日本学者，从 1890 年开始，他在早稻田大学开设莎士比亚戏剧课。漱石则似乎非常想展示自己对戏剧的精深理解。他的授课时机妙极了：上一年的 9 月，川上剧团完成欧洲第二次巡演回到日本，在明治座剧院上演了《奥赛罗》，川上的妻子兼合伙人、前艺伎演员贞奴扮演了剧中的苔丝狄梦娜。根据日本观众的口味，川上对剧本做了调整，结果在学者中大受欢迎，尤其备受大学生的喜爱。

1903 年秋，正当漱石开始讲解《麦克白》时，川上剧团正在上演他们自己改编的《哈姆雷特》，演出口碑在学生中更甚于《奥赛罗》。在回忆录《夏目其人》中，金子健二写道："我们太幸运了，正好夏目先生在讲《麦克白》，而川上剧团同时上演日式的《哈姆雷特》。我在剧院里遇到了很多班上的同学，我从来没有在剧院看到这么多的学生和学者。"[26]

讲完《麦克白》后，漱石在 1904 年 2 月开始讲《李尔王》，选课学生除了英语专业外，有哲学专业的，还有自然科学专业的。此时，大概是为了争名气，阿瑟·劳埃德开课讲授《冬天的故事》，上田敏也开课讲《罗密欧与朱丽叶》。[①] 金子健二说漱石公开对这种行为表示不屑。

另一个学生在 1916 年的文章里描述了这门研究莎士比亚的课，并回忆了夏目讲解《麦克白》的一些细节。课堂铃声刚响过，漱石走进教室，腋下夹着圆顶礼帽，若是可能下雨的日子，他必手握雨伞，永远"梳精致的中分头，留向上翘起的胡须"，等几百号学生问过好后，他把帽子和雨伞放到窗台上，缓缓走上讲台，小心谨慎地从一个紫色丝袋子里取出书本——K. 戴顿编辑、麦克米伦出版社出版的《麦克白》——对着台下微微鞠躬，然后用"清晰、明亮的嗓音和完美的发音"开始讲课：

87

> 首先他大声朗诵，接着解释词语句子，分析重要段落，论证情节发展，一切都是他自己独有的批判解读，有时也

---

① 这两部都是莎士比亚的作品。

会介绍其他读本，比如戴顿的分析，但并不附会其中观点。有时他甚至批评莎士比亚，点评某个比喻或完美或牵强，某处描写或精彩或有瑕疵。[27]

假如这些回忆准确，接下来这段怕是日本课堂鲜见的授课方式，可一窥漱石对语言的重视和对自己朗读的信心：

> 麦克白：如果我们失败？
>
> 麦克白夫人：我们失败。
>
> 夏目教授：西登斯夫人[①]的表演十分精妙，尤其是扮演麦克白夫人的这一段，她用了三种不同读法讲这句台词。第一种是**疑问句**："我们失败？"第二种是**感叹句**："我们失败！"第三种是**肯定句**："我们失败。"第一种带着轻蔑的语气，第二种表达沉痛肃穆的语气，而第三种语气较轻，而且呼应了谚语"如果我们失败了，那就失败了"。任何一种语气都行，你们选自己喜欢的。接下来我三种语气都读一遍，不过我的朗诵水平尔尔，恐怕帮不到大家。
>
> 而事实上，作者说："漱石大声朗读，惟妙惟肖，他的发音完美无瑕。"[28]

漱石的学生中有好几位后来成了作家或批评家，其中不少后来撰文回忆他的课堂。他们都毫无例外地提到了他极为讲究

---

① Sarah Siddons（1755—1831），英国演员，有"悲剧女神"之称，是最著名的麦克白夫人的扮演者。

的英伦范衣装：精致剪裁的海军蓝大衣，熨烫整齐的裤子，高高的双层衣领，擦得锃亮的尖头带跟皮鞋，急促有节奏的脚步声和他打蜡翘起的凯撒胡。在课上，漱石只讲英文，就连点名，也是用鼻音十足的嗓音叫"Mr. 某某"，学生们特别喜欢模仿他。而他的表情，从始至终都是"正经""严肃"和"威严"的。考试的题目都"深刻""出乎意料""充满挑战"和"令人害怕"。虽然漱石如此令人生畏，但是学生们都认为他送给了他们宝贵的礼物，"一个学习和欣赏文学的方法"。其中一种方法似乎是一种有意的不敬，当时的日本国家一心学习西方，但是漱石却让学生们不要把西方的莎剧评论当回事，他要把学生们从西方权威中解放出来。1905 年 10 月公布的教师评优信息中，某学生 XY 曾匿名评论：

> 夏目老师说，要像西方人那样去理解西方文学的经典伟大作品，既不必要，也不可能。"按你的感受去理解吧。没必要因为某个西方批评家说过什么，就必须也那么想。"但是，这不是说你可以随心所欲、胡说八道。他希望我们细读每个词、每句话。他还熟知中国和日本文学，尤为擅长俳句。他的课上有一种老练的幽默，上课充满趣味……但是，也不是每堂课都启迪人心。我们听说他在熊本高中时，以折磨学生为乐。[29]

日本法政大学校长、萧伯纳研究学者、著名小说家野上弥生子的丈夫野上丰一郎曾于 1928 年撰文回忆漱石，言语之中揣

测漱石彼时的内心苦痛：[30]

> 课上亦可感受他的痛苦。他脸色煞白，讲话前总是紧张地咳嗽一声。他还有个习惯，舔一下食指，在桌子的灰尘上写写画画，或许是汉字吧。这好像是他不自觉的习惯，我们很担心他舔手指时会吃下去灰尘。

89

> 我们听说他很少去教工休息室。他通常是穿着大衣、戴着帽子、拿着手杖直接走进教室。他拿出在家里备好的一两页纸，开始读上面密密麻麻写满的小字，两个小时的课堂里几乎不停顿，讲完后收拾好东西，径直离开。有人说他偶尔也会到教工休息室，把椅子搬开，离其他老师远远的，完全无视的样子，低头看自己的书。在那些他刚从英国回来的日子里，他极度抑郁，特别不合群。[31]

野上回忆了一件同学们都印象深刻的插曲，因若干人曾写文章追忆此事，而出现了不同的版本。根据金子健二的日记，事情发生在1904年12月1日，漱石的文学概论课上，而森田草平说是发生在1905年11月，讲《哈姆雷特》的课上。[32] 根据森田说，漱石打开课本开始轻声朗读。突然，他从讲台走下，穿过课桌间的小过道，走到教室后面。这个学生上课时喜欢把手塞到和服里，他一年到头总穿这一件和服。漱石开始呵斥这个学生，随着他的音调越来越高，旁边一个学生开口说："先生，他没有手！"教室里一片寂静。金子说，漱石一声不吭就走出了教室。而森田的版本说，也可能是有意杜撰的，漱石走回讲台，低着头站了一会儿后抬起头说:"我道歉。但是,既然我每天绞尽脑汁地费力给你们讲我不知道的知识,你是不是也至少可以拿出你没有的手给我们看下——"这个故事传开后,大家都指责漱石不应该拿学生的残疾开玩笑。但是森田觉得,漱石此举透露出自己的悔恨,想用一个玩笑缓解自责情绪;森田说自己因此更加想结识漱石。后来,他成为了漱石弟子中的核心成员。

7

《我是猫》

1904 年 12 月，漱石的创造力大爆发，仅用 16 个月的时间就一跃成为日本的文坛新秀。此时，漱石的文学生涯起航了，而且极为多产：他在发表连载小说《我是猫》[1]的这一时期，一共写了 11 个故事，其中包括中短篇小说代表作《少爷》和《草枕》[2]。他一旦提笔（这支镶嵌着贝母的羽毛笔是漱石从英国带回的），就欲罢不能，饭前饭后，学校家里，晚上写到深夜，镜子说，漱石写作时毫不费力，饶有乐趣。

漱石的文学发力却似乎不入潮流。确切来说，"私小说"作家们坚持书写私密的自我生活，最大程度地暴露羞耻，这种形式的艺术在漱石写《我是猫》的时候还处于萌芽状态。直到 1907 年，田山花袋发表中篇小说《蒲团》[3]，被视为私小说之滥觞。但其实在《蒲团》之前，自然主义作家们受莫泊桑和埃米尔·左拉的影响，已经开始把私人经历大量写进作品了。自然主义作品迷恋自我，通篇采用主人公即作者的视角，未经改造的现实直接替代旧的艺术化的逼真描写。[4]漱石称之为"自然主义的灰暗天空"，哀叹其缺乏创作技法。漱石不反对把个人经历写入虚构作品。和大部分作家一样，漱石的作品充斥着他的个人生活，不过他会对文字进行艺术化处理。漱石批评自然主义作品不做加工地描写现实，因而缺乏理性思考和感染力。[5]

漱石最初创作《我是猫》时想写一个短篇故事，读者对象是《杜鹃》杂志出版人高滨虚子组织的、在漱石家举办的阅读小组成员。镜子准备食物，参与者大都是年轻作家，有的后来成了漱石的门生，他们聚在一起朗读各自的作品，交流评论。漱石懒得朗读，就由高滨虚子替他读，漱石会和其他人一起为自己的作品发笑。高滨虚子想在自己的杂志上登载这篇故事，提出了一些修改意见，并建议把原来的题目《猫编年史》——当时一只流浪猫正好住进了夏目家——改成《我是猫》。

1905 年 1 月 10 日，《杜鹃》首次刊登《我是猫》，读者反应热烈，高呼续集，相对于自然主义作品中毫无美感的热忱，他们更加喜欢漱石故事里的机智和轻快口吻，漱石欣然答应续写。"续集"发表在 2 月刊，"续集的续集"发表在 4 月刊。6 月 10 日的续集标题是"第四回"，暗示漱石要写出一部长篇的决心。7 月和 10 月，新篇章陆续推出，第七回和第八回同时发表在 1906 年的新年刊上；第九回在 3 月刊，第十回在 4 月刊，最后一回发表于 8 月刊。1905 年 10 月中旬，大仓书店出版了《我是猫》第一卷，书中收录了前五回。第一次印刷本 20 天内售罄。

那时开始，漱石的学生开始称呼他为"猫教授"。1906 年 11 月服部书店出版了第二卷，卷号是"2/3"（中卷），也就是说还有第三卷，这也许是出版社单方面的希望。但是漱石没有续写。①1906 年 10 月，服部书店出版了收录《我是猫》前两回的英文版小册子，由安藤贯一翻译、夏目漱石校正。

《我是猫》以辛辣的喜剧形式表达了漱石对自己的人性乃至人类整体的极度悲观。文中的叙事者原本是一只街头流浪猫，后来住进了一个名字读作"喷嚏"②的英语教授的家，见识了教授和常来做客的一帮朋友们在书房里的若干会面后，越来越厌烦人类。其中一名是个美学家，名字有"迷惑的"之意（其名迷亭，字面意思是摇摆的房子)[6]；一个研究"缢死历史"的迂腐书呆子（寒月先生），一心要用十年时间把玻璃球磨成一个完美球体（有意模仿卡索邦的人物形象）；一个善于谄媚的有钱人；一个前男仆；一个研究"俳句剧院"的新派剧作家。猫用漱石的口吻讲述所见所闻，时而尖酸讽刺，时而嬉笑嘲讽。它先是笃定"人类既自私又邪恶"，后来逐渐形成自己的理解，大发感慨道：

生命之大事，无论对人还是动物，都是认识自我。如果人类能学着去了解自己，一定比猫更值得被尊敬。那样

① 《我是猫》首次出版时，上中下三卷的发行时间分别是 1905 年 10 月 6 日（收录第一至三回）、1906 年 11 月 4 日（收录第四至七回）和 1907 年 5 月 19 日（收录第八至十一回）。内森应该是搞错了。
② 日语汉字写作苦沙弥，中文也照此翻译。苦沙弥在日语中的发音意即喷嚏。

的话，我要是还用恶毒之笔把他们写成滑稽的漫画人物，会过意不去的。啊……貌似他们对自己所知甚少啊，就像他们不知道自己的鼻子大小一样。[7]

小说的头两回包括叙事猫和邻居猫们之间的一些有趣故事。一只叫黑猫，主人家是车夫，说起话来像是那种伦敦佬家里钻烟囱的猫，另外一只爱调情的花猫，总爱管叙事猫叫"先生"，原因是它主人是个老师。但从第三回开始，叙事猫更多开始讲述主人书房里听闻的连篇废话，以及偶尔偷偷潜入有钱邻居金田家。

艺术作品不需要有模本。但自从《我是猫》问世后，批评家们就一直想为它找出一个来。早在1906年，日本德国文学之父、本来要监督漱石从英国回日本的藤代祯辅，向日本读者介绍 E. T. A. 霍夫曼没有写完的《公猫穆尔的一生》（1820—1822）时，曾对比分析了这位德国玄幻恐怖大师的猫传记和漱石的小说的异同。霍夫曼的小说只有德语版，藤代和其他学者都无法证实漱石读过他的作品，但是有这个可能性。在1915年年尾的日记中，漱石有提及正在阅读陀思妥耶夫斯基的小说《罪与罚》的德语版。他当然知道霍夫曼的这部小说，毕竟在《我是猫》的最后部分，他曾提过：

> 自从我作为猫进入人类世界，已两年有余。我一直自诩有超凡的洞察力和辨识力，但最近有一个叫穆尔的公猫 93
> 大出风头，它活力四射、热情洋溢，超出了我的想象。我

做了调查后发现，这家伙一百多年前就死了，好奇心作怪让它的鬼魂从阴间跑出来，当真吓我一大跳。[8]

这两部小说除了都以公猫为叙事者，几乎没有任何相似之处：《我是猫》从猫的视角评判人类；《公猫穆尔》则是一只拟人化的猫的自传（奇幻之作，其中还七零八落地穿插了毫不相关的另外一个人的故事）。

如果非要找到一个模本，我认为应该是劳伦斯·斯特恩的《项狄传》，漱石千真万确是读过的。斯特恩的英语艰涩难懂，当时没有日语翻译版本，很难想象漱石是怎么读完的。在读了漱石于1899年所写的《项狄传》评论文章后，二者之间的关联清楚无疑。漱石当时30岁，后一年去了英国。他的文章引用得当，分析理解全面深刻。文章同时展露了漱石的阅读天赋，以及阅读高深英文的英雄气概。他把《项狄传》比喻成一条"没有形状的海参，无头无尾，无始无终"。但漱石毫无贬低之意。他继续写道："能让固执地乖张悖理且病态地神经兮兮的斯特恩青史留名的作品，正是这部固执地乖张悖理且病态地神经兮兮的《项狄传》；没有别的小说能如此放肆地把人当傻瓜和小丑一样愚弄，也没有别的小说能让我们如此放肆地大哭和大笑。"[9]

1909年5月乔治·梅瑞狄斯去世，漱石接受采访时被问到是否受过梅瑞狄斯作品的影响，他回答说："我认真读过的每一本书都留在我的身体里，以这样或那样的方式影响着我。"[10] 这样推理的话，漱石对《项狄传》的关注绝对超过了谈论几次的程度，《项狄传》就在《我是猫》里。《我是猫》的讽刺口吻和基调，没有统一叙事线索的散漫的故事结构，藏在打乱的情节里的情节，自我伤害式的幽默等等，都令人想起斯特恩式文字。

从文体风格来说，《我是猫》是多种元素的并置：古汉语、古日语、从闹市俚语到小资潮语的各种当代方言，涉及从希腊文学到18世纪、19世纪英国文学的广泛暗喻。可圈可点之处颇多，其中之一是小说中大量引用杜甫诗句、英国诗人格雷诗句和《贝奥武甫》等，并且毫无违和感地插入一些当代文字游戏，令人想起伦敦方言的押韵俚语。此外还可以读到拉伯雷、罗伯特·路易斯·史蒂文森、维克多·雨果、中国典籍、亚里士多德、泉镜花、坪内逍遥、莎士比亚、亨利·詹姆斯、梅瑞狄斯等等。漱石小说里的这些多元元素并没有被杂糅到一起，读者可以清晰地辨认和理解。此外，我们可以清楚地发现，漱石把自己熟悉的各个领域的知识成功地嫁接到了小说里的叙事声音中，毫无疑问，他给自己创造了一个传声筒。

芥川龙之介曾写道，一高的学生们"比康德更有哲思"。漱石就是一个最好的例子：《我是猫》的续集大都聚焦于对现实本质、死亡等问题的颇具嘲讽意味的反思，或者是关于放下自我的禅道思想。

不过，本质上它应该是一部喜剧，一部笼罩黑暗色彩的喜剧。漱石的幽默风格和他的叙事方法在很大程度上受落语表演影响，这是漱石跟子规一起常去杂耍剧院观看的一种传统曲艺。落语"鞭挞"了等级森严的18和19世纪各阶层的社会人物。经典节目的表演对象包括"父子"、"文盲"、"残疾人"（瘸子、聋哑人、盲人）、"偏执怪癖"以及"武士"（这是一种经常出入商人圈的过气的、令人生畏的人物类型）。

　　和神剧及其他表演不同，落语的台词都是工人和商人常用的民间通俗口语。具体来说，不同于人形净琉璃①使用的是阳春白雪的文学语言，落语用的是江户（今天的东京）墨田川以东地区（被称为"下町"）所说的类似"伦敦腔"的方言俚语。由于这个原因，落语除了娱乐性和表演魅力之外，它还吸引了明治时代小说家的注意，传统的日语书面语是古汉语和日本元素的融合，只有接受过良好教育的上流人士才会使用，这些小说家希望对其进行改造，加入日本口语元素，创造出一种新的书面语形式。

95

　　漱石从中学时代便热爱落语，不过他没有止于热爱：他学习落语，进行再创造，用自己的方式吸收落语艺术，在故事讲述的方式、旁白和人物声音的平衡、详略的安排、辛辣和粗野的风格、节奏和韵律的把握等方面都受到了落语的影响。小说中教授和朋友们之间讲的趣闻，读来极有落语的意味（不免令人想到威廉·詹姆斯的心理学观点）。主人公苦沙弥的妻子不止一次从屋外聆听客人闲语，并感慨，"这真是像在听落语家（噺家）讲故事呢"[11] "他倒是把这些粗俗语言用得娴熟，像是个说书人（講釈師）一样"[12]。

　　这部小说的揶揄和嘲弄口吻携带着一股欢快、奔放之风，

────────────

　　① 也叫文乐，与能、歌舞伎并称日本三大传统艺术。人形即木偶，净琉璃是一种主要使用三味线的日本传统音乐，人形净琉璃被认为是结合了太夫（配音）、三味线（伴奏）和木偶（演出者）等"三业"的舞台艺术。18世纪末19世纪初的大阪，淡路人植村文乐轩的人形净琉璃演出大受欢迎，文乐从此成为这种艺术形式的代名词。

漱石对此拿捏自如，时起时落，其中有一种在后来作品中难以发现的创作快乐。风格多变，善用修饰，故事栩栩如生，有如莫扎特的创作天赋。教授的友人逐一登场，书房内从双人表演变成三人表演，又变成四人表演，有时甚至是五人表演，每个角色都性格鲜明，生动戏仿了明治民风。《我是猫》无疑是漱石所有作品当中最为鲜活生动和最富创意的。

落语的文本是那种看似扁平实则丰富的表演性语言，就像瘪平的气球，等待着被打气充盈，漱石的写作骨子里带着落语式幽默，来欣赏下面这段年轻的金田小姐在大街上训斥女仆的插曲：

"你从什么时候开始把头发扎起来了？"

女仆深吸一口气，嗫嚅着："就是今天……"

"当真！你是胆子越来越大了，我看你还戴了新的发圈？"

"是的，小姐，这是你以前送给我的，太好看了，我以前总觉得自己不配，就放到箱子里了。可是今天我那个旧的弄脏了——"

"我什么时候给过你这么好看的东西了？"

"新年时你从白木屋买的，但你说它对你来说过于朴素了，所以送给我了——"

"造反了——你戴着倒是好看。"

"谢谢您。"

"谁夸你了。你还真有贼胆子！"

96

"是，小姐——"

"你怎么敢接受这么适合你的东西！"

"……"

"你戴着倒是好看，不知道在我头上什么样子！"

"我肯定，十分好看——"

"贼胆子，你明知道我戴着好看还故意不告诉我。还戴着到处招摇！不知羞耻的女人！"[13]

此种幽默毫无温情可言（落语就是如此）。它是令人冷笑的，是冷酷甚至残忍的，这是落语的典型特点。《我是猫》是喜剧风格的，但读者不难发现，它绝非慷慨的喜感，而是各种冷嘲热讽。我们发出的笑声或是尴尬或是同情。比如，教授苦沙弥和美学家迷亭争辩金田小姐以后会不会长出她母亲那样的大鼻子。苦沙弥口口声声说自己不在意金钱和名利，却向抓住抢劫犯的警察讨好谄媚，还把站在警察旁边的罪犯错认作警察，一通低眉顺眼。早些时候，苦沙弥发现妻子头上有块秃斑后便对她百般折磨。当时家中只有这夫妇俩。妻子刚刚洗好头发，趁着晾头发的空当在缝孩子的外套。她的后脑勺正对着教师，猫评论说这个角度对着丈夫是"粗鲁无礼的"。苦沙弥在她身后的榻榻米上休息，一手托着下巴，吞吐着长管土烟。烟圈缓缓升起，从她的后背到肩膀又升到头顶，苦沙弥的眼睛一直盯着烟圈。他惊呼道：

"你可知道，你脑勺上有一大块秃顶？"

"知道啊。"她悠悠地回答，继续缝衣服。她似乎没有一丝沮丧，冷静而沉稳，一副模范妻子的样子。

"刚结婚时你就有秃顶了吗？还是婚后才有的？"我的主人追问道。如果婚前就秃了，他就是上当受骗了，不过他没有说出来。

"我不记得什么时候开始的，就是一小块秃斑，有什么关系？"她听起来多么有见识啊。

"当然有关系，因为在**你**的头顶上。"我在主人说话的声调里听到了怒意。

"没错。不过是我的头顶，而我并不觉得有何不妥。"这时她似乎觉得有些在意，举起右手在头顶上游走，轻轻抚摸那块区域。

"老天啊！范围变大了，我竟然没有意识到——"从她的惊叹中，似乎可以推断她已经知道自己秃顶的严重程度了，至少不符合她的年纪。

"我们女人挽头发的时候，这个部位的头发揪得厉害，都会出现这个问题的。"她辩护道。

"如果像你说的那样，女人到了40岁就会有个茶壶头顶。这分明是病，说不定还传染，最好让甘木医生来看看。"主人边说边用手捋一捋自己的头发，似乎在自我检查。

"你这是对我吹毛求疵，你自己鼻孔里的毛发都白了是怎么回事？如果秃顶是传染的，白毛也会传染！"

"鼻孔里的白毛又不明显，无伤大雅。但是脑袋就不一样了，如果一个年轻女人的脑袋秃了，是多不雅观啊。简直是残疾！"

"如果我有残疾，你干吗娶我啊？你是爱我才娶我，现在却跟我说我有残疾？"

"我当时不知道，我刚刚才看到啊。如果你对此心胸坦荡，为什么结婚时隐瞒我！"

"可笑！哪个国家规定了女人结婚时要先通过脑袋检测了？"[14]

小说多处提及秃顶，我们不免想起漱石在普鲁士号轮船上曾给镜子去信，叮嘱妻子的秃斑问题。漱石为什么这样揪住妻子的秃斑问题不放，我们无从得知，不过，漱石一生都处于神经衰弱之中，而这种挑剔尖刻的个性正是他无法摆脱的恶魔之一。他十分小心地把这些吹毛求疵嫁接到教授苦沙弥身上，仿佛找到了一个完美代言人，在小说中极尽挑剔和尖刻。《我是猫》的野心不止于成为一部戏仿19世纪讽刺体的现代作品，它试图深入刻画明治时代自大虚伪的人物，它还是作者自我检视的肖像画。它成功了。

和漱石一样，苦沙弥喜欢写俳句，写拙劣的英语诗歌，也给子规创办的刊物《杜鹃》投稿。他在大学里教英语，已婚，有3个让他头疼的女儿（1905年时漱石有4个孩子）；此外，他也患有慢性肠胃疾病，同样是疏远的父亲和冷酷的丈夫形象。总的来说，苦沙弥是一个对人类本性抱着悲观看法的厌世者，对获得人生的幸福抱有严重怀疑态度的人。虽然他并没有明确表达自己的人生看法，但那只猫成了他的代言，说出了他的心里话。作为读者的我们也心领神会，猫不仅代表了苦沙弥，也肯定说出了漱石的心里话。

和所有的自恋者一样，漱石的自我评价是上下震荡的，高峰时他庆幸自己是个天才，低谷处无限贬低自我。在《我是猫》的倒数第二回即第十回的开篇处，猫俨然成为一个居高临下的判官：

> 我的主人，在吸引单身女性方面，尚需努力。目前看来，即便是他的夫人，也不怎么瞧得上他啊，也就不难想象他在外面的情形了。"让自家人都唯恐躲之不及的男人"，就像歌里唱的，"也别指望萍水相逢的歌伎给他爱"——这句歌词恰好可以用在我的主人身上：在家得不到妻子的爱，在外和良家妇女也不会相处。你们不要误会我，我不是故意要揭短说我家主人不受女性欢迎。我是好心提醒主人，希望他认识到自己的错误判断，他喜欢把在妻子那里受到的冷落归咎于自己年事已高，这实在是自欺欺人。[15]

小说《我是猫》最为人诟病的是夹杂其中的仇恨情绪，尤其是厌女情绪。小说中自始至终，女性是最卑劣玩笑的笑柄。在收尾的最后一回里，教授对密友们大声朗读一本假称是托马斯·纳什写的书，其中大段大段地充斥着对女性的恶意诋毁：

> 亚里士多德：在任何情况下，女性都是低贱的，故此，

如果不得已非要结婚，那一定要娶小个子而不是大块头新娘；因为小小的一无是处总比大大的一无是处要免去许多灾难……有人要我说一下珍稀的例外奇迹。睿智的男人会告诉你，"贞女"。[16]

似乎这样还不够残酷，漱石又安排苦沙弥的妻子突然返家，让她在书房外无意中听到这一段话：

> "糟糕，夫人回家了。"
>
> "好像我在乎一样。"教授说。
>
> "夫人，夫人，你什么时候回来的？"
>
> 没有回应。
>
> "夫人，你听到我们的讨论了吗？听到了吗？"
>
> 依然没有回应。
>
> "那不是教授的想法。他是引用了 16 世纪托马斯·纳什先生的话，所以请不要多想。"
>
> "是你多想了。"门外传来简短的回答。[17]

不久，聚会散了，朋友们起身离开。和《项狄传》一样，《我是猫》的结尾也是生命的结尾，这只猫疲惫地走向生命的尽头：

> 如同空荡荡的剧场，这间屋子弥漫着荒凉的气息。我的主人吃完晚饭后就躲到了书房里。女主人拉高加了衬垫

的衣领，好抵御寒冷，接着开始缝补褪了色的和服。孩子们一个挨着一个睡着了。女仆去收拾洗澡池子了。

如果你像敲一扇门那样去敲这些男人们毫不经意的心，你会听到一阵空洞的声响。我的主人迟早会死于胃病；金田已经死于贪婪。秋天的树叶窸窣飘落。如果一切的宿命都不过是死亡，那么世上最聪明的做法就是早早死掉。[18]

在最后一段，猫看透人世，心脏衰竭，掉进了一个啤酒桶，它醉醺醺地，念着阿弥陀佛，任凭自己沉到桶底。小说的结尾是万劫不复，毫无救赎之意；而救赎，恰恰从来都不是漱石的书写主题。

漱石之妻，镜子，拍于 1911 年。藏于现代日本文学博物馆。

漱石，在望月摄影馆，拍于 1910 年 4 月。藏于现代日本文学博物馆。

102　　漱石，在早稻田家中，拍于 1914 年 12 月。藏于现代日本文学博物馆。

从左到右依次是：漱石的终生挚友犬塚信太郎，中村是公，漱石。拍于
1912 年 9 月 13 日。藏于现代日本文学博物馆。

104　　　漱石和次子伸六（左）、长子纯一（右）在早稻田家的房前。拍于 1914 年 10 月。藏于现代日本文学博物馆。

从左到右依次是：漱石，学生行德二郎，长女笔子。拍于 1910
年 3 月 2 日。藏于现代日本文学博物馆。

欢送森成麟造医生（第二排，左二）

前排从左到右依次是：女儿恒子，镜子，长子纯一，女儿爱子，女儿笔子，女儿荣子和小宫丰隆（蹲着）。后排从左到右依次是：松根东洋城，森成麟造医生，东新，漱石，野上丰一郎，安倍能成。右上角椭圆头像：森田草平（右），铃木三重吉（左）。拍于1911年4月12日。藏于现代日本文学博物馆。

8

闪光的小作品

虽然《我是猫》的叙事基调是幻象破灭和愤世嫉俗的，不
过漱石在同一时期的 16 个月里创作的另 7 个短篇故事和 3 部中
篇小说则流露出一种浪漫精神和亢奋的想象力，比如对真爱的
渴望，或某种漱石希望是可期可待或可祈盼的东西。1905 年，
短篇小说《伦敦塔》发表在《帝国文学》的 1 月刊里。和发表
在《杜鹃》的《我是猫》的第一回一样，《伦敦塔》成为叙事者
带领读者进入惊悚历史的一道舱门。在"血塔"里，叙事者遇
到被恶毒叔叔理查德·格洛斯特监禁的两位王子；身为王位继
承人的哥哥在给惊恐的弟弟读《圣经》的故事。场景如梦幻般
切换，孩子的母亲乞求狱卒允许她进去探狱，接着场景又转换
到两个杀手行凶后沉痛忏悔。在"白塔"里，叙事者目睹叛教
者简·格雷被处刑。当行刑者的斧头落下时，场景突然消失了。

叙事者在塔中移步换景，读者仿佛面对活动的场景。显而易见，叙事者拥有了"作者"的眼睛：角色生动鲜明，情节令人遐想，语言易懂又兼具文学色彩。

在后记中，漱石揭开了故事创作的幕帘。他告知读者所有情节纯属虚构，警告他们不要当成历史事实。他说，自己的创作受到两幅绘画作品的启发，分别是保罗·德拉罗什的《爱德华五世和约克公爵在伦敦塔》（1831）和《行刑中的简·格雷夫人》（1833）。故事中行刑人在石头上磨刀时唱着令人恐怖的歌曲，这个情节出自威廉·安斯沃斯的小说《伦敦塔》。此外，漱石也借鉴了莎士比亚在历史剧《理查三世》里对两位王子塔中遇害的情节安排。自然，在英语文学中浸染多年后，漱石似乎形成了独具特色的西方叙事技巧。

《伦敦塔》是一个窗口，展现出漱石的转向，从此漱石开始形成一种把怀旧历史和微量现实糅合的写作风格。叙事者从伦敦塔回到住处，房东的话令他回到乏味的现实，自己的神秘遭遇被现代的解释合理化，神秘感顿失，于是决定再也不去拜访伦敦塔了。我们或可把这种超自然的感受称为浪漫主义精神，在漱石 1906 年 3 月写的一首英文诗里，我们可以再次感受到：

I looked at her as she looked at me： 我望向她，她望向我：
We looked and stood a moment， 我们相向而立，彼此对望，
Between Life and Dream 生命和梦境。

We never met since： 我们从未谋面：

Yet oft I stand	尽管我站在那条
In the primrose path	信誓旦旦的小路上，
Where Life meets Dream	说生命和梦境必会相遇，
Oh that Life could	啊但愿生命
Melt into Dream	可以进入梦境
Instead of Dream	而不是梦境
Is constantly	总被
Chased away by Life [*sic*]	生命驱逐［原文如此］

之后，漱石开始关注爱欲的主题。这些故事风格迥异，似乎可以看出作者正努力追寻属于自己的写作之路。其中，有两个取材自亚瑟王的故事，《幻影之盾》（1905 年 4 月）和《薤露行》（1905 年 11 月），备受读者尤其是青年学生的喜爱。漱石在伦敦读书时，应该感受过维多利亚时期英国人对亚瑟王传奇的迷恋。他在伦敦大学学院的第一位指导老师 W. P. 克尔是当时最著名的中世纪小说研究学者。漱石从英国带回来的书籍中，两本有他的亲笔注释，分别是《亚瑟王之死：托马斯·马洛礼的亚瑟王系列》，共两卷；另一本是阿尔弗雷德·丁尼生的诗歌《兰斯洛特与伊莲》。在 1903 年 4 月和 6 月给学生上文学理论课时，漱石讲解了马洛礼的《亚瑟王之死》。

《薤露行》里杂糅了马洛礼的《亚瑟王之死》和丁尼生的《夏洛特夫人》的叙事因素。不过，漱石表达了自己独特的主题：爱情的不可抗拒之力，以及爱情的愉悦必然导致的痛苦。因为兰

109

斯洛特的出现，格尼薇儿"失去了忠诚和安宁，转而幸福地拥抱痛苦"[1]。受同样的激情驱使，夏洛特夫人不再凝视镜子，目光转而追随兰斯洛特的身影，她深知这一举动将毁了自己。阿斯特拉特的伊莲被兰斯洛特迷住，在后者离开她之后，日益消瘦直至死亡。兰斯洛特"从罪恶的禁花中汲取幸福的甜蜜"，最终用手在墙上刻下一行字："罪恶追逐着我，我追逐着罪恶。"[2]

在精短的序文中，漱石写道：

> 马洛礼的传奇故事被赞誉说没有华丽的修饰，但是，因其是中世纪的作品，实在过于散漫，很难称之为小说……实际上，读马洛礼的文字，常常让我怀疑，兰斯洛特和格尼薇儿就好像是人力车夫和坐车的妓女，总之完全有理由去推翻了改写。[3]

漱石的改写风格模仿了日本平安时代的华丽文风，不禁令我们想到《源氏物语》里的情色描写。不难想象，大学里的年轻读者深深为之着迷。1906 年 7 月 18 日，漱石在给学生小宫丰隆的一封信中提到这一点："我经常听年轻人说喜欢《薤露行》。有个读者给我写信说，对他来说，《薤露行》比《圣经》还重要！这是作家能收到的最高赞赏了！写作自然是个苦差事，就好像写整页的俳句一样。"[4]

漱石早年最受欢迎的作品当属《少爷》[5]，这部中篇小说最早出现在 1906 年 4 月《杜鹃》的增刊上，同时刊登的还有《我是猫》的倒数第二回。1905 年 3 月 14 日到 3 月 25 日，漱石用了 11 天时间完成这本 146 页的中篇故事。他的写作诙谐兼具辛辣，有哭有笑，此时的漱石带着一身天赋——就像屠格涅夫和亨利·詹姆斯——投入到写作的使命召唤中，他笔下的主人公个性丰满，具有多重解读性，正是这样的角色才能容许甚至推动漱石去揭露自身的矛盾特质。这个故事取材于漱石在偏远的松山市做中学老师的亲身经历。故事中的叙事者"少爷"是个小个子的江户人，自尊心强，鲁莽易怒，偏偏周围的人总爱羞辱他、激怒他。这个偏远山区的 8 年级中学生们，在体形上个个都碾压叙事者，还经常用他听不懂的方言嘲笑、作弄他，比如往他的床上藏蚱蜢。不仅如此，学校的同事们也个个怪僻，极难相处，是一群彻头彻尾的伪君子和无赖小人。面对乌烟瘴气的处境，自尊、易怒、充满正义的主人公自然有各种对付的办法。最后漱石笔锋一转：在主人公作出各种反击之后，他无法忍受人性之卑劣和无耻，决定熄火，辞职走人了；这个屈服之举表达了对整个社会的失望和人生无奈的苦衷。漱石塑造了一个性情耿直的理想主义人物，被社会剥去层层幻想，文中使用大量的反讽手法，这种写作手法大概是漱石从简·奥斯丁那里得到的启发吧。[6]

在故事结尾处，漱石用大篇幅的戏剧夸张手法描述这位中学英语老师遭遇的羞辱和欺压。处处为难他的"红衬衫"是副校长，一个虚伪、淫荡的老色鬼，最终少爷从不羁的反抗转为辞掉工作追寻真诚，小说的激情消退了。尽管如此，这依然是一颗辛辣有趣的宝石。[7]

1906 年 8 月，漱石用一个礼拜的时间飞速完成了《草枕》[8]，这是一部关于艺术和艺术家的小说，共 160 页，是作者对当时盛行的自然主义做出的反抗之举。《草枕》在创作形式上极为前卫，是漱石意识流创作的尝试；在主题上却非常传统，是对中国诗歌、俳句、古典绘画和能剧中各项传统美学因素坚定而保守的重估。

30 岁的美学家在乡间漫无目标地游荡，肩头斜背着绘画工具箱，追寻真正的艺术创作之路。《草枕》里的艺术家极为审慎地绘画、写俳句或是中国诗，整个过程对读者秘而不宣，他也许可以被视为漱石笔下年轻版的《一个青年艺术家的画像》。画家和漱石一样，精通西方艺术，大量引用莎士比亚、《项狄传》、易卜生、奥斯卡·王尔德、雪莱、特纳、米莱的画作《奥菲莉娅》等等。他精通韵律，钟爱中国传统诗歌和日本传统艺术，巧妙引用杜甫和白居易，并结合日本能剧，创作出自己的独特风格。《我是猫》和《少爷》是典型的江户风格，语言震聋发聩，抑扬顿挫；《草枕》是文辞精美的古典日语文风，深受中国古典文学影响。在书的开头，艺术家边踱步边思虑自己的窘局；文辞颇为讲究，体现出传统中文的韵律：

> 取道智慧，则锋芒毕露；
> 跟随情感，则洪流卷走。
> 坚持己见，则前路多艰。
> 举目世间，俱难容我辈。
> 困难重重，谁不想安宁。
> 人生难寻，待心中了然，

此事唯有，诗画抚我心。[9]

　　在全书的开篇位置，漱石确立了故事的审美主题，即艺术解除世间繁琐之苦的可能性。画家的乡下之旅，意在"剥离和去除人类情感中嘈杂尖锐的砂砾，去发现隐藏其下的宝贵纯金"[10]。故事里有一个模糊的女主人公——那美，画家对她说"我的爱，不是不近人情，是非人情之恋"[11]。画家认为，艺术就是要发现和捕捉美，而感情会遮挡美。"能剧的魅力在于，三分人情，七分艺术……把你的泪水写成俳句，就可以减轻你的痛苦；如此，你乐于为人，一个能够痛哭的人。"[12]

　　毫无疑问，《草枕》使现实屈服于艺术。当画家听到别人讨论那美的婚礼时，他能够想象每一个细节，唯有新娘的脸庞，怎么也想象不出来，于是他开始写俳句：美丽的新娘啊，翻越重重高山，跨过潺潺温泉。忽然，新娘又变成了米莱画中的奥菲莉娅，完美清晰地留在了他的心底。他的诗行具化了现实的细节。在另一处，画家打断了长良投河的故事，原因是不希望细节侵入和破坏自己正在酝酿的绘画思路。

112

　　有时候，绘画或者诗歌反而能够佐证现实经验。画家走向浴室，当他弯下身子，脑海中不由冒出白居易的诗，"温泉水滑洗凝脂"。

　　　"每当我听到'温泉'二字，就立即想起这句诗，心情当下愉悦。事实上，如果哪处的温泉不能令人产生这样的愉悦感，就不配这两个字。我对温泉只抱有这样的向往，除此之外别无他求。"[13]

画家下定决心，要秉承自己的"非人情"信条追求艺术。他注意到，俳人芭蕉看到马在枕头旁边撒尿也能写尽风雅之事，芭蕉诗中用了"草枕"二字，漱石借用来命名自己的小说，希望自己能够超越芭蕉。他"可以用超然物外的心态观察人物，避免和他们产生任何情感上的交流"[14]。当画家要画那美的时候，其形象却摇曳模糊，不免令人抓狂，他决心捕捉真正的艺术里表现出的美之真谛，他要"远离一切人类的世俗情感，追求超脱的艺术之境……从能剧、各种戏剧或是诗歌的视角去理解她"。

但是，漱石明白，这不过是白日梦：那美不时地出现，每每都在关键时刻，打断他的超脱思路，把他拉回到世俗的情感中。第一次，他正在冥思一首中国诗，却瞥到一个美丽的身影从敞开的门前走过、消失；他的视线流连在门廊前，"所有的诗歌都抛到了脑后"。再一次，他正在泡热水澡，听到远处的三味线，凄鸣的乐声让他回忆起童年往事，然而这种纯粹的、脱离现实的幻想被走进浴室水蒸气后面的女人打断，她把他唤回现实，他的视线跟随着她身体的美妙曲线游离。后来，他去镜池写生，池塘河畔丛丛簇簇，有松树、矮竹、岩石和流水。正当他沉浸在这朦胧山水中时，他不禁抬头仰望，越过水面和山石，水边伊人亭立，他顿时呆住了。那美的再次出现，在画家身上激起万千情动，久久不能消退，打断了他的艺术思考。

故事的最后场景，是画家陪那美和她的父兄去火车站，送

113

别那美的堂弟远赴中国满洲正如火如荼的战场。当车轮启动，车窗里出现一个留着胡子的僧侣，他是那美的前夫，两人眼神互对。画家从她的脸上注意到一种前所未有的情感，是"怜悯"和"同情"。画家在故事的结尾喊着："有啦！有啦！有了这副表情我就能作画了！"[15]

在这个结尾里，漱石暗示，艺术必须通过情感传达思想。只是，我们无从得知，当画家从绘画对象上发现对等情感的时候，他自己是否能保持"非人情"的距离。

漱石最初对《草枕》很是满意。

当我们遇到美，我们想表达美。文学也罢，小说也好，都是关于我们是谁，因此，小说也不能脱离关于美的表达……

我在写《草枕》的时候，脑子里其实想写我们传统意义上称之为小说的对立面。我想要的只有一件事，就是读者能体会到美好。因此，这个故事没有什么情节发展。我不反对传统小说极力去表达真理，但我相信，也可以有另外一种小说，它可以让我们忘却痛苦，获得慰藉。这就是我写《草枕》的初衷。或许可以说，我们既需要像川柳一样诙谐、辛辣、充满睿智的小说，也需要像俳句一样追求美、以美为生命的小说。俳句小说，这样命名似乎有点奇怪，但是如果这种新派小说能够成功，它将在文学世界里开辟出一个全新的领域。西方似乎还没有类似的小说。当然，在日本也是新生事物。[16]

114

这篇文章是漱石在 1906 年 2 月的某个匆忙时刻写的。10月，漱石给得意门生铃木三重吉写了一封长信，信中漱石改变了他之前提出的小说可以去除痛苦、创造美好的想法。这封信是漱石的写作风格开始越来越黑暗的序幕：

从童年到青年，我一直认为这个世界很帅。我们可以吃着精美的食物，穿着精致的衣服。我们可以过上诗意的生活，有一个漂亮的妻子和美好的家庭。

如果得到这些对我而言是不可能的，我曾下决心令其成为可能。或者说，尽力靠近这个目标，避免其对立面。然而真相是，只要我们生活在这个世界上，就不可能存在这样的生活。和我们的想象完全不同的是，这个世界充斥着丑陋、肮脏和垃圾。世界没有避难所，我们不仅无法远离这些，还必须为了我们想要的目标委曲求全，去拥抱如斯世界。

我不敢说，我们的生活可以有多少比例的美好和诗意，但一定是极少极少的。这意味着，《草枕》里的画家不是个正常人。不过，我认为我们需要这样的人。如果你想要按着自己的兴趣活，那最好学学易卜生。

想要把一生都交给文学，就一定不能只追求美。我们要像明治维新时期的保皇派那样顽强，去和困难大战一番。除非我们在心里准备好了，失败了可能会神经崩溃，会失心疯，或者进监狱，没有这样的决心，最好不要投身文学。一个作家不可能与现实世界隔绝，随心所欲、超然物外、钟情至美；冒险绝不是为了追求舒适，一定是为了发现痛苦。[17]

1916 年 8 月 9 日，漱石在去世前几个月写的一封信中彻底否决了《草枕》：

> 收到来信，我才知道你把《草枕》译成了德文。对于你有此雅兴，翻译这样一部作品，我深感荣幸。请允许我感谢你。但是很不幸的是，这个故事不值得翻译。今天的我，甚至没有勇气打开读过 5 页。没错，如果你事先就询问我，我可能不会同意你翻译。我大概不会直接反对，而会请求出版社帮我个忙不要发表。夏目金之助。[18]

1907 年新年这天，《草枕》《少爷》和《二百十日》一起结集出版，书名是《鹑笼》。漱石此时投身写作刚刚两年，已经出版两部短篇小说集，以及短篇小说《野分》，还有《我是猫》。此外，1907 年 5 月，漱石出版了《文学论》，该书收集了漱石在伦敦两年学习时期关于 18、19 世纪英国文学的论文。在这本书的序言里，漱石以其独有的怪诞文风表达了对自己学习成果的满意：

> 在英国，人们同情我饱受神经衰弱之苦。我甚至听说，一个日本同胞给家人写信时说我疯了。我猜，这些高贵的绅士们并没有说谎。因为笨拙木讷，我没有及时对他们表

达我的感激之情，为此我深感歉意。

即便现在还有人讨论我的神经衰弱和疯狂。我的一些亲属也深信不疑。既然我身边的人都这样认为，我觉得也没有什么好解释或是申辩的。尤其是当我想到，正是这样的病症和疯癫才使我写下了《我是猫》，发表了《漾虚集》和《鹑笼》。似乎，我应该感谢这些疾病才对。

假设生命如此继续，无变，那么我毕生将受苦于神经衰弱和疯癫病。好吧，既然它们如此顽强，我请求给我更多的《猫》《漾虚集》和《鹑笼》，我祈祷疾病对我不离不弃。然而，它们接着要把我推向小说创作，我怀疑以后也就没有时间进行当下这样闲适的理论写作了。[19]

漱石的预测成为了现实：虽然他继续撰写文学评论，但从这时起，他开始把主要精力转向小说创作。

116

9
周四沙龙

1906 年 10 月 8 日，漱石给年轻后辈们分别寄了明信片，称
从此以后，他们要拜访漱石的话，无论何种情况，时间统一都
定在每周四的下午 3 点。他下定决心要减少拜访者们不时带来
的干扰。为表明这一决定的严肃性，他用黑墨汁在红宣纸上写
下"来访时间周四下午三点"，并挂在门框上。[1]28 岁的俳句诗人
松根当天晚上前往拜访，看到纸条后颇为震惊和不满，请求和
漱石单独会面，却被告知在指定时间来会面。

　　3 天后，1906 年 10 月 11 日，周四沙龙第一次进行，从此，
断断续续，在漱石身体允许的前提下，一直坚持了 10 年，直到
1916 年 12 月漱石去世。沙龙上有绿茶和清酒，有时候镜子也会
准备食物。周四沙龙是一个不排斥新人的社交活动，充满文学
激情。人们把自己的作品带来，在沙龙上朗读，相互评点。讨

论通常很激烈，大吵大骂也不罕见。不过当漱石讲话时，大家都会洗耳倾听。随着漱石文学地位的不断提高，周四沙龙一度成为"詹姆斯式的"现实主义抵御自然主义自白文学的重要阵地。[2]

沙龙的来客都是一些成长中的作家、批评家和文学学者，他们大都 20 来岁，比 39 岁的漱石年轻 15 岁甚至更多。大部分是漱石在一高和东京帝国大学教过的学生，后者主要来自英语系，漱石当时给他们上过莎士比亚和 18 世纪文学课程。他们是漱石的忠实读者，视漱石为自己写作生涯的照明灯塔。

参加沙龙是有门槛的。加入者需要通过漱石对其写作的质量及前景的评估。大部分来访者都是文学界的后生，或者已经发表，或者正在发表的路上。所有人都为拜师漱石感到自豪。他们的写作风格各异，对外一致自称为漱石派的门生。沙龙没有强制要求，入门者也可退出，甚至还有变节者。但是，那些留在这个圈子里的人，和漱石都保持了非常亲密的关系，这是其他人甚至是漱石的家人都不曾拥有的。在漱石书信集第一卷的后记中，小宫丰隆说，他发现漱石从来没有写过一封传统意义的情书，但是他的门生给他写过很多情书，他也给他们回过很多情书，其数量在日本文学界是史无前例的。[3] 但是，小宫丰隆的说法非常含蓄：他没有直说甚至也没有暗示说，漱石和门生之间的亲密关系是否源自某种同性恋的激情。但是，漱石给子规和其他几位得意门生的书信中表达的狂热情感，流露出某种潜在的同性倾向，或许潜在未发或许已有实在。漱石给森田草平写过很多长信，谈起其中一封，森田这样说：

反反复复，这封信我读了多少遍了？即便是读情书，我的心也从来没有如此急盼和热切。我注视着每个字，越来越确信，先生只是我一个人的先生，不是任何其他人的先生。我真是自欺欺人啊！但我绝不是唯一这样想的人。凡是收过先生信的那些门生都深有同感。[4]

　　漱石给门生的书信真诚热情，让我们从这些书信中得以管窥他平时讳莫如深的个人生活和情感。漱石留下了大量的书信。漱石的全集中收录了两卷书信，共有 2200 封写于 1889 年到 1916 年去世前的信件。大量书信侧面反映漱石和当时主流文学之间刻意保持距离，读者可见漱石在时代中的自我封闭程度。漱石鲜有写信给同行：两封写给岛崎藤村，一封写给田山花袋，一封写给永井荷风，一封写给德田秋声，两封写给坪内逍遥，给当时驰名文坛的森鸥外只写过一封信而已。这些书信大都是基于某个场合的应酬回复。相比之下，漱石的门生收到了更多数量的书信和明信片，有些门生在跟随漱石的十年间收到过 100 多封长信。漱石在这些信件中对收信人新作给予评论和建议，或者倾诉自己创作的艰难和困境。不管门生的作品多么不尽如人意，漱石总是真诚鼓励他们继续写作。有时候漱石口不择言，尖酸刻薄，甚至无情呵斥，这个亲密核心圈子里的门生们即便为此愤懑不已、咬牙切齿，他们也会谦卑地全部接受，因为他们笃信，老师如此动气，也是出于对他们的爱。从信件的内容可见漱石和门生之间的亲密关系非同一般。显而易见的是，对

119

不少门生们的个人生活，漱石会时不时表达关心和担忧，这种师徒互动成了他的日常活动。这样的师徒关系一直持续到他去世，早年参与周四沙龙的年轻人，大部分都出现在了他去世时的病榻前。

这些年轻人被称为漱石派作家，多的时候达到 30 人，然而和漱石一直保持亲密关系的核心圈子只有七八个人。其中一位是比漱石小 15 岁的铃木三重吉，从最早开始一直追随漱石。铃木出生于广岛，从 15 岁起便给《少年俱乐部》等儿童文学读物投稿。铃木长相清秀，面容苍白，敏感多疑，身患慢性神经失调症，严重时不能自理。1904 年，铃木从京都第三高中毕业，进入东京帝国大学文学系，修读漱石的文学课。铃木后来解释说，他当时太敬畏先生而羞于问候。1905 年 9 月，他的神经失调症加剧而不得不休学。铃木回到广岛康复疗养，在一个很小的岛上待了一年。

1905 年 9 月 10 日，漱石的好友兼学生俳句诗人中川芳太郎给漱石转交了铃木的来信，信中流露出对漱石的崇敬之意。中川是一高连续 3 年保持第一名的优秀学生，据传曾读完莎士比亚所有英文作品。信是传统样式，毛笔字从上到下、自右到左地写在一张卷轴宣纸上，看信时必须要一边打开卷轴一边读。铃木的信件已丢失，但是漱石给中川芳太郎的回信中，坦承被铃木的敬仰之情打动：

1905 年 9 月 11 日

刚刚读完你转寄来的铃木的来信，我甚为震惊。第一惊是其长度：打开信轴，快要铺满我这个8张榻榻米的客厅了，6张榻榻米大的隔壁房间肯定可以铺满。他既然这么能写，怎么可能有神经衰弱症呢。他真是不应该休学。马上给他写信，让他返校吧。这学期我的课程下周才开始，大部分老师的课程都是下周开始，赶快让他回学校吧。他如果愿意，可以来上我的课，或者他也可以在休学状态下来旁听课程。既然父母生病，他更需要早点工作，他怎么想的，居然休学一年！早点毕业工作是他的责任啊！请务必转告他，这是我的想法。他现在只要返校注册，按时完成学位就好了，休学耽误一年令人扼腕叹息啊。让他回来吧，去城里玩玩也好，也可以来我这个小金老师[5]这里上上课，他的神经问题肯定立马解决。

第二惊是他在信里通篇都在讲我。他讲我比讲他父亲还多。如果这封信有4米长，那么其中有3米之多是讲我这个老家伙小金的。我做梦也没有想到，我这样一个形象，会萦绕学生脑海到这个程度。读完信后，我一度怀疑，他的神经状况是不是因为整天想着我造成的。如果我是个18岁的小女孩，这样一封信会让我得了相思病而卧床不起的。幸运的是，我是个容易知足的人，古董店里的花瓶即便喜欢也看看就罢了，这还不至于让我难受病倒而要花钱买药，我真是太幸运了。也不是说，我收到铃木热情洋溢、满满爱慕的来信而不知感激。远远超越了感激之情，它让我受宠若惊。感觉铃木比妻子对我的感情还要强烈很多……不管你信不信，我是个自视甚高的人，有人如此爱慕我，也

121

觉得是情理之中的事情。但是，我还是没想到会被人喜爱和仰慕到这个程度。自我膨胀如我者，居然也会备受震惊！

这封信从头到尾都是对我的溢美之词，但是丝毫没有阿谀奉承之感。没有一句是专业作家惯用的空洞假话。没有使用夸张手法。他的来信如此真挚坦诚。我丝毫不怀疑是真情实感。正因如此，我特别感激三重吉。

（签名）小金[6]

如果据此认定漱石被奉承得失去判断力了，那倒也未必，但是很显然，漱石本人已经"心猿意马"，配合装傻，居然一本正经地断定铃木来信毫无奉承，乃一片丹心。在他给铃木的第一封信中——漱石一共给铃木写过72封信之多——他对铃木的仰慕戏谑玩笑，不过并不是真正的自嘲自黑：

既然现在有你来尊敬我、仰慕我，那么我应当是个了不起的人了，然而，一想到我家房后的学渣和街对面寄宿旅馆的流氓怎么嘲讽我、捉弄我，我马上觉得自己只是个一无是处的笨蛋而已。这个世界奇怪极了。我也想休学一年，跟你一起找个小岛待着。[7]

1905 年 11 月 9 日，他再次提笔：

当人们当我是大学教授来赞美我、尊敬我时，我真是一点不稀罕。如果可以，我不想去学校；我更愿意和出入我家的学生们待在一起，吃吃东西，开开玩笑，乐哉乐哉……我听说你现居住岛上，何不写点东西，或者就地取材写个故事！我确信，一定有各种匪夷所思的趣闻趣事……

铃木听取了漱石的建议，在岛上着手写作，并在广岛最终完成一个短篇。5个月后，1906年4月11日，漱石收到了一篇长50页的短篇，名为《千鸟》。故事发生在北方四岛的一个小岛上，20岁的叙事者和18岁的美丽姑娘之间发生了一段短暂的浪漫恋情，两天后姑娘神秘失踪。整个故事抒情、柔美，带着轻柔的哀伤和淡淡的甜蜜。漱石立即回复：

122

1906年4月11日

　　来信和故事悉数收到。《千鸟》乃佳作。三流小说家根本不敢期望写出这样的故事来。妙极妙极！如果非要我提建议的话，我会说故事有些松散，可以再紧凑一点。开头藤君和濑川相遇时的对话有些平淡（接下来的对话都是妙语连珠）。结尾处，濑川望着远处的船，想象着藤君的这一幕有点过于煽情……总的来说，这是一篇精品……要是让我在小岛上疗养，我可写不出这样的精彩故事来。三重吉万岁！如果我在下一期的《杜鹃》上刊登你的故事，你应当不会反对吧？为何反对呢！请尽力多写出这样的佳作来，多多益善啊，就让那些穷酸文人们羞死吧……[8]

我们可以轻松想象，铃木读到此信时的雀跃心情，仿佛上帝从天上伸出手来，拍了拍你的背。漱石当天就给高滨虚子去信：

> 我手里现有一部佳作。我打算寄到《杜鹃》。故事有点长。作者是铃木三重吉，我在学校教过的学生。由于身体抱恙，他现在广岛家里休养。他特意为我写了这个故事。学生能写出这样高水准的故事，把先生吓得面如白纸。[9]

漱石对铃木作品的此番评价有多客观？高滨对此持有异议。漱石在给铃木的回信中转述了编辑的看法：故事的对话略显沉闷（如果恋人的对话使用地方方言，也许可以增加生动性）；一些场景表述不够清晰；故事的主线，即一见钟情的爱情，有些老套；还有其他问题等等。信尾部分，漱石安慰似的说，一定是编辑忽略了故事的精华部分：

> 正如总编（高滨）所说，有些段落略沉闷迂腐，但关键的是你精湛的写作技巧！这个故事的最大毛病是不够真实生动，读来有杜撰之嫌。然而，故事当中也穿插了一些来自现实生活的准确画面，让我们感受自然，否则就会感觉到一些不自然……总的来说，虚子认为它既不像非虚构文学，也不像虚构文学。我漱石[10]却坚定认为，当代这些普通小说家都不及你对生活的把握这么准确……要知道，虚子的评价主要是基于语言层面；也可能是因为我事先跟

123

他说这是一部绝佳之作，略有夸张，导致他存心要找毛病了。尽管如此，他还是认可了这部小说展示的写作才能。我本来应该向你征求同意的，我让虚子拿去原稿修改了。这个故事原本就太长，他可能会删减部分。请容忍这种做法，不要推辞。[11]

《千鸟》最终刊载在《杜鹃》1906 年 5 月刊上（距《少爷》发表不到一个月）。5 月 3 日，漱石给铃木寄去一张明信片：

　　　　寺田寅彦［漱石在熊本的一位物理学家朋友］高度赞扬了《千鸟》，挥笔写下"阿多尼斯万岁!"。［坂本］四方太也说，所有人包括他自己都不敢奢想能写出如此精彩的美文。这让我极度膨胀啊。我想说，虚子还想着挑毛病，真是个笨蛋。

　　几天后，处事老到的中川芳太郎给漱石带来了铃木的一张照片，据镜子回忆说照片很时尚，就像一尊"大理石半身像"，还引起了一段风波。"照片上都这么好看，本人一定光彩照人吧?"漱石问道，"铃木三重吉本人有这么英俊?"中川当即回答："一分一寸都这么清秀。"好像暗指漱石问了一个多余的问题。[12] 几天后，5 月 16 日，漱石又给铃木寄去一张明信片：

　　　　见信好。前几日中川把你的照片拿给我了。谢谢你。照片一点儿也不像一尊大理石半身像。你倒像是一个幽灵。

大概是因为你的脸和脖子都太清瘦了吧。我敢说，你一定是被一个十七八岁的美少女给诅咒附身了。多保重哦！[13]

见面前先送一张照片，会不会太奇怪呢？这好像通常是相亲的套路吧？镜子貌似也有同感。漱石的回复有无调戏嫌疑？也许没有，但至少他的想象力被严重激发了。

自此，漱石开始不厌其烦地督促铃木坚持写作，若稍有懈怠，就会说他一通。漱石对铃木的写作期待有些过高了。1906年3月，漱石读了岛崎藤村的第一部长篇小说《破戒》，大为赞赏，称其为"一部非凡的杰作，写作技巧大放异彩，是明治小说的登峰之作"。[14] 两个月后，漱石给铃木写了一封长信，信中漱石强调了作家既有义务关照美（就像《草枕》中的艺术家），也要关注现实生活中的痛苦和丑陋。漱石赞赏了《破戒》，接着鼓励这位新生作家努力超越："《破戒》在很多方面都超越了当代其他作品，但依然有不足之处。三重吉先生啊！请多多写作，飞速挥动你的笔，写出比《破戒》更优秀的作品啊！"[15]

铃木三重吉并没有实现导师的厚望。在漱石的催促之下，铃木于1906年9月回到东京，重新注册入校，加入周四沙龙，并成为核心圈子的常客。1908年毕业后，他在成田市高中教英文，担任教学主任；1911年转到东京中学任教，并继续写作和发表。铃木颇为多产，广受好评，但从未出过重大作品。

如果说铃木三重吉是漱石沙龙圈的阿多尼斯美少年的话，森田草平（1881—1949）就是这个圈子里的登徒子。森田的绯闻纠葛就像19世纪流行的爱情小说一样丰富。他出生于岐阜县的一个地主家庭，是家中长子。13岁时去叔叔经营的妓院爱上了比自己年长一倍的妓女（情节令人想起福克纳的《掠夺者》）。东京军校暑假期间，他天天划船从村里去岐阜市区约会。8月假期结束后，他本应回东京的学校，但他却假装上了火车，之后偷偷溜走，和这个妓女一起生活了一个礼拜，两人曾发下毒誓一辈子不分开。而最终呢，这个妓女做了一个老男人的情妇。

森田的第二个恋爱对象是他的堂妹恒。1899年7月，18岁的森田入读位于金泽市的第四高中。恒跟随他前往，等他俩同居的消息传出后，森田被学校开除了。第二年，森田去东京参加东京一高的入学考试，并通过考试，于1903年7月毕业。当年8月，恒生了一个男孩，森田一直对外隐瞒此事。9月，森田考入东京帝国大学英文系，在当年被录取的一高学生中成绩最高。他没有选漱石最难的文学概论课，偶尔参加漱石的莎士比亚课，对法国文学和俄罗斯文学有更浓厚的兴趣。

1905年12月底，24岁的森田出现在漱石家，提出参加周四沙龙。他被带到漱石的书房，按要求朗读了自己的一篇被同人刊物最新收录的故事《病叶》，该刊物的主编是漱石的大学同事上田敏。这个短篇故事一共只有10页，讲述了叙述者和其嫂子的妹妹之间的一段不被祝福的爱情，叙事风格颇为颓废，十足嘲讽。

漱石给森田共写了60封书信，12月30日，漱石写下了第一封：

今天出版社给我寄来了你的作品，《病叶》。写得不错。你一定是苦心钻研过写作技巧，能看出你已经形成了自己独特的写作风格和作品气质。不过阅读的体验不是美好和愉悦的。我感觉，你已经结婚了。或者是你最近全身心投入到俄罗斯文学了。我虽无法指出是哪一部俄罗斯作品，但这个故事肯定或源自你的亲身经历，或借鉴某俄罗斯作品。可以更长一点：如果你想以命运作为主题，那你的故事就必须有一个长度，好让我们在过程中被说服。我不是说写得不好，我的意思是，如果再长一点会更加深刻。能够如此深入本质，说明或者你已经写过太多爱情故事而再无新意，或者你本人对爱深有体会而有意表达爱之琐碎和愚蠢。无论如何，以你的年纪能写出这样的作品，必然是借鉴大家，或者出自亲身经历。

　　金[16]

　　此时的森田，正如饥似渴地阅读屠格涅夫和陀思妥耶夫斯基，英文版的《罗亭》和《罪与罚》，和恒新婚。他被漱石的洞悉力折服，在后来的回忆录中有详细记录：

　　我必须承认，漱石先生的这封信在我心里掀起来革命的风暴，使我从此改变人生。我从来没想过他会给我写信。我虽然请求他读一个我写的故事，也只是希望他会在沙龙上给我建议批评。然而，他竟然亲自给我写信，让我在新年这天收到！我一下子看到了那熟悉的白色厚信封，读者能猜到我当时的惊讶和激动吧。先生注意到我了！且不管是好是坏，漱石先生至少认可了我的存在。[17]

按照漱石的要求，森田读了指定的文学作品并写了评论文章寄给老师。漱石给这位只有短暂一面之交的年轻作家回信，十分坦诚和包容。（信中透露的关心和挂念一定让森田十分激动。）漱石在开头先表达了被认可的愉悦：

1906 年 1 月 8 日

　　你好，

　　我认真读了你的来信。你说我的文字对你影响很大，无论这是否只是一种夸奖，我都非常开心。我很庆幸，自己的生存对他人有如此意义。我特别喜欢写信和收信……

　　你的所有作品，我都会尽量阅读。如果时间允许，我会写下自己的阅读体会。不过前提是，不管我的批评多么难听，你都不会生气。虽然在学校我是你的先生，但当我以个人名义给你写信，或者和你讲话时，我们就是同事。你不必过于在意我。我想，你也许会过于紧张，会去揣测别人对你的看法。如果你可以不去理会就好了，尤其是跟我在一起时。你应该放轻松——别人和我在一起时都是很放松的。

　　金之助

森田感受到了这位他最为仰慕的日本作家对他的关注，所以即便漱石有时批评得很刺耳，森田对导师的尊敬和信赖从来未曾动摇过。1906 年 10 月下旬，森田和漱石相识一周年的这天，森田彻夜未眠（根据本人的说法），写了一封长信，信中吐露了长久以来折磨自己的疑惑，他怀疑自己的亲生父亲是和母亲关系亲密的一个画家朋友，他从小喊作"叔叔"。1906 年 10 月 22 日，漱石在第二天就写好并寄出回信。漱石的回信不是为了安慰这个年轻作家，而是通过这种自我高贵身份的意识揭露生命的真理（自我意识是脆弱的，起起落落）：

> 你的生命才刚刚开始。你的写作价值，将在百年后被评判。一百年后，谁还会去跟这件事过意不去啊。相反，如果你成就斐然，你的身世反而会令你更加瞩目。眼下，你面前的这些琐事令你痛苦不安。这就像人们因为没读到博士或者没评上教授而痛苦一样。百年后，博士们和教授们会在哪里！我的野心是通过写作和未来的人们交流。要和隔壁邻居吵架的话，免不了关注他们。接下来就是操心如何让他们对你有个好的看法。只有傻瓜才看不清楚。一两年，或是十年二十年里，人们要是觉得我疯掉了，我毫不在乎。这是因为我会把自己的想象放到更加美好的未来。我不是懦夫，因而我不会去在意诋毁者对我的看法。我也不是傻瓜，我不会把真实的自己展现给他们看。我不指望邻居们赞扬我，也不期望别人高看我。我希望得到后人的尊重，这个想法让我觉得自己很了不起。你也应该如此！当你认识到自己的伟大之处时，这些不幸遭遇带来的郁郁

寡欢就会烟消云散，就像雪落到了火盆里。毅力啊！毅力！[18]

森田回忆说，读着来信，他泪流满面，双手颤抖。[19]

此后，森田的桀骜不驯不断惹麻烦。1908 年 3 月，他竟然和 22 岁的平塚雷鸟一起爬山，打算双双殉情。漱石插手阻止此事的发展，并帮助森田平息此后的谣言，这起绯闻被称为"煤烟事件"，事后森田还据此题材写了长篇小说《煤烟》。平塚雷鸟后来则创建了日本的第一个女性文学刊物《青鞜》，并成为日本妇女运动的领导人。

森田和平塚在 1907 年 6 月第一次见面的时候，森田正处于低谷，无望无助。他先是丢了工作，漱石先前帮他谋到了中学英语老师的工作，可是由于他屡次冲动鲁莽而被解职。此外，他和两个女人纠缠着一段三角恋：恒带着两人的婴儿来到东京，他觉得自己有义务为他们提供一个家，然而他同时和一个年轻舞者关系暧昧（极有可能是房东的女儿）。[20] 孩子后来患上痢疾不治夭折，恒遂回乡下老家，留在东京的森田深为愧疚。

1907 年 6 月，大学同班毕业的作家生田长江（因翻译《查拉图斯特拉如是说》闻名）创建了一个"闺秀文学会"，他邀请森田来做了几次讲座。森田的讲座主题是希腊悲剧。周六下午的教室里坐着 50 个女大学生，其中就有平塚雷鸟。平塚雷鸟家世显赫，在东京长大（其父是明治宪法草案的委员会成员），从精英女子高中毕业后，进入日本女子大学，于 1903 年毕业，是日本明治时期少有的女大学生。她热衷文学，在文学会时期写过一些故事，还翻译过屠格涅夫和埃德加·爱伦·坡。当她遇到森田的时候，正在做禅修，并自称已达到明心见性的境界，在这个境界里人可以看到自己的本心。后来，她解释说，森田的示好令她产生了无所畏惧的好奇心，想要看看生命将如何带她实现明心。[21]

1908 年 1 月，她意外地收到森田的冗长来信，对她的几个短篇故事提出了批评意见。她印象里的森田长相奇怪，长着硕大的脑袋，宽阔笨拙的身材，毛病颇多，然而脆弱敏感却又不失魅力。很快，森田邀请她一同去生田长江家，但两人到站后却不愿下火车，而是一直坐到终点站中野站。22 岁的平塚和 28 岁的老师，一整个下午都在田野间散步，傍晚去了西餐厅共进晚餐，之后手拉手游荡在上野公园里。平塚的回忆充满激情：

> 他开始亲我的袴裙边缘，好像是中世纪骑士对淑女的行礼。他握住我的手，亲吻，吮吸我的手指头，接着把两三个手指头都放进嘴里。我一动不能动，任由他去，我却觉得，他不是真心所为，而是被某种力量胁迫。他好像只是在嘲弄爱……我偷想，为何，他不能认真一点呢？我终于失去耐心了，我站起来说："先生，你能不能认真一次？我觉得你不真诚。来吧，认真一点，好不好！"我扑进他怀里。

在平塚的委婉描述中，我们可以判断这段恋情非但没有不断升温，而且迅速降温，扑朔迷离。她收到森田《罪与罚》风格的来信，带着平静的好奇心读完，发现和森田所有来信一样，书法相当漂亮：

> 一想到你，我想我是可以杀人了。因为除了杀死你，我不知道可以怎么表达我对你的爱。我要杀了你。但我不能死啊。我是一个艺术家，一个作家。我必须观察我会怎么样，研究自己杀了你后的心理状态。然后还要计划逃跑，跑得越远越好。

"被他的疯狂爱恋打动和吸引"，她决定加入他的死亡计划。3月21日，两人在田端车站附近的一个茶屋相约见面。[22] 当天，两人住到东京北部大宫区的一家旅馆，彼此紧挨着靠着火盆，熬过了冰冷的一晚。第二天一早，他们乘坐第一班火车到西那须，雇了一辆人力车拉到他们的目的地，日本阿尔卑斯地区的盐原。他们在旅店度过了第二晚。第三天早上，他们去了小浜，计划一起从悬崖跳下去。但是，森田在雪中几乎无法前进，平塚拉着他走。森田最后崩溃了，他拿出随身携带的酒瓶，大口灌着伏特加，呜咽着骂自己是个懦夫，没有杀人的勇气。平塚想知道，这个发誓要杀了她，然后"在大雪覆盖的库页岛上，在孤独的监狱度过余生，静静观察自我"（显然森田把自己想成了西伯利亚的陀思妥耶夫斯基）的作家，为何突然失去了勇气？

森田还陷在自我指责中，平塚显示出了惊人的毅力。"现在开始听我的吧。"她在雪地上清理出一块空地，脱下大衣铺在雪地上，静静看着醉醺醺的森田睡在满月之下。傍晚，她叫醒他，

130

拽着他往悬崖走去。突然，两名警察拦住了他们，原来警察们正在搜寻他俩：森田曾向漱石倾诉，并在田端车站寄去一张明信片，称第二天将踏上漫长的旅途，漱石感觉到不祥，因此报警。

回家的火车上是一段漫长的羞辱之旅。"两位恋人"相视而坐，平塚的两边是愤怒的父母，森田的两边则是警察。他又是泪流满面，而平塚对这位在陌生人面前如此袒露情感而毫无男子汉气质的森田极为失望。生田长江到东京车站把森田接去漱石家，商议方案。漱石建议森田暂时住家里，等时机成熟向平塚的父亲求婚。森田在漱石家住了三周，期间他与平塚没有交流。当平塚听说此事后，她说："如果漱石认为婚姻可以解决男女之间的任何问题，那漱石和大街上的普通男人也并无区别。"

煤烟事件（或称盐原事件）出现在各种报纸上。1908 年 3 月 25 日，《朝日新闻》报道了此事，平塚的照片旁边是报道的标题："年轻男女自杀未遂：男子是大学毕业生和小说家，女子是大学毕业生"。文章写道：

> 自古就有男女殉情之事，可是受过高等教育的男女竟然去学无知蒙昧的古人却是第一次听说。我们只能说，这就是自然主义的影响下，为爱情走向极端的新案例。

平塚对这一波热议和冲击反应平淡。几天内，她就被大学校友会开除，收到大量言语猥琐的求爱信。甚至她的父亲都面临或许要辞去政府差事的压力。但面对公众的羞辱，平塚的表

131

现却异常冷漠：

> 几天后，生田长江和森田一起来了。我坐在房间，看他跟父亲道歉，承诺不再见我。也许他在遵循"长辈们"如漱石和他的朋友〔马场〕孤蝶的建议。但，这实在是太可笑了。我冷眼看着，无动于衷。[23]

介入此事花费了漱石不少时间和精力。森田住在他家期间，门前经常出现一些记者，漱石就要出来礼节性地请走他们。在3月24日给高滨虚子的信中，漱石写道："事情有点棘手，我觉得很难专注工作，浪费了很多时间。"[24] 他正在写《坑夫》的连载故事，赶稿很困难。

在这种情况下，难以想象的是，漱石还是挤出时间给平塚的父亲写了一封信，信封上写着"保密！"。漱石写信请求平塚的父亲同意让森田写一部以此事件为题材的小说。漱石和平塚的父亲并不是不相识，他们都曾在一高任职，但是平塚从来没有跟漱石讲过话，因为漱石是出了名的不善社交的怪人。虽然平塚拒绝了漱石的提议，漱石一再坚持，甚至许诺保证森田据实写作。平塚最终同意了，森田于1908年夏天开始写这部小说，并一举成名。

从书信中看，漱石密切关注《煤烟》的写作情况，1908年11月23日，他给铃木写信："森田依旧在痛苦地写《煤烟》。他对当下文坛之风极为不满，发誓明年要让评论家们躁动起来。咱们等着瞧吧。"[25] 1909年1月24日，漱石唐突地给负责连载

《煤烟》的《朝日新闻》编辑写了一封信：

> 多日未见《煤烟》上报了。是为何故？朝日报的小说连载素以每日更新为人称道。以我观察，森田草平的作品完全没有每日更新，令人揣测不已。我猜也许是因为作者的疏忽？我希望得到一个解释。给你如此去信询问，乃是觉得你和森田比较亲近。如果是因为森田的失误或是其他不当行为，我自觉也应承担部分责任。果真如此的话，就太尴尬了，也许更糟糕。金之助。[26]

两天后，《煤烟》连载见报，但是漱石却很不满意。"我很遗憾地说，"漱石给小宫丰隆寄去的明信片上潦草写道，"今日新出的《煤烟》结尾粗糙，森田自毁作品。这个人真是愚蠢！这算什么艺术家！"[27]

不过，《煤烟》一跃成为畅销连载小说，为森田赢得了好名声。1911 年，森田未经雷鸟家的同意出版了续集《自叙传》，这让此前给雷鸟父亲承诺的漱石颜面扫地。尽管如此，森田依然是漱石门生文学圈的核心成员，不时拜访漱石，在文学沙龙中十分活跃，推心置腹地讨论文学创作。

在漱石的文学小圈子里，还有一位非同寻常的人物，物理学家和诗人寺田寅彦。寺田于 1897 年在熊本五高遇到漱石，跟随漱石学习俳句。二人讨论科学研究方法的书信对漱石产生重大影响，使得漱石在伦敦求学的第二年从文本研究转向理论研究。1903 年漱石从英国回到日本，这一年寺田以优异的成绩从东京帝国大学物理系毕业。于是，寺田和漱石恢复来往，直至1916年漱石去世。1905年在漱石家中，当高滨虚子大声朗读《我是猫》的第二回时，寺田不悦地发现书里的书呆子寒月，其原型就是自己。在苦沙弥教授的书房，第一次来访的寒月微微一笑，露出缺失的大门牙。

> "你的牙怎么了？"老师话锋一转，突然问我。
>
> "哦，是的，说实话么，当时我正在吃香菇呢。"
>
> "你在吃什么？"
>
> "当时啊我在，哦，咬一块香菇。我的两颗门牙咬到了香菇腿，一颗就突然掉了！"
>
> "吃蘑菇把牙吃掉了？这听起来匪夷所思啊。可以写出一首不错的俳句，只是不太浪漫啊。"老师说道，抬起手掌轻轻地摸了摸我的头。[28]

寺田抗议，认为漱石无权把自己门牙的不幸遭遇写进他的小说里。"没人知道是你，有什么关系呢？""但这让我很没面子，我希望您把这段删除！"两人争论起来，漱石怒了："坂本和野间，还有其他人每次都会带点心、柿子、鱼滑过来，有时还带蟹腿呢，可你每次都空手过来！""看来你是喜欢收东西对吧，"寺田顶撞说，"下次我带钱来！"[29]

虽有拌嘴，漱石很是中意这位物理学家诗人，而寺田也总在需要他时支持老师。

小宫丰隆比漱石小17岁，大概是最为忠实的门生。小宫丰隆是一位接受过专门训练的德国文学学者，他在漱石去世后花多年时间整理漱石作品集，从 1917 年开始在岩波书店出版，并给 18 卷作品集亲笔写了 18 篇卷后语。小宫丰隆还专门写了传记《夏目漱石》(1938)，这部传记被称为"使徒圣传"，小宫也因此赢得了"漱石圣祠首席牧师"的称号。镜子和两个女儿笔子与恒子都非常喜欢他，视他为家庭成员之一，这种亲密关系一度被文学小圈子的其他人所嫉妒。

俳句诗人松根东洋城出身贵族，父母祖上都是武士世家（母亲是四国西北地区宇和岛封地的领主伊达千广的女儿）。德川幕府要求所有偏远封建领主必须在江户购置房产，因此松根家族在东京筑地拥有房产，松根就出生在那里。松山则是松根家族宇和岛封地的所在地，当 1895 年漱石在松山中学教书的时候，松根正好在松山中学读书。漱石被松根的俳句才华打动，遂推荐给子规。松根在 20 岁时开始给《杜鹃》投稿。从松山中学到一高，到东京帝国大学，甚至进入宫内厅担任宫务大臣后，松根和漱石一直保持通信交流。从下面的这段评价中，我们可以看出，漱石对松根的欣赏没有恭维之意，很显然，漱石喜欢松根的在场，喜欢和他一起席地而坐，共话俳句，彼此点评的日子：

134

> 松根有其独特魅力。他来自贵族家庭，气质高贵非凡。他天资不算聪颖。他容易发脾气……有被封爵位的叔叔和婶婶，是三井财阀的根系亲戚，每个月能拿着 30 日元的薪水，居然还要满腹牢骚——真是个怪胎。他很傲慢。到别

人家做客时，正襟危坐，对递来的食物怡然就餐，仿佛是他的特权。没有一句感谢的话。他还真是个人物啊，居然吃光碗里的食物，完全不把自己当客人。[30]

除此之外，漱石身边不乏其他颇有成就的怪人。在后面的章节，他们会一一登场。这是一个极具创造力、个性十足的群体。他们接受过高等教育，大都是一高或东京帝国大学的校友，全都尊崇他们的导师漱石，经常聚在一起。根据镜子的回忆录记载，漱石去世后，周四沙龙的创始成员继续在每月 9 日漱石忌日那天聚会，前后共 130 次。

10
职业作家

135 1906 年 12 月初，漱石得知房东即将从仙台返回东京，去一高任职，并打算搬回东京家中。在此居住 4 年后，漱石不得不重新寻觅居所。时机相当不凑巧：漱石刚着手写《野分》，同时需要去两个学校监考期末考试。东京的出租房屋非常紧俏，镜子不得不自己去找房子。在一位房地产中介的帮助下，镜子考察了不少地方，最终在距离东京帝国大学步行 10 分钟的西片町小石川山顶找到一座房子。12 月 24 日，漱石给门生们写卡片求助，其中包括铃木三重吉。第二天圣诞节，漱石给俳句诗人松根写信，信中语无伦次，有些疯癫，似乎搬家给他带来很大压力，几乎令他精神错乱。信的开头似乎可以佐证斯蒂芬·多德的论调[1]："相比普遍公认的说法，它向我们提供了更多情色可能的想象空间。"

来信已读：你不打算来看我，你想来，你思念我，你像个女人。最近我收到一封信，请求我做写信人的父亲。我自感不配，于是拒绝。

如果我告诉你很多男人为我着迷，你大概会吃惊的吧。女人们倒是没有这么看重我。她们也不像男人们那样大声说话，所以即便有女性喜欢我，我也无法得知。

喜欢我的大多是我的学生。女人们讨厌我。女人和我是冤家啊。

他接着诉说对新房子的不满：

136

我们将于 12 月 27 日搬家。搬到西片町去。一个人得有他自己的房子，不然就会到处流浪，迷失自我。花 27 日元租一间比寄宿旅馆好不到哪儿去的破房子实在荒唐。不过也好过到处借钱，为了盖房子而落个一身负债。以后，我会邀请你们来我家热锅的。但是，租的房子里可是不行的。

我很快要在《杜鹃》上发表新作《野分》。是要超越歌德的《浮士德》和莎士比亚的《哈姆雷特》的。敬请阅读。

新年这天我不知道能不能喝一杯屠苏酒。新年的早上我要和一个学生，小宫丰隆，一起去散步。你要不要一起？

12 月 25 日（1906）

金[2]

漱石开始搬家了。漱石的四女儿爱子生于 1905 年 12 月，此时正好 1 岁，随行的还有家里的 3 个仆人，一个是镜子的贴身仆人，一个是家务仆人，还有一个是厨房仆人。菅虎雄花 5 日元叫来了一驾两匹马拉的板车，来回拉了两趟。（新家距离旧屋 15 到 20 分钟。）漱石的学生们叫了人力车搬易碎物品。一个搬灯，另一个搬落地钟。铃木用垃圾篓搬了家里的猫。12 月 29 日，铃木和小宫也来帮忙，他俩过来用纸糊障子门的格子，干了整整一天。俩人糊好后，镜子给了每人 5 日元。"从此以后呢，"镜子回忆说，"每当他俩缺钱了，就会提议说，家里的障子门该重新糊纸了。"另有一次，小宫跟镜子要 2 日元买新木屐。一旁的漱石听到后厉声说："一个穷学生，花 15 钱买双大麻草编的草鞋就该知足了！"[3]

同一时期，漱石还面临着一场改变人生轨迹的重要商谈，这次商谈将使他最终走上职业作家的道路。哪怕没有这件事，搬家的劳顿和奔波对他而言已然是个重创。11 月，读卖新闻社约漱石每日发一篇关于文学界动态的文章，月薪 60 日元。一位常常拜访他的朋友说，经常听漱石发牢骚，对一边教书一边写作的日子表示不满。报社判断这正是与漱石签约的时机。读卖新闻社认为，如果漱石成为常驻撰稿人，定期发表文章，可以吸引一大批漱石的知识分子粉丝成为读者，如此，《读卖新闻》可以成为"文化艺术"领域的领衔出版人。[4]

11 月 6 日，漱石写信拒绝了报社的邀约："虽然《读卖新闻》的薪水和大学的差不多，但是每天写出一点东西随即又当天发表，绝不可能比我教英国文学更能让我树立好名声。"[5] 此事的幕后人物是与首相西园寺公望私交甚好并担任报社顾问的枢密院议员竹越与太郎，11月20日，他到漱石家拜访，劝说他接受邀约。漱石只答应会再考虑。然而，11月20日的《读卖新闻》刊登了一条宣传广告："本报荣幸宣告，文学界最为耀眼的新星夏目漱石，将成为我们的特约撰稿人。期待他年前新出大作！"

当月，漱石确实在《读卖新闻》发表了新作《文学论》的前言，接着在1907年的新年这天又发表一篇10页之长的文学评论告诫文，他以《麦克白》《威尼斯商人》和《奥赛罗》为例，阐明用过去的惯例和期待去评判一部作品好坏的弊端及危险。[6]《读卖新闻》聒噪附言道："漱石将作为特约撰稿人定期发文！今日此篇大作可见漱石才华横溢！欲知日本文学当今盛况，必读《读卖新闻》！"然而此后，漱石在《读卖新闻》再也没有发表任何文章。

与此同时，日本发行量最大的报纸《朝日新闻》也抛出了橄榄枝。报社的条件是，《朝日新闻》有权独家刊登漱石的系列小说，回报是年薪月付，这种条件从无前例。报社里的一位年轻员工坂元雪鸟，曾是漱石在熊本五高的学生，他在东京帝国大学学日本文学，和漱石一直保持联络，还向漱石请教俳句的问题。《朝日新闻》决定派坂元登门拜访，当面提议。巧的是，报社的文学版编辑也来自熊本。于是，年轻的坂元作为中间人力促此事。这件事情侧面反映了人际关系在知识分子圈子里的重要影响力。

2月24日，坂元询问漱石和大学的聘期何时到期，和文部省的协议服务期什么时候结束。漱石解释说，按照协议，从英国学习回国后，他应该在大学里教书满4年，也就是到1907年3月。坂元觉得，这位昔日的师长对他的提议是默许的。离开漱石家后，他径直到了街对面作家二叶亭四迷的家里，向在此等候的上司们汇报见面情况。听到坂元的这个"有希望"的消息，二叶亭四迷十分激动。[7]

漱石拒绝了《读卖新闻》而接受了《朝日新闻》的邀约，这其实不难理解。《读卖新闻》给出的薪水是年薪720日元，比漱石大学的薪水少80日元，条件是漱石作为专栏作家，写文学评论文章。而《朝日新闻》给出的薪水是年薪2400日元，条件是漱石提供独家小说作品。不仅如此，《朝日新闻》的发行量高达50万份，其中东京20万份，大阪是30万份，相比之下，《读卖新闻》只有9万份。当时的情况是，漱石的小资家庭每月家用需要200日元，其中包括每月寄给家里同父异母姐姐的钱，以及寄给镜子穷困潦倒的父亲的钱。而且，如此大的读者量也是非常有吸引力的。不过，这个决定不容易做出，需要慎重考虑。3月4日，漱石第一次给坂元去信回复，信中表露了漱石对金钱的小心谨慎态度：

> 我十分认真严肃地考虑过你的提议，但是又极度繁忙，迟迟未能做出决定。我收到了大学的续聘信，聘任我继续做教授，讲授英国文学。我还没有做出回复，请求延期决定，好有时间先处理和《朝日新闻》的商谈。两到三周后，我似乎会有空余的时间。我希望能和池边君直接商谈具体

事宜。[8] 届时，我想讨论一下几个方面的问题：

1. 薪资。你那日所提的薪资是板上钉钉的吗？

保证书。我希望池边先生和村山先生[9]可以给我写一份保证书，保证报社不会无端开除我。

我在报社工作多少年可以享有类似公务员体系的退休金？退休金的数额占月薪的多少百分比？

（我之所以冒昧问这种粗俗问题，是因为我既然离开就不再考虑回到学术界。一旦我在报界失败，尽管我能接受其中的风险，我也希望能有一些保障。）

2. 工作。我每部小说的连载时间有要求吗？（比如一年？）我需要应对各种投诉抱怨么？比如你们的销售部门的意见？如果大众觉得我的小说不合时宜，我丝毫不会觉得吃惊，这会有问题吗？尽管也许十年后的大众会持不同意见。当然，也许十年后的漱石不再像现在这么有名气，会有问题吗？

除了小说之外，每天或每周，我还可以写其他的哪些体裁呢？

当然，我要告别现在的教学工作了。不过，我可不可以像现在这样，应约给其他刊物写小说、社论或其他类型的文章呢？

我在《朝日新闻》的所有小说创作，可否以我个人版权结集出版？

我尽管不喜欢大学的某些方面，但作为大学教授却可以享受远离尘嚣的独处之妙，这是我喜欢的。所以依然有些犹犹豫豫。非常抱歉打扰你，我希望有机会可以和你直接讨论以上问题。

不必急于答复。如果有机会可以和池边先生坐下来面对面谈，我希望可以直接问他这些问题。

匆忙执笔
夏目金之助
另：至今为止，尚未有人离开学术界投入荒野之流。单凭这一条，我也觉得值得投身一试。我之古怪，由此可见。[10]

池边迅速起草了一份协议备忘书，圆满回答了漱石的大部分问题。让漱石棘手的是，他每年的工作量是至少两部小说，共 100 回连载。3 月 11 日，漱石给坂元写去第二封信，答应 140 《朝日新闻》提出的独家连载要求，但同时小心解释了接单写作的不可能性。在信中，漱石再次提及为获得对新岗位的安全感，保证书必不可少。此处，他的审慎几乎到了偏执的地步：

我的创作，其类型、长度和时间，应由我来决定。具体来说，我会尽自己的最大努力，在一年的时间里全身心投入构思和创作，为《朝日新闻》工作。然而，就文学而言，是不可能机械地严格遵守时间进程的，也不可能提前就限定好它的连载数量和文字长度。有的也许长些，有的也许短些。有时我可能在一个礼拜连续写作多集，但也有时候，我一个月才能写出一两集来。事实上，我也不知道我的写作极限。如果你根据我去年的发表量制定任务量，那还是合理的。[11] 去年我是边教书边写作，如果我专职写作，也许产量会提高，不过暂时还请以去年的写作数量为基准。自然，我比较擅长抒情体，尤其是小说。（谨慎估计，有时候我一年里只写一部长篇小说就不写了，也有时候能写两部以上像《少爷》这样的中短篇小说。）

薪资方面，我接受你之前提出的每月 200 日元。不过，我要像你的其他员工一样，享受新年和年中的两次补贴。大约应该是我月薪的四倍吧……

我希望池边先生和出版社可以提供一份书面的保证书，确保我的工作是稳定有保障的。这只是出于谨慎的做法。因为大学教师的工作真是万全无险的，离职后我希望新工作也是安稳的。池边先生是正人君子，又是友人，我自然信任他，但他也许以后离开报社，那么我就只能去找报社履行这些承诺了，因此，我希望和池边君以及报社分别都签一份合同。

总而言之，啰里啰嗦写下诸多细节，不过是因为我离开大学后从此踏入茫茫社会，再无回头的可能。如此想来，141 不断会有一些担忧的想法冒出来。如果我再想到其他什么，会及时和你沟通。目前而言，以上就是我的全部请求，今日放到桌面上，请考虑，盼回复。

夏目漱石[12]

3月15日，池边三山来到漱石家中拜访，希望最后谈妥合同。漱石5年后回忆说：

> 彼时我住在本乡区西片町。我把他迎进了二楼。那时住的租房，建造极为低劣。像我这么纤细的人，在二楼榻榻米上走路时，地板吱吱作响。我当然听说过池边君，但从未谋面，今日第一次见面，之前从未想过他身材相貌如何。简单说吧，他是个巨人：大脸盘，大手掌，宽厚的肩膀，他是个超大号。大块头的他，站在我火柴盒一样的起居室里，是一幅非常不协调的画面，夸张一点说，我是请了一尊大佛雕像进家了。接下来的事情令我吃惊。我们开始聊天，随着彼此的交谈，不知何故面前这个人让我联想到西乡隆盛。甚至等池边已起身离开了，这个感觉还在。我对西乡隆盛并无了解。不是西乡隆盛使我想到池边，恰恰相反，是池边让我觉得西乡隆盛想必如是身形。毫无玩笑成分，他离开后我给《朝日新闻》的联络人回信，也是如此描述。我已记不清楚当时的措辞，大约意思是与池边的见面非常轻松，将之前的谈判和联络带来的焦虑不安一扫而光。我仿佛觉得自己见到了西乡隆盛……最近从池边的一位好友那里听到，池边极力为我争取最大利益，为了我的保证书也是押上了全部。我知道，第一次会面他刻在我心里的形象，绝非虚幻。[13]

漱石从池边三山身上看到西乡隆盛，从而认为他是一个充

满正义和值得尊敬的人物，漱石的眼光确实厉害。西乡隆盛身
形高大，为人勇猛而又极富魅力，出生在边陲藩镇，后成为武 142
士，又在 1868 年王政复古后的新政府中被提拔为元帅。在 1873
年的征韩论战中，西乡因极力支持征战而在政府失势，遂回了
故乡鹿儿岛。4 年后的 1877 年初，政府派密探暗杀西乡未遂，
后西乡带领叛军，声称要清君（天皇）侧，揭露东京天皇身边
的恶臣。西乡的叛军和政府军展开激战，双方兵力损失都达到
数千人，西乡带领的萨摩军最终战败。直到战争结束，西乡一
直宣称自己效忠于天皇，在战场上身着天皇军服。战败的前一
个晚上，他切腹自尽，虽被政府列为叛乱贼子，也被很多人视
为烈士。几年后，天皇宣布给予特赦，恢复他的武士地位，因
其无畏勇猛的尚武精神追认其为国家英雄。

我们得注意，1877 年的漱石已经是一个 10 岁的大男孩了，
他那时应该听说过西乡叛军的故事。显然，西乡的传统价值观
对漱石影响深远，尽管他同时也深受西方文明的影响。在漱石
身上，我们可以看到一个非常具体而鲜明的明治知识分子，一
个封建思想和现代理念的矛盾并存体，二者都是漱石笔下的永
恒主题。[14]

3 月 19 日，池边在有乐町的日本俱乐部举行了庆祝晚宴。3
月 25 日，漱石向东京帝国大学递交了辞职信。学校退回了辞职
信，要求漱石措辞修改后再呈交。漱石的原文是"我希望辞去
现职"，而学校要求改为"我希望被免去现职"。为了尽快顺利
办妥，漱石按照要求做了相应的修改。

5 月 7 日，《朝日新闻》发表了漱石的短文《入社之辞》。短文篇幅不长，却透露出大量复杂信息，值得一读。有的段落真挚诚恳：漱石解释说已经履行完毕政府交给他的 4 年教学的责任，而大学的薪水不足以支付一大家子的家用花销，他不得不兼职几份教书工作，最后再挤时间写作，这让他忙碌不堪，筋疲力尽。"有人可能觉得我辛苦写作是自找苦吃，你们可以这样去想，但是对我来说，写作不仅是爱好，而是我只有在写作时才能感觉自己是活着的。"

有的段落则隐约流露出愤懑：

143　　毫无疑问，大学是知名教授的云集之地。可以确信，在大学里，能发现很多值得尊敬又藏而不露的教授和博士。而数不清的学者渴望穿过东大赤门登上讲台，可见大学该是个多么令人向往的地方……我承认以上都对，但不意味着我认为，报业就不是一个值得尊敬的行业……如果在报业工作是一份工作，那么在大学工作也是如此；如果在报业工作是低俗的工作，那么大学工作也一样。

在流畅、机智的文字后面，我们可以读到愤怒的情绪。有的段落，表达的不是反击式的愤怒，而是乖谬反常的：

当我在大学里讲课的时候，总有一只狗讨厌地吠叫。如果哪次我的课没有上好，那么这只狗至少要负一半责任。我确定，我的课是完全没有问题的。我不得不说，如果学生们有不满，去跟狗说吧，这完全是它的责任。

我在大学里最幸福的时光是在图书馆的阅览室，翻阅着期刊杂志的最新读本。我很遗憾，自己平时太忙，而没有用更多的时间去做这件我甚为喜欢的事情。每次坐在阅览室里，我总能听到隔壁房间里工作人员们的嬉笑打骂声。他们似乎有无数方法破坏我的美好时光。有一次我斗胆给坪井校长写信投诉，希望他管一管，但是他从来不管。如果我的课没有上好，这就是一半原因。我不得不说，如果学生们有不满，去跟图书管理员和校长说吧，这完全是他们的责任。如果非要怪到我的头上，好像我文化水平不够似的，那就要令我出离愤怒了。

漱石在文中直接对校长点名道姓，读者会觉得十分无礼吧，至少会觉得，漱石在写文章的时候情绪激动，而这种激动，在漱石所抱怨的情况下，似乎是不必要的小题大做。他的语气激烈，愤怒之情力透纸背，甚而有报复的意味，透露着漱石风格的偏执怪狂，此后在他复杂的性格中不时浮现出来。在结尾段落，他又回归诚恳和感恩的语调： 144

> 中国人常说，因信生信。我非常感激《朝日新闻》把我这个怪人安置到了适合这个怪人的位置上，我将十分开心地代表报社，在此地发挥我怪癖的极致。[15]

1907 年 3 月 28 日，报社宣告漱石在《朝日新闻》上的连载小说即将发表，文中有一段漱石亲自解释小说题目《虞美人草》

的由来：

> 昨日傍晚，我和年轻的［小宫］丰隆在森川町散步时，买了一对盆栽。我问养花人所买之花的花名，方知它的名字是虞美人草。我当时正发愁截稿日快到了而新小说连个题目也没有，于是，我就这么任性随便地决定借用这花的名字了。
>
> 花瓣有白色、深红和深紫色的，对于纤细的花茎来说，它们也许太大太重了，一个个儿地耷拉着簇成一团。在晚春昏黄的纸灯下，幽幽然如魂如魔，似乎要诉说些什么。我不知道，我的小说是否能传达此间意境，不过当然，没写出来之前，就连它的作者也不知道答案。
>
> 报社告诉我要发布新小说的预告文。而预告文至少需要一个题目。《虞美人草》这个名字也不是多好，但有胜于无，多方便。此处解释完题目由来后，我便提笔开写。
>
> 漱石[16]

《虞美人草》总计 127 回，同时刊登在 1907 年 6 月 23 日到 10 月 29 日的《朝日新闻》东京版和大阪版上。在这年暑假，漱石专心写作，心无旁骛。[17] 在成为作家后，漱石多次和很多作家交流写作心得，他都要强调专注的重要性。但这一次，在他开启新生涯后的第一部小说，他的状态远远超越了专注：他几乎是忘情地、痴迷疯狂地投入，一心想要让《虞美人草》大获成功，还因为压力过大而忍受精神不稳定的折磨。6 月 21 日，在

145

开始写作仅两周时，他给铃木三重吉写信，信中的暴力倾向令人震惊，不禁联想到 1904 年和 1905 年时候的漱石：

> 今天我要放下《虞美人草》。当我出离愤怒的时候，我就想用漂亮的正宗刀之利刃咔嚓一下砍掉仆人和我妻子的头颅。不过我必须为此切腹自决，想到这里我只好忍耐下来。结果导致肠胃病加重，开始便秘，痛苦极了。我好像无法把妻子视作为人类。[18]

此前，漱石的作品大多发表在《杜鹃》，因为他的发表，月刊《杜鹃》的销售量每月递增，大约每月超过了 8000 份；有时他也在《中央公论》上发表，读者最多时达 10000 人。这次漱石给《朝日新闻》的两份报纸写稿，意味着读者有可能超过 50 万人。其中很多读者可能从未读过漱石的作品。整个日本都在关注——各大报纸的头条都是漱石从大学转身投入报业的新闻。

在连载还没有发表之前，就已经出现了各种关于《虞美人草》的宣传推广，其程度史无前例。公交车站和电车站的报童，一边把报纸塞到人们手里，一边喊叫着"漱石的《虞美人草》在这里"。上野的一位著名珠宝商专门设计了一款同名戒指。三越百货大楼在夏季到来之前，上架了新款"虞美人草浴衣"。

漱石写得飞快，浑然忘我：6 月 17 日，他写信告诉松根东洋城自己刚刚交了 97 页的初稿。"我收到你的来信了，但根本没有时间回复：我整天脑子里只有《虞美人草》，其他什么都想不了。"在信的末尾，他似乎暗指正经历自信危机："我努力写过的东西，我不再想多看一眼，有些部分如此琐碎，我大为失望。就这样了？能更好吗？太伤心了！……我妻子从来不碰它们。很显然，女士们没法接受它。"[19]

8 月中旬，漱石开始频繁抱怨自己无法完成手头的小说，"100 多回啊，而我还没有写完。小说如何发展，我毫无头绪。我觉得寝食难安。永远完不成的佩涅洛佩之布①啊。从现在开始我要和《虞美人草》战斗"。[20]10 天后，他还是一头埋在写作中，"我想要出门走走，看看洪水过后的满地狼藉，但我最好还是待家里吧，继续锤炼《虞美人草》。"[21]

在创作期间漱石鲜有外出。6 月 11 日，他收到当时的首相西园寺公望的邀请，到首相府邸参加以"国家文学"为主题的讨论，随后参加一场"不要求着晚装"的日式晚宴。西园寺是个业余诗歌爱好者，他把这次连续 3 天的文学讨论命名为"在低吟细雨里的相聚"。他给日本的每一位知名诗人和作家都发出了邀请。[22] 其中包括漱石文学沙龙的八人小圈子，包括漱石、田山花袋、《浮云》的作者二叶亭四迷和日本首位翻译莎士比亚戏剧的坪内逍遥（漱石激烈批评过他翻译的《哈姆雷特》）[23]。二叶亭四迷、坪内逍遥和漱石都拒绝了邀请，漱石在拒绝信中附了一首俳句，展现了子规所赞扬的漱石的幽默天赋：

----

① "佩涅洛佩之布"是英文中的习语，意为缓兵之计或永远完不成的活儿。佩涅洛佩是荷马史诗《奥德赛》中主人公奥德修斯的妻子。她坚信参加特洛伊战争的丈夫一定会活着回家，为拒绝不怀好意的求婚者们，她谎称要为公公织寿衣，白天织布、晚上拆布，拖延 3 年之久，终于等回了奥德修斯。

hototogisu	Cuckoo bird!	杜鹃鸟啊！
kawaya nakaba ni	with unfinished business in the privy	内急之事未毕，
idekanetari	I cannot sally forth	我怎能出厕。①

　　诗人在厕所里听到杜鹃鸟鸣。一般来说，读书人听到杜鹃鸟鸣时，会心有所动，停下欣赏。（一定是杜鹃鸟身肩的重要象征意义，令其难以飞走！）松根东洋城从诗句中读出了这样的蕴意：正在如厕的卑微诗人，用杜鹃鸟代指他不可能与之为伍的尊贵客人。松根还认为漱石有意加入了些许愤世嫉俗的意味。漱石在明信片上潦草写下三行诗，毫无遮掩地表达了他对社会地位的藐视。当妻兄劝他再考虑考虑时，漱石咯咯笑道："这就挺好！"随手把信扔进了邮筒。

　　此前，漱石的小说似乎都是他毫不费力轻松完成的。然而，《虞美人草》的写作过程则甚为艰辛，遣词用句极其考究。我们不妨来读一下小说中的女主人公，23岁的藤尾，和她的一个追求者诗人小野的对话：

　　"看莎翁描写的克莉奥佩特拉，有一种奇妙的感受。"　147
　　[小野说。]
　　"什么感受？"
　　"我仿佛被拽入古老的洞穴里再也出不来，茫然之际，

---

　　①　日语原文：時鳥厠半ばに出かねたり。

紫色的克莉奥佩特拉靓丽地出现在我眼前。从色彩剥落的木版画里，她一人燃烧着紫色火焰冉冉升起。"

"紫色？你怎么总是提到紫色呢？"

"不为什么，就是有这样的感觉。"

"那么，是这种颜色吗？"女孩突然挥起榻榻米上半铺着的宽大衣袖，掠过小野的脸庞。小野的鼻尖心头，忽然飘过了克莉奥佩特拉的气息。

"别。"他叫道，又顿时回过神来。如同杜鹃鸟以惊异的速度从天空划过又迅速潜入雨中，紫色的衣袖骤然停下，美丽的玉手安放在膝头，沉静得仿佛没有了脉搏。

克莉奥佩特拉的强烈气息，渐渐地从鼻尖飘走。小野卷恋地追逐着这个从两千年前召唤来的影子，影子恋恋不舍地褪去，而小野的心已被诱往杳窕之境，去往远古彼方。

"那不是微风吹拂之恋，也不是含泪之恋或叹息之恋。那是暴风雨之恋，从未记载过的咆哮的暴风雨之恋。那是十几厘米长的刀刃之恋。"他说。

"爱是紫色的刀刃？"

"爱不是紫色的刀刃，紫色的爱是刀刃。"

"你是说如果刀斩爱恋，会流出紫色的血吗？"

"我是说爱情发怒时，刀斩爱情的匕首会闪耀紫色光芒。"

"莎翁写过这种事？"

"这是我对莎翁作品的诠释。当安东尼在罗马与屋大维娅结婚时，使者带来了婚礼的消息，克莉奥佩特拉听闻……"

"紫色是被妒忌浓烈渲染的吧?"

"当紫色在埃及的阳光下燃烧,冰冷的短刀闪烁。"[24]

小说里有大量这样诗意的对白,这应该是三岛由纪夫喜闻乐见的,想必会边读边发出嗯嗯的赞赏声吧。全书就像是一间辞藻华丽的高级花房——漱石把感性的小碎石高筑成一座时尚的修辞的高峰。

28 岁的甲野是个极富个性、热爱哲学的年轻人,他本来可以继承家产,但却沉迷在自己的世界里。他的同父异母妹妹藤尾,是小说里的女主人公,年方 23 岁,故事的叙事者把她比作克莉奥佩特拉,美丽、妖冶、狡猾、善欺骗、心气高傲。藤尾的母亲费尽心机,想要把女儿嫁到好人家去。但是按照家规传统,父亲去世后,长兄甲野成为一家之主,甲野未娶则藤尾不能嫁人。但是甲野主动放弃家产,宣称不婚。他游离世外,整日沉思冥想,写日记思考生命和死亡的本质,准备离家出走,做个云游四方的和尚。

心思不定的藤尾有两个追求者,一个是同龄人、远房亲戚和甲野的好友宗近;一个是穷困潦倒的诗人小野。藤尾厌烦了沉闷无趣的宗近而有心于小野;她打算把父亲留下的金表送给小野。

不幸的是,小野和贤淑端庄的小夜子早有婚约,小夜子的父亲是一位教授,曾是小野在京都的老师和资助者。教授年迈多病,于是和小夜子搬回了离开 20 年的东京定居,企望小野不忘 5 年前的婚约承诺。

漱石决意要写出一部富于抒情、文体绚丽的情节剧来，故而用尽浑身解数，杂糅了各种文学风格。随着漫长抒情的对白缓缓展开，角色们呈现出五味杂陈的情感，妒忌、野心、心碎、愤怒，但是读者依然会有一种不真实感。从漱石用于传达故事的叙事手法到最后过于戏剧性的结尾都显得生硬原始，令读者不免怀疑，它是不是对早期的现实主义尝试的戏仿：

> 小野的朋友离开后，两辆人力车出发了。一辆前往小野的租住处。一辆前往教授的居所。又过了大约 50 分钟，第三辆黑篷低垂的人力车抬起车辕，往甲野家的领地飞奔而去。在此，小说必须按照顺序说明这三辆人力车的使命。[25]

主要角色纷纷来到甲野的豪宅里聚集，等待藤尾的到来：她去了和小野约定的新桥车站，然而小野却不见踪影。这使藤尾异常愤怒，但是她丝毫未曾想到，小野已经改弦更张，决定和小夜子结婚了。结尾这一幕，极富戏剧性，像是一部喜歌剧的落幕：

> 大雨冲刷着黑篷子，人力车飞速疾行。藤尾端坐车上，她的愤怒如一匹烈马，在坐垫上上下蹿跳。人力车一路飞奔，在碎石子路上留下车轮辗轧的痕迹，忽然一个急转弯滑行，停在了大门口。克莉奥佩特拉披着深紫色的大披肩，

闯进屋里。此刻的她就是愤怒的化身，她大步迈进书房，犹如受辱的女王，直直地伫立在书房中央——6双眼睛齐刷刷落到了她的紫色披肩上。

"回来啦!"宗近［两位追求者之一］叼起一根香烟说道。藤尾不屑搭腔，一个字也没有回应。她挺直高挑的背脊，冷峻地扫视屋内。当她望向小野的时候，双眸射出两道冷光，刺向小野。小夜子躲在小野肩膀后面，楚楚可怜。宗近突然起身，把吸了一半的香烟扔进葡萄色烟灰缸。

"小野君! 你为什么没去?"

"我去了会后悔的。"

小野一反常态，吐词清晰利落。两道闪电从克莉奥佩特拉的瞳仁里射出，直击小野的眉心。

"我要求你说明爽约的理由。"

……

宗近走上前来，把小野推到旁边，藏在其后的小夜子现出身来。

"藤尾小姐，这位是小野的夫人!"

藤尾的脸色顿时阴沉，满是憎恨的表情，接着憎恨又渐渐变为妒忌。当妒忌一丝丝渗入到她身体的最深处，整具身体变成了一尊石头。

"眼下她还不是正式夫人。不过，早晚会是。我听说，小野5年前答应过会娶她。"

小夜子低头致意，纤细的脖颈弯下，双眼红肿，依然低垂着眼帘。

藤尾紧攥着白皙的双拳，身体纹丝不动。

"你胡说！胡说！"她连吼两声，"小野君是我的丈夫。我的未来夫婿。你在胡说什么呢，大胆无礼！"

"我是出于好意才告诉你真相，顺便向你介绍小夜子小姐。"

"你胆敢羞辱我！"

化石表情下的血管突然涨红突出，紫色的血涨满了整个脸庞，愤怒之色再起。

"我是为你好，请不要误会我。"宗近不动声色。

小野终于开口。

"宗近先生句句属实。她确实是我未来的夫人。藤尾小姐，我曾经是个轻薄之徒。我对不起你，对不起小夜子，对不起宗近先生。从今天开始，我会重新做人，做一个诚实的人。希望你能原谅我。假如我去了新桥，对你对我都将是个灾难。所以我没去。请原谅！"

藤尾的神色第三次遽变。暴满的血管消退下去，只剩下羞耻之色分明可见。突然，石化的面具粉碎了。

一阵阵歇斯底里的笑声从窗户溢出，消失在雨幕之中。与此同时，她把攥紧的拳头伸进腰带，扯出一条长链子。

"这么说你不需要这个了。宗近先生，它是你的了！接着！"

藤尾伸直玉手，露出手臂。她父亲的表重重地落在宗近黝黑的手掌里。宗近向前跨出一大步，来到壁炉前面。嘿！他大喝一声，握着黝黑的拳头挥舞过头顶。表砸向大理石角落，顿时被摔个粉碎！

　　"藤尾小姐，我不是因为想要这表才来出面干涉的。小野先生，我不是为了得到这么个没心没肺的女人才来惹事的。现在我亲手砸了这表，你们应该能明白我的心意了吧？这样做，也是走向道德高地的重要一步，小野，你同意吧？"

　　"同意！"

　　藤尾仿佛还在恍惚之中，此时突然全身僵硬。双手僵硬，双腿僵硬。随后，仿佛失去平衡的石像一样，轰然倒地，撞倒了旁边的椅子。[26]

　　读者们也许被藤尾的这种死法惊呆了，感到疑惑不解，但实际上漱石早就希望藤尾死掉。7月19日，他给最虔诚的学生小宫丰隆回信（小宫丰隆的来信一定表达过对漱石的崇拜）：

　　　你一定不要同情藤尾。这是个讨厌的东西，**虽然有诗意，但毫无真心**［笔者强调］。这个女人没有道德感。我打算在结尾处杀了她，这是小说的重要目标之一。如果我处理不掉她的话，就只能让她赎罪了。问题是，像藤尾这样的女人，拯救她是毫无希望的！[27]

　　藤尾的葬礼之后，小说用甲野的日记做了收尾，并通过甲野的日记解释悲剧和喜剧的区别。这实际上是漱石写《虞美人草》时自己的哲学思考。1907年夏天，他的笔记本上写满了各种思路，甚至还有一些图表，解释所有想法的由来和相互关系。"喜剧，是指普通人从早到晚的鸡飞狗跳：为了几斗黍米或几个女人的烦恼，英语和德语戏剧都是这样。喜剧，一定是关于柴米油盐的幸福和追求。而悲剧，则是让我们突然明白，我们一直恐惧的死亡，是要我们永远铭记、无法逃脱的永恒陷阱。悲剧的伟大之处，是逼迫我们重拾平时丢弃一边的道德意识。"[28]

显然，漱石想通过《虞美人草》呈现悲剧的伟大之处。他想通过两位追求者同时抛弃藤尾的结局，来唤醒读者的道德追求意识。但这个念头只是漱石的一厢情愿。除了作为莎士比亚戏剧的优秀学生和精读《哈姆雷特》的漱石自己，今天的读者，甚至是当时的读者，恐怕很难认同这是一部悲剧。

也许是因为漱石太想要通过《朝日新闻》一鸣惊人，而误以为自己在这部小说中创造了一些高光时刻。但这恐怕只是幻想，而他自己也很快认识到这一点。1913 年末，漱石给熊本的一位昔日学生回信，拒绝了他想把《虞美人草》翻译成德语的请求：

152　　　　你有意翻译我的作品，我深感荣幸，但是你想翻译《虞美人草》的话，我就不得不回绝你的好意。理由如下：首先，它算不上现代日本文学的代表作。[29] 其次，我写的时候吃尽了苦头，翻译恐怕更难。再次，我所有其他作品都比《虞美人草》更有趣。最后，这部小说写得很糟糕。如果我是个纯粹追求艺术的人，我会选择不让它发表。但是它源源不断地给我带来版税，而且既然已经露丑多年了，现在收回来也于事无补啊，就这么着吧……但是，我不能愚蠢到把自己的丑暴露给德国人看。所以，如果此事可以就此打住，我将非常感激。[30]

无论漱石当时或后来是如何评价这部小说，《虞美人草》毫无疑问是1907年最负盛名的作品。读者们几乎是狼吞虎咽地吃下每一期，又喊着要更多。绚烂的文笔像芬芳的罂粟一样令人陶醉、痴迷。晦涩难懂是上乘作品的品质，这使它更显高级。1908年的新年这一天，精装本《虞美人草》出版，5000册书一售而空。

1907年9月29日，漱石在不到一年内第二次搬家。西片町的房租一开始是每月27日元，后来涨到30日元，现在又要涨到35日元。漱石忍不下去了，"我可不想找一个随意涨价的房东"，9月2日他一写完《虞美人草》就给菅虎雄写信抱怨。这一次他亲自出马找房子，在铃木和小宫的陪同下，在西片区快到新宿区的地方寻找住房（和日本帝国大学的距离不再是首要考虑）。他最终选定了早稻田南町的一处街角房屋，距离早稻田大学只有一个街区，而且和他小时候长大的房子在同一条街上。这只是巧合吗？还是说他开始怀旧，想要和过去重新建立关联？不管是什么原因，最终的结果就是，阔别16年之后，漱石又回到了小时候的街区。这是一栋平房，建在宽阔的空地上，没有花园，只有几棵还算茂盛的大树。漱石唯一看中的，是进门厅后右边的一间屋子，可以改成书房。真是"奇怪的地方"，镜子说，"既不是日式风格，也不是西式或中式风格"[31]。漱石搬进来

153

一张地毯，大部分时间在一把西式椅子上工作。这处房产由住在街对面的一位内科医生管理，房租原本是每月 40 日元，当医生看到漱石的名片后主动降到 35 日元，尽管镜子说负担不起这么贵的房子，最终还是同意了。

搬家的程序和上一次一样：菅虎雄负责安排马车，学生坐面包车帮忙搬易碎品。铃木还是用垃圾篓搬猫儿。森田草平在新家负责把东西搬进去。除了 3 个家仆和 4 个女儿，这一次还多了一个男婴，漱石的长子纯一生于 6 月 5 日，正好是漱石开始写《虞美人草》的日子。和往常一样，孩子的出生很不容易，镜子从 3 月开始晨吐非常严重，生产当天除了有接生婆外，还叫了一个医生到家里。从学校回家得知这个消息后，漱石非常高兴，不断念叨着："真的是个男孩啊，是真的!"小宫和铃木送来一条大海鲷鱼，这是日本人在隆重日子的传统。6 月 7 日，漱石给《朝日新闻》的编辑回复《虞美人草》的写作进度问题：

> 我刚刚开始动手写，你无法相信，就迎来了一个新生命。医生来了，夫人大喊大叫。在这场忙乱中，我只写完了一回……[32]

明治的男人们都是这样不流露个人情感吗？为人父的喜悦是被隐藏了吗？也许吧。

早稻田南町是漱石的最后一处居所。直到 1916 年去世，漱石在这里共住了 9 年。在这所房子里，他完成了一生的所有重要作品，而第一部就是 1908 年出版的《三四郎》。[33]

11

《三四郎》

按照日本传统，新年后的 7 天全部商业都关门休假。¹ 这段¹⁵⁴
时间里大家就会走亲访友。由于商店歇业一周，妻子和仆人们
必须提前准备好特别的节日食物：饺子、蔬菜和年糕一起煮，
即新年料理"杂煮"。杂煮和其他菜肴一起放在一层层的饭盒里
（镜子曾描述在熊本的新年期间，懊恼地突然发现家里没有红薯
了）。家里还会备好大量的屠苏酒，所以，从新年起到 1 月 7
日，每一天都是开放的家庭派对。

1908 年的新年这天，早稻田的漱石家里是一片热闹的节日
气氛。宾客高朋，络绎不绝，来客包括小宫丰隆、俳句诗人松
根东洋城、森田草平、铃木三重吉、《杜鹃》的总编高滨虚子、
科学家寺田寅彦等。自然也少不了对酒畅饮，嬉笑打闹。森田
穿了一身定制的西式长礼服，惹得众人大笑，被戏称花花公子。

随后不久进门的高滨穿着绣有家徽的日式和服，还搭配了一条非常正式的袴——同一间屋，如此强烈的风格差异，这在当时的日本很有代表性。

这时，有人提议"唱"能剧（我想我应该用日语"謡い"，"谣"是"唱"的书面语）。漱石在熊本时参加过当地的能剧活动，大家便邀请漱石为大家表演节日曲目。高滨会打能剧小鼓——演奏时左手把小鼓架在肩膀上，右手敲击鼓面——于是就派人力车到自己家取来小鼓。小鼓到了后，厨房先端来了一个火盆，在温暖的环境里小鼓可以呈现最好的音质。漱石开唱，高滨配合着一边砰砰敲鼓一边和着呼喊。然而漱石却唱不下去了，镜子回忆说："他的嗓子开始发颤，后来干脆不唱了。"漱石和大伙儿一起自嘲。高滨只好替代漱石，独自一个人完成了表演。[2]

让业余歌手表演 14 世纪的能剧，就好比是让歌迷唱歌剧的咏叹调。但是，这个比方并不恰当，因为能剧的文本是不带乐谱的。能剧是被唱出来的，根据一种记谱法，调节声音的升降和节奏的变化。《少爷》里有一段，主人公听房东在唱能剧，讥笑地说道："读出来听不懂的文字，谣出来就能懂，这就是谣的艺术魅力。"[3]职业能剧演员从孩童开始接受训练，5 岁甚至 3 岁就开始上台表演儿童角色。（从观世流学校毕业、被认定为"人间国宝"的能剧演员坂井音重，常说自己在妈妈的肚子里就开始学习了。）在舞台上唱剧时，优秀能剧演员发声讲究，如同从一个无底深渊里穿透出来一样，浑厚低沉又极具穿透力，透过木质面具可以传出很远距离。这种伟岸的嗓音，业余者也只能装一装，却永远无法学到位。漱石的嗓音据说有一点"细"，甚至"尖"。镜子并不欣赏漱石的表演，而且喜欢直接告诉漱石自己的态度。（有一次在熊本，为了反驳镜子的批评，漱石坚持说自己的表演比同事们技高一筹，他们的谣曲就像"浴缸里冒出的屁泡"。）漱石的一个学生，萧伯纳研究学者野上丰一郎，给出比较中肯的评价说："虽技巧上仍有不足，但也不是毫无希望。他声音响亮，音质清脆。"[4]

新年的欢快表演让漱石重新燃起了对谣唱的热情，他开始每天晚饭后练习一段。高滨给他介绍认识了能乐大师宝生新，漱石请他每周来家上两次课，每月学费 9 日元。这个课程断断续续进行了 8 年，情况时好时坏。关于上课时间，漱石对他的老师提出了诸多要求，但我们并不清楚老师是否认为漱石是个有前途的学生。对此，宝生新在出版的回忆录中出言谨慎。出于各种原因，这位老师经常在最后时刻突然取消课程。为了准备上课，漱石往往花好几个小时练习，因而很是失望，甚至生气。1916 年 4 月，漱石在去世前 7 个月的时候，结束了和宝生新的能乐课程。

在漱石的影响下，他的好几个学生也开始练习能乐。小宫紧接着开始学习，随后是安倍能成[5]和野上丰一郎。松根原本就是观世流学校能剧表演专业的优秀学生和业余表演者。根据野上丰一郎的说法，当这名《朝日新闻》的执行编辑在场的时候，周四沙龙更像是能剧排练团，反而不像文学聚会。"我们的全心投入，看起来有些怪异，"丰一郎说，"我说不出来，是哪里不太对劲。"[6]森田和铃木三重吉拒绝加入。

从 1908 年起，漱石在日记和信件中频繁提及能剧的谣唱。只要胃病不严重，漱石就会以追求诗歌——以及后来对绘画——的热忱，去练习谣唱，不分昼夜。

7 月和 8 月，深具野心的漱石开始探索新形式，着手写《梦十夜》，笔触细腻，以超现实主义的手法表现梦境和死亡。[7] 此时，《朝日新闻》通知他，岛崎藤村的《春》将于 8 月中旬完结，漱石该接着创作新的小说连载了。7 月初，漱石开始动笔，题目是《三四郎》，并于 10 月 5 日，用了 3 个多月的时间，完成了整部小说。速度已是惊人，但漱石依然烦躁不安。8 月 31 日漱石给高滨虚子写信："《三四郎》毫无进展。昨天，我还没坐稳，就来了客人。我认为这是上天安排的厄运，我服从地把笔扔一边了。"[8]

8 月，他给艺术文化版块的编辑去信，请求发布一则广告，宣传他的新小说。他给了四个可能的题目：《青年》《东和西》《三四郎》和《平地》。"如果你能从中选一个，我将不胜感激，"他写道，"我最中意《三四郎》，因为这个名字最普通。问题是，也许读者会因此不感兴趣。"[9]

像漱石这样风靡全日本的大作家，通常是不会让编辑定题目的。然而，漱石迟迟无法抉择，题目拟定十分困难。随着时间的推移，我们发现，实际上漱石根本不在意题目，这一点实在难以理解。

漱石在信的最后一段做了总结，

"从乡下的高中毕业后，三四郎来到东京的大学读书，步入一个全新的世界。他和同窗、师长以及一个年轻女子的关系，深刻影响了他生活的各个方面。对他来说，能否不受周遭人的影响，是一个不小的挑战。然而，他们都是自由的个体，当然来去有踪、踏水溅浪。我相信，在这些人物的影影绰绰之中，读者和作者都会情不自禁地去关注和了解这个全新世界。如果说，这个世界缺乏读者想要的新鲜感，或者说人物缺少吸引读者的魅力，咱们也都只能接受命运的糟糕安排了。和往常一样去写作，我在写这部小说时，不会刻意哗众取宠。"请使用以上文字作为广告吧。[10]

　　漱石的这段总结虽平淡无奇，但可以折射出他创作方法演变的某些关键之处。我们需要从故事情节中自己去观察背后的环境。漱石把故事看作一个媒介或工具，就像马车的轮子一样，故事中的人物自己去揭示命运，故事本身不做说教。漱石的写作风格和日本传统的类型化写法分道扬镳，他站到了同时代西方文人倡导的现实主义队列中。

　　在漱石开始写《三四郎》的时候，脑海里已经有了一个清晰的人物，就是女主美弥子，然后根据这样的人物，创造了一个对应的故事背景，就像在"广告"里说的那样，随着故事情节的展开，人物完成自我揭示。漱石曾和森田草平一起讨论作家平塚雷鸟和德国作家赫尔曼·苏德曼的《过去》（*Es War*，1894）的女主人公。漱石当时刚刚读完《过去》的英文译本（*The Undying Past*，《不死的过去》），提出了"无意识的伪善者"的概念，声称要写一部展示其中矛盾的作品。[11] 毫无疑问，美弥子诱惑了淳朴的乡下穷小子小川三四郎，但是她的引诱举动是有意识还是无意识的，则无法得知了。漱石创造了一系列游离暧昧的女性形象，如《草枕》中的那美，《虞美人草》中的藤尾，《春分之后》里的千代子，还有分手之后还频繁出现在男主梦里的爱人——《明暗》里的清子。漱石笔下的这些女性，诱惑、折磨着追求她们的男人，令人捉摸不透。[12] 美弥子神秘、模棱两可的态度，推动着三四郎的彷徨迷茫，构成了故事叙事的主要张力，为这部不完全成功的小说增加了趣味。

小说多处地方显示，漱石在探索合适的叙事方法塑造人物形象。三四郎去画家的工作室看美弥子做人物模特，画家做了一段精彩的评论，感慨艺术家的追求和目标：

> 画家不画心灵。他要画的是心灵的表情，是心灵流露在外的样子，如果画家能准确地观察和捕捉到这些外在的表现形式，那么心灵的样子自然会呈现出来。而那些不能从表面领会的心灵特点，画家也是没有能力画出来的。所以，我只画肉体。当我画美弥子眼睛的时候，我不想通过眼睛画出她的心灵。我要画的是，眼睛的形状，睫毛的阴影，瞳孔的深邃，我只画我肉眼能看到的东西。最后的作品，碰巧能显示某些神情。如果神情不符，说明我用错了颜色，画错了轮廓，或是其他。[13]

画家的这番说辞和约翰·拉斯金①关于观察的看法是一致的："观察每一个细节，准确地描绘每一个微小之处，那么表面之下的真理自会浮现。"漱石曾大量阅读拉斯金的作品（他的书房里藏有6卷《现代画家》），还曾经在《文学论》中引用过他的美学理论。[14]

《三四郎》不是第一部描写新日本青年的小说。1895年，评论家和翻译家坪内逍遥（1859—1935）发表了《当世书生气质》一书，书中描绘了东京的年轻学生和他们的生活，讲述了一个看似无望却以欢喜结局的爱情故事（很有违和感）。坪内逍遥的小说创作遵循他自己提出的文艺理论，他同年发表评论文章《小说神髓》，并提出现实主义的观点，对日本文学界影响甚大。《当世书生气质》的阅读对象主要是青年学生，在学生中广为流传。坪内逍遥通过细致深刻的人物和环境描写，如学生宿舍、街头饭店等，部分达到了他提出的现实主义的标准。但是，他的小说最终没有流行起来，原因当然不是他推翻了类型化的"惩恶扬善"的写作模式，而是因为他的新小说中夹杂了太多19世纪的情节剧桥段。小说曾相当流行，但时间很短。

相比之下，《三四郎》长时间占据畅销书榜。读者们被主人公的绝对乐观主义和善良所吸引，跟随着他不知疲倦的双眼，观览20世纪初的东京生活场景。小川三四郎23岁，从熊本五高毕业来到大都市，入读东京理工大学后，遇到各色人物，大开眼界，见识到复杂的现代社会。在这个美丽新世界，他初遇

159

---

① John Ruskin（1819—1900），英国美术理论家、教育家，是最早提出现代设计思想的人物之一。

了科学和政治，诽谤和谣言，当然也遇到了爱情。在三四郎的朋友中，有愤世嫉俗的哲学家广田，他的悲观实际上反映了漱石的世界观；广田以前的学生野野宫宗八是一个科学家，原型是寺田寅彦；佐佐木与次郎是一个大大咧咧的大学生，照顾广田先生的生活起居（原型有可能是铃木三重吉）；里见美弥子，让三四郎心神迷乱的"无意识的伪善者"。

故事围绕着三四郎对美弥子的痴迷展开。第一次遇到美弥子时，三四郎正坐在校园中央的一处水池边沉思，这时美弥子和女同伴路过，美弥子扔了一朵白花在他脚边。（这个池子此后就被称为三四郎池。）第二次相遇是在医院，三四郎去给科学家卧病在床的妹妹送和服：

> 三四郎猛地一惊，走向走廊的脚步忽然慌乱起来。明亮的光芒中，从走廊的尽头移步过来一个侧影。她向前走了一步，三四郎也不由自主地向前一步。两个人相互靠近了，命运般地必须在此相遇。这时，女子突然转头向后看去。外面明净的空气中，浮动着初秋的明亮绿意。她眼里似乎什么也没有看到，原本就没有什么等她的回首一望。这会儿，女子的姿态和服饰映进了三四郎的眼里。
>
> 和服不知叫什么颜色，倒像是那日在校园相遇时，池塘里倒映的一团常青藤。鲜艳的条纹如长长涟漪般忽而聚合，忽而散开，条纹在重叠时变粗，旋又分离开来。和服上的图案虽不规则但不至于凌乱。三分之一处束着一条宽大的腰带。腰带呈暖黄色，给人一种柔和的感觉。

160

当她转过头的时候，右肩向后倾斜，左手向前伸出腰际，手指间拈着一条手帕，手帕丝滑地伸展，大概是绢织的吧。下半身依然保持端正的姿势。

女子又转回头，低眉向三四郎走近两步，突然微微地抬起头，看向眼前的男人。一对修长的双眼皮，深色的眉毛，眼神沉静，明眸流转，皓齿溢光，映衬着那样的肤色，三四郎再也难忘记这副脸庞。

女子轻轻向前一弯腰，三四郎心下一惊，却不是因为受到陌生女子的问候礼，而是惊叹于女子那优雅的姿态。她腰部以上的肢体，宛若轻盈的纸张，随风轻盈地飘落。如此迅捷，当低到标准角度后就分毫不差地停住了。这样的鞠躬，显然不是被教出来的。[15]

这个段落描写细致，微妙传神，透露出清晰的女性气质，又传递出含蓄的暧昧诱惑。有意或是无意的，美弥子施展着魅惑。后来，等她再提起这次相遇时，她依然保持这种模棱两可的暧昧态度。

很快，他们开始第一次交流。两人相遇在一处公寓，都是受托来为广田教授和与次郎入住做准备的。美弥子像上次那样略略施礼，眼睛看着三四郎。三四郎脑子里冒出一个英语单词，"voluptuous（肉感）"，他的美术老师讲解让·格鲁兹的绘画时使用的一个词。

接下来的礼拜天，美弥子邀请三四郎、广田教授、野野宫及其妹妹去看菊花节玩偶展。看到野野宫正在别处忙着时，美

161 弥子迅速随着人流离开，三四郎匆忙跟随。走了长长的一段路后，他们甩开了喧嚣的人群，来到小溪边的空地，两人有一段颇为尴尬的对话：

　　"广田老师、野野宫他们想必在找我们吧。"三四郎像是忽然想起来才说道。美弥子的回答十分冷静：

　　"谁会在意呢！我们都长大了，不再是迷路的孩子了。"

　　"但我们毕竟是走丢了呀！"三四郎坚持说道。

　　"他巴不得呢，这样可是卸去了他的包袱。"美弥子说到这里的时候，语气更加冷峻。

　　"谁？广田教授？"

　　美弥子不作答。

　　"你是指野野宫先生？"

　　美弥子不出声。

　　"你感觉好些了吗？如果好点了，我们往回走吧？"

　　美弥子望着三四郎。刚起身一半的三四郎，又坐回到草地上。此刻，他觉得自己不是这个女人的对手。他清楚地意识到，自己的内心已经被对方看穿，由此产生了一种模糊的羞辱感。

　　"迷路的孩子。"她嘴里念叨着，眼睛依然望着三四郎。此时轮到三四郎不吱声了。

　　"你知道这句话在英语里怎么说吗？"

　　三四郎被这突然抛过来的问题问呆了，愣在那里不知该如何回答。

"我教给你吧?"

"嗯。"

"Stray sheep〔迷途羔羊〕,懂吗?"

他似乎是懂,又似乎是不懂。但不是不懂这个词的意思,而是不确定这个女人此处的意思。他盯着她的脸,却找不到答案,于是沉默。此时她忽然严肃起来。

"我是不是太傲慢了?"

她语气似乎含着歉意。三四郎被这意外的感受打动了。以前她就像被一团迷雾遮住,他多么希望迷雾散去。她的这句话驱散了浓雾,露出她清晰的身姿。三四郎又觉得这雾散得有点可恼。[16]

这个场景的结尾处,两人要跨过一道水洼,美弥子不愿接过三四郎伸出的手,结果却重心不稳扑在了三四郎的两只胳膊上。这害得三四郎上课也心不在焉,笔记本上写满了"stray sheep(迷途羔羊)"。这时美弥子给他寄来了一张撩人的明信片——这还是无意识的吗?——美弥子在明信片上画了两只迷路的小羊,一起躺在河边的青草地上。三四郎看了后,被背后的隐喻迷得神魂颠倒。

但是,他依然迷茫。"最近他被一个女人迷住了。要是被爱人迷住,倒也算是甜蜜的囚禁。可是他不确定,对方对自己,是迷恋还是戏弄。"

很快,如晴天霹雳,三四郎从朋友那里得知美弥子结婚了。"确定吗?"他茫茫然地问。"我也是听说的,并不能确定。""是

162

野野宫吗?""不是野野宫。""那……"他沉默了一会儿问,"你知道是谁么?""不知道。"三四郎默默听着,内心里翻滚着,自己真是太愚蠢了,居然爱上了美弥子,脸上却不动声色。即便他内心已经崩溃,脸上也绝不会露出一点破绽。

三四郎没有参加婚礼,但却陪朋友去观赏了美弥子的肖像画。他在这幅题为《森林之女》的画前徘徊着,与次郎问他画怎么样。"题目不合适。""那该叫什么好呢?"三四郎没有回答。但他心里却反复回响着,"迷途羔羊,迷途羔羊"。故事到这里,似乎三四郎已经成熟地认识到,他和美弥子一样,都是人生的流浪者。[17]

尽管遭遇挫折,三四郎大部分时间都努力保持乐观精神,始终不弃真诚和善良的本性。有了这番阅历,三四郎依然保持对世界的真诚态度,这在漱石小说中极为鲜见。也许,当漱石创作三四郎的时候,内心依然存着一片热望,虽然世间可恶之事不断,但或许纯真还能有一席生存之地,"他在去东京的路上。他要去读大学了。他将遇到知名的学者,和优秀学子共事,泡图书馆,做研究,发文章。世界将为他鼓掌,母亲会为他高兴"[18]。接着,他继续这种乐观想象,三四郎开始设想未来的生活,"把母亲从乡下接过来,娶一个漂亮的妻子,自己专注于学术追求——没有什么比这更美了"[19]。

163　　但是,三四郎也不总是这样阳光灿烂。他虽然是乡下小子,未经世事,单纯无知,但不是个头脑简单的呆瓜。面对生活的不确定性,他也备受嫉妒、焦虑和恐惧的折磨。在一个宁静的秋夜,他替科学家照看房子,在黑暗中听到一声喊叫:"啊,不会太久了。"他听到的是"呐喊中的彻底放弃，不存任何得到回应的期待"[20]。恰好，远处响起了火车的轰鸣，他突然觉得，先前的那声徒劳的喊叫和此刻的火车仿佛是宿命一般地关联，他不由打了个冷战。结果，他的感觉成了预言。他看到有人提着灯笼沿着铁路走过来，顺着灯光他看到一具尸体，原来是一个年轻女子，火车从肩膀到腰部一碾而过，唯有脸面完好无损：

> 那张面孔和那声夜晚的喊叫，一定潜伏着残酷的命运。想到这里，三四郎发现，我们原以为无比坚韧和实在的生命，不知不觉就会变得松弛散漫，在黑暗中漂流远去。三四郎感到心灰意冷，惶恐不安。那不过就是火车轰隆的一瞬间，在这之前，她还是活着的。[21]

这种不安情绪在小说里倏忽即逝，却给全书笼罩了一层阴影。结尾部分，三四郎的身影似乎走进一片黑色区域，此后，漱石的诸多角色将陆续加入这片黑色。

可以确定的是，三四郎的原型是小宫丰隆，漱石形容这位学生是他见过的"最高贵的人类"。小宫也从故事中认出自己。在回家探亲的火车上，他读了第一回，随后在日记中写道："我感觉，《三四郎》写的是我的故事。"两天后，他又写道："三四郎这个角色，真是越来越可疑了。"[22]

1929年，在漱石去世13周年纪念日上，小宫公布了自己1908年和1909年的部分日记，这段时间正是漱石创作《三四郎》和后一部小说《后来的事》的时期。当时小宫26岁，是文学沙龙核心圈里年龄最小的学生，东京帝国大学德语文学专业的大四学生。他在日记中记录了师生间的亲密时光。通过这些文字，读者可以看到一个热情、诚实的年轻人，小宫把漱石看作老师和亲人，他和镜子以及孩子们都关系很好，尤其溺爱当时9岁的笔子。[23]

（1908）1月1日，在先生家。

1月2日，在先生家。

1月3日，在先生家。

1月4日，在先生家。师母送给我一个精美的钱包。晚饭后离开，去给亲友们拜年。

1月9日，在先生家。野上［丰一郎］也来了。森田［草平］、［高滨］虚子也都来了。先生提议和高滨谣唱能剧。我们其他人就到走廊打牌了。

1月23日，先生查出糖尿病。我记得，歌德也有糖尿病。

1月30日，和虚子、森田及寺田在一起。

3月7日，今天我生日。晚上去了先生家。吃了红豆、大米和海鲷汤、海鲷生鱼片、味噌烤海鲷。在先生家过夜。

3月26日，（周四）先生家。头疼。森田也在。在先生家过夜。

3月27日，又住了一天。

3月28日，回到宿舍。我不想离开先生家，至少当我上床睡觉时，我希望是在先生家。

3月29日，师母带着笔子和恒子过来看我。我们一起去神田的锦辉宫[24]看电影。

3月31日，先生来了。天气很好，先生到朋友们家串门……我们一起去了浴室。然后回到我的宿舍吃了些牛肉。他大约9点离开。

4月6日，卧病在床，笔子过来看我。她左手捧了一束山茶花，右手抱了一篮橘子和苹果。我当时正觉得孤单，看到她来真开心。我们一起吃了晚饭，然后送她回家。

4月11日，先生来看生病的我，我很开心。正在康复中，没有能合乎礼仪地送先生。

4月14日，师母邀请我一起去看歌舞伎。我问先生去不去，她说可能会晚些吧，先生最后没有去。

4月16日，我去先生家。晚上过夜。

4月23日，在先生家，过夜。

4月25日，师母带着笔子来了。我们一起出去吃晚饭，饭后在神田散步，回到家10点。

165

4月30日，我写完毕业论文了。写完的第一时间，我想拿给先生看。我花了5天的时间重新誊抄整齐，可是当我再读一遍，忽然觉得很糟糕，我确实放弃了拿给先生看的想法，越发觉得难过……

5月10日，师母说笔子很喜欢我，让我等她长大后娶她为妻。到家10点。[25]

5月15日，21日，28日，我在先生家过夜。

9月24日，（周四）先生家。今天下雨，就我一个人。

我们闲聊了一会儿。在先生家过夜。

9月27日，和铃木三重吉在平野酒屋喝酒，感觉我俩就像三四郎和与次郎。

10月1日，在先生家，过夜。

10月6日，在先生家。师母举办派对庆祝我毕业。寺田正好获得博士学位，一并庆祝。[26] 寺田、铃木和野上都在。

10月8日，在先生家，过夜。

10月9日，我把《三四郎》草稿拿到了朝日新闻社。

1909

1月24日，笔子来了，我带她去锦辉宫看电影。

1月25日，我去朝日新闻社给先生领薪水。

1月28日，在先生家。所有仆人都离开了，简直是灾难。[27]

2月4日，在先生家。我走进书房，先生说，"我读过你［登在《杜鹃》上］的论文了[28]，很好！"他看起来很放松，脸上的表情似乎在说"你做到了！"……

2月5日，先生请我去玉亭吃烤鸭。我感觉是因为我的论文奖励我，激动得无法形容……

2月25日，在先生家，过夜。

3月7日，（周四）在先生家，过夜。

3月12日，从今天开始，我和先生一起读一本安德列耶夫的德语译本。

3月13日，先生说他很喜欢德语，希望我每周都陪他学学德语。

3月21日，先生说："我想给森田的《煤烟》写评论文章，但是马上就要开始写新小说［《后来的事》］，怕是没有时间，我希望你来写一篇。"

3月24日，给寺田先生送行。[29] 星丘茶屋。菜品奇怪，花了3日元。我去借先生的袴，在先生家过夜。

4月8日，在先生家，过夜。

5月1日，先生家。

5月4日，明天回老家［京都］。笔子要我早点回来，不要错过她的生日。

5月22日，25日，27日，28日，30日；6月1日，3日，4日，6日，8日，都在先生家。

6月24日，（周四沙龙）叶理绥也来了。[30]

8月1日，3日，在先生家。

8月14日，先生完成了《后来的事》。[31]

1909年9月2日，漱石接受中村是公的邀约，前往中国满洲和韩国旅行，小宫丰隆的日记就此结束。

12

爱情两部曲

　　《后来的事》和《门》分别写于 1909 年和 1910 年，是当时
十分畅销的两部曲作品。《后来的事》里的主人公和最好朋友的
妻子发生畸恋，结果是被社会放逐，还差点疯掉。《门》讲述了
一对"生活在深渊阴影下"的夫妇，他们曾违背世俗道德，而
不得不离群索居，相依为命。这两部姊妹小说贯穿相似主题，
并加以戏剧化放大，这一主题逐渐成为漱石愤世嫉俗、日渐怨
愤的人生观的核心：追求自我（大概是西方个人主义引发的问
题）的代价是被排斥、忍受孤独和生存的痛苦。

　　《后来的事》讲述了一个生动的故事，由人物命运揭示深刻
主题。主人公长井代助是个美学家和知识分子，独自一人带着
一个男仆生活，家里有一间西方图书藏书室，都是用父亲每月
给的生活费购买的。他无忧无虑的单身汉生活在曾经的挚友及

其妻子——平冈和三千代——回到东京后结束。平冈事业遇阻，因借高利贷而陷入经济危机。三千代经过思想斗争后，去找代助借钱。两人谈话气氛尴尬；三千代用一只手遮住了结婚时代助送她的戒指。

故事用极为简洁的笔触交代了他们在学生时代的友情，对一些问题语焉不详。在东京求学时期，代助和平冈先后喜欢上同学的妹妹三千代。两年期间，4个人经常结伴玩耍。后来三千代的哥哥因伤寒病去世。"那个秋天，"没有任何铺垫地，故事突然转折，"平冈娶了三千代。代助是中间撮合人。这对夫妻于是搬走去了京都生活，直到此次回到东京"。

渐渐地，三千代和代助之间的爱情之火再次被点燃。二人 从未明白说出，而是把感情压抑在暗示和暧昧中。即便如此，漱石还是写出了很多热烈、激情的场面，1910年的日本读者还只习惯于温情脉脉的作品。三千代去拜访代助，感谢他借给她200日元。三千代来的那天，大雨瓢泼。（漱石经常把大雨当做窗帘一样，为人物把外面的世界挡住。）三千代问代助，可否用他饭后漱口的杯子喝水。代助起身给三千代去拿干净杯子倒水，等他拿着一杯茶回到屋内时，却吃惊地发现，三千代用了他的漱口杯，从铃兰花的瓷盆里接水喝过了。代助茫然，读者也会吃惊。三千代的轻率举动流露着亲密。

漱石细致地营造着情欲的漩涡。三千代望着代助用手拨弄着她放到瓷盆里的兰花，这些大一点的兰花随着水波，漂向水面的铃兰，交簇一起。看到他对兰花如此随意，三千代忍不住问他，什么时候开始不喜欢兰花了。这让代助回想起，自己过去曾为三千代和她兄长特意摆放可爱秀丽的兰花，总觉得欣赏兰花太费力气了。此刻的代助只能惆怅地微笑着。

得知平冈出门，代助去三千代家中拜访：

> "你为什么还不结婚呢?"她问。再一次，代助无法回答。默默地望向三千代的脸庞，他盯着她的双颊渐次消尽了血色，脸色越来越苍白。他第一次意识到，和她如此相向而坐，是危险的。只消两三分钟，从心底自然流露的话语和情意，就能驱使二人超越道德的准绳。即便谈话跨向那道边界，代助明白，他得控制好对话，得随时折返，仿佛什么都没有发生过一样。代助不想用他在西洋文学中读过的暗示性挑逗话语；那些情话太过于露骨、放肆和直接。在原来的语境中，倒不觉得不适，译成日语就总会漏掉一些情趣。代助丝毫不想借用外国语言，来发展他和三千代的关系。在他们之间，日常语言完全足够他们的交流表达。然而，即便是日常语言，一不留神就会不知不觉滑向危险的境地。代助用心提防着，每到还有一步之遥就要坠入危险的时候，他就极力留住脚步。[1]

彼此的向往之情不断积蓄着，直到代助不得不说出来。他把三千代叫到自己家，两人一起回忆过去。隔阂和距离一点点消融，代助袒露心迹：

> "我的生命里需要有你。无论如何都不能没有你。我今

169

天特地找你来，就是为了想告诉你这件事。"

代助的话语里，没有那些情人之间常用的甜美华丽言词。他的语调和语言一样，简单、朴素，又透着严肃。此刻就像童谣里的故事一样，单单为了这句话，就急匆匆把三千代叫来，仿佛是件重大的急事一样。三千代是能够理解这种不流世俗的急切的。她对世俗小说里男女青年之间的措辞毫无兴趣。事实上，代助的话没有给她带来任何感官的刺激。他的话，绕过感官，直抵她心。泪水从三千代振颤的睫毛间流出来，打湿了她的双颊。

"我希望你答应我，就请答应我吧。"

三千代依然在哭泣。她完全无法回答。她从袖口掏出手帕捂住了脸。代助把椅子朝三千代靠了靠。

"你会答应我的，对不对？"

三千代仍然捂着脸，抽抽搭搭地说："我做不到！"她的话隔着手帕传出来，如电流一般直击代助。他痛苦地意识到，自己的表白实在太迟了。如果要表白，他也应该在三千代嫁给平冈之前，就鼓足勇气告诉她。听着她抽噎着说出这话，他心如刀割。

"我应该在三四年前就向你表白。"说完这话，他陷入绝望的沉默中。

三千代突然把手帕从脸上拿开，红肿的双眼朝代助看去。

"我不需要你告诉我，可是为何——"她迟疑了一下，又决定说完，"当初为何抛弃我？"[2]

　　二人的谈话开始超越日常交流的界限，奔向大胆和露骨的领域：

　　　　"三千代小姐，请诚实告诉我，你爱平冈吗？"三千代不语。她的脸色越发苍白。她的双眼和嘴巴紧促地微动，分明地写着痛苦。代助又问：

　　　　"那么，平冈他爱你吗？"

　　　　三千代依然低着头。问完问题后，代助已经准备要下定决心了。三千代突然抬起头。她的面容放松了下来，之前紧促的焦虑和痛苦几乎消失了。她的泪痕也几乎不见了。脸色越发苍白，但双唇不再颤抖，恢复了沉静。从那双唇温柔地吐出坚定的词语，几乎是一个音节一个音节地说出来的：

　　　　"别无选择了，豁出去吧。"[3]

　　最后一句中三千代使用的词是"觉悟"，常用于战场上表示勇于面对死亡的决心。三千代的意思是，不管二人的选择要承受怎样的后果，她都准备好了。现代日语文学中最为残酷的一幕发生了，代助拜访平冈，告诉他要带走他的妻子。他请求平冈原谅他，无论平冈如何惩罚他，他都会接受。压抑着羞辱和愤怒，平冈斥问，哪一种惩罚可以恢复自己受辱的名誉，为何代助一开始要帮助自己追求三千代，甚至曾为自己的喜悦而流泪。"平冈，"代助哀声低语，"我比你更早爱三千代呢。只是那时的我不同于现在的我。那次听你说了之后，我就想，即使牺牲我自己，也要帮助你实现你的愿望，真正的朋友就该这样。我那样做是错的。"⁴ 代助的此番解释意味深长。他的"义气"用错了地方。那时他笃定应该无私地帮助朋友，而现在他理解了自己想要三千代，依然还自私地想要三千代。从漱石冷眼看世界的视角，不难理解这个转变：折磨，往往源于自我。

代助的家人对他的行径非常生气，将其逐出家门。代助却找到了内心的平静。

> 他心里十分清楚，自己的决定是对的。他心满意足。只有三千代可以理解他的满足。而其他人，父亲和兄长，周边所有其他人都成了他俩的仇敌。这些人想把他俩推进熊熊的火焰中活活烧死。⁵

然而，在小说的最后一段，代助乘上了电车去找工作，他一路经过的、看到的一切，都是火红的意象——红色的邮箱、红色的标语、红色的伞、红色的气球，我们可看到一个走向崩溃边缘的代助。代助决心在电车上待下去，"直到自己的头颅燃烧殆尽为止"。⁶

《后来的事》里的代助是和《少爷》的主人公齐名的角色，堪称漱石笔下又一位不可磨灭、具有重要意义的人物。他是明治时代的知识分子代表，沉迷在西方书籍中，深受西方文化的影响，甚至在异域文化中迷失，想要以西方思维重新定位人生。在这个历史背景下，漱石成功地塑造了这样一位人物形象。和代助一样，漱石本人也是刚摆脱受儒家思想统治的封建社会的

171

一代，深受忠诚、个人选择服从集体利益等价值观的影响。

漱石戏剧化地呈现了代助和父亲之间横亘的伦理道德鸿沟。代助崇尚西方理性思想，父亲则信奉日本武士精神，在18岁时把一个侮辱他的恶霸杀死了。这些血腥的故事和所谓的荣耀，在他看来过分简单、无法接受。通过刻画否定父亲的代助，漱石想要呈现出明治知识分子的自负：

> 他不认为自己懒散。他只是不愿意被工作奴役，他属于更高尚的人群。当父亲跟他讲道理的时候，他为父亲难过。简单化思维的父亲，无法理解儿子对于有意义地使用时间的不同观点，这样使用时间可以硕果累累，生产出崇高的观念和高尚的情操。[7]

除了上述这些叛逆思想，代助并没有完全背弃先人的价值观。无论他多么高声地争辩自然法则高于社会法则，他还是无法避开家人因他突破禁忌而产生的愤慨。相反，家人的责难足以把他推向精神崩溃甚至更糟。总的来说，代助的困境在于他陷在两个不可调和的矛盾现实中，一个建立在有悠久历史的封建价值理念基础上，另一个却是难以同化的西式思想。代助可以被视为明治人的代表。

同时，代助是一个严谨的个人主义者。请看小说的第一段（日本读者都知道茶花象征砍断的脑袋）：

> 枕畔的榻榻米席子上落下了一朵盛开的茶花。代助昨

172

晚睡在席子上，确实听到了茶花落地的声响。他听到那重重的一声，直怀疑是皮球从屋顶投下，又因为是夜阑人静时刻，格外清晰。为了安全起见，他把右手放在左胸前，仔细检查脉搏跳动是否正常，这才踏实睡去。

朦胧之中，他看着像婴儿脑袋一般大小的花朵的颜色，他像是突然想到了什么似的，又把手放到胸口，检查心脏的跳动。他最近经常躺在床上检查脉搏。和往常一样，心脏有规律地跳动着。他想象着那深红的、温热的血液在手掌下慵懒地流动着。他想这就是生命。而现在，他正用手掌压抑着奔流的生命。这种对抗的力量，让他想到了时钟的大摆针，像警报的铃铛一样，一步一步召唤他走向死亡。如果可以就这么活着，不必听到警钟的声音——如果他身体里盛满血液的包囊，不是同时包裹着时间的话——那该有多快活！他可以尽享生命百味！然而——代助不禁惊觉。一想到自己那颗宁静的心灵却是依着血液之河的滋养才能跳动，一个被七情六欲消耗的人，他就痛苦不堪。有时躺在床上，他把手放在左胸口，想象着如果有人一榔头锤下来会怎样。他身体健康，然而总有些时候，他确信，自己是借着奇迹般的好运才能侥幸活着。[8]

这幅人物素描，尤其是心理描写，和作者高度相似：病态般关注自我，自恋又多疑，敏锐感知生命却又极度惧怕生命的脆弱。

紧扣《后来的事》主题的还有另一个：生存困境。代助被　173

无法抑制的冲动驱使，探索生命的脆弱和神秘，在意识世界里分析和查验，直到最后，他发现必须借助理性才能掌握真理。这些内心斗争最终令他神经衰弱，陷入各种困境。漱石认为，这是明治知识分子的职业病：

> 夜里他蜷缩在被子下面，意识开始朦胧的时候，他对自己说："就是这样！我就是这样入睡的！"一瞬间，他完全醒过来。如此反复，夜以继日，他被自己的好奇心折磨着，每次都是相同的结果，他觉得再也无法忍受了。他渴望从痛苦中逃离出来，他知道自己像个傻瓜一样。从模糊的意识转到清醒的意识，并尝试同时记录两种意识，就像威廉·詹姆斯说的那样，就好像为了研究黑暗，去点燃蜡烛，或者为了研究螺旋运动，去阻止它旋转。这样做的结果，注定是永远不得安眠。[9]

此外，代助反思说，自己已经失去了哭泣的能力，而这种情感无能归根结底是因为西方文明的毒害：

> 和平冈一起的那些日子里，代助是个爱为别人掉眼泪的人。可是，他渐渐流不出眼泪了。倒不是因为他觉得哭泣不够体现现代精神，所以不哭；恰恰相反，是因为他不哭泣，所以他成了一个现代人。他希望能遇到这样一个人，肩负着西方文明的重压，被围困在激烈的生存战场上，依然能为别人流着热切的眼泪。[10]

更为重要的是，假如西方文明掠夺了他的眼泪，那么他引以为傲的明见理性将驱散热切之光：

> 他确信：平日里，我们热切的动机和行为，往往都不是高尚、真诚和纯真的。它们低劣很多，取向卑鄙。那些可以热切地投入卑鄙动机和行为的人们，不是缺乏辨析、头脑幼稚的人，就是为达目的、招摇过市的江湖骗子。因此，他被人指责对人冷漠，虽然他不能明说自己的态度是人类发展进步的表现，但绝对是人类自我认知走向更清晰和准确的结果。当他审视自己的动机和行为，发现它们大多也是狡猾、虚伪和欺骗的，更加热切不起来了。[11]

174

从上面这段文字，我们可以看出漱石对人类的怀疑和讥讽，这种愤世嫉俗的精神深入到漱石的内在思想。我们同时对《后来的事》的悲剧结尾产生了怀疑。代助笃信理性，并认为自己是个理性的现代人，既然如此，他怎么会屈从爱情，让头脑听命于内心，成为一个自然人而不是社会人？我们是否可以这样理解，在激情的控制下他虽然把理性调成了静音，却依然无法抵御违背禁忌带来的负罪感，从而一步步走向崩溃？[12]

小说《门》生动刻画了一对寻求宁静的夫妻，它让我想起了贝多芬的弦乐四重奏：一部压抑和克制的杰作，和弦的不同音之间，如夜空的星星们，虽遥远亦能呼应。宗助和妻子阿米住在一道斜崖山脚的房子里，山崖遮挡住阳光，房子总在崖影里。外部的自然环境，实际上也映射了他们的内心情感生活。

他俩"拒绝阳光，抱团去抵御难以忍受的寒冷"，和外界完全隔离，只依赖彼此，相互安慰，并从彼此的依赖中肯定自我存在的价值。

罪恶发生在小说叙事开始的 6 年前，阿米背叛爱人，和宗助私奔。他们现在的生活笼罩在罪恶感中，陷入宿命般的痛苦而无法自拔：

> 他们绝少讨论过去。有时，他们似乎达成了默契，回避过去。偶尔，似乎为了安慰丈夫，阿米会说："我看一定会好起来的。不能老是这么倒霉下去啊。"虽然知道阿米是好意这样慰藉自己的，宗助还是忍不住会觉得，这是命运的毒舌借着阿米之口在嘲弄自己呢。于是，他也就苦笑一下，一言不语。如果妻子没有留意而继续说下去，他最终会脱口而出："但是我们哪里是有权利过好日子的人啊！"妻子马上就闭上嘴不作声了。夫妻俩在沉默中相向而坐，不知不觉让自己陷入到他俩造孽的往事回忆中。[13]

《门》的叙事结构非常精湛：在小说的前三分之二，读者一直被蒙在鼓里，不知道 6 年前的大背景。作者只用三两句交代说，宗助在二年级的时候不得不从京都大学辍学，然后和阿米搬了几次家，先是从京都搬到了广岛，1908 年的时候又搬到九州岛偏僻落后的福冈，过了两年流浪困顿的日子后，最终搬回了东京。文中也夹杂了大量隐晦的暗示，不断出现诸如"报应"等字眼，让故事更加扑朔迷离。看似风平浪静的叙事表面也不时冒出预兆性的漩涡，似乎指向某种惊天骇浪。比如，宗助和阿米说起房东坂井，想要解释住在山顶的坂井家为什么可以氛围欢快，宗助随意地说："钱不是最主要的。是因为他们有很多孩子。哪怕家境贫寒，孩子也往往能带来许多欢乐。"这句话对阿米却是一个不小的打击，那天晚上就没再说一句话。此后，夫妻俩便极为小心地回避类似话题。

"你以前说，没有孩子的生活是没有欢乐的。"

"我不是说咱俩。"宗助辩解道。

"但你总觉得咱俩的日子过得孤单了，所以说出那样的话也不奇怪……"

"我不否认咱俩有些孤单，"宗助斟酌措辞，小心翼翼，却只能给出一个勉强的安慰，"管他呢，该怎样就怎样，不要多虑了。"但是阿米依然心事重重："我为你感到难过。"[14]

从对话里，读者得知一些零星过往。比如，阿米曾三次怀孕，却都不幸流产。而阿米非常确信，这是对她过去行为的惩罚。什么行为？叙述依然隐隐约约。接着，阿米去看算命先生，算命先生确认了她的担心，"你自己清楚的，你对别人犯下了不可饶恕的罪行。这是遭报应呢，你的孩子活不下来的。"[15]

故事的发展线索表面看是金钱。宗助被叔叔骗去了一笔遗产。现在他的婶婶又来信说，没办法资助宗助的弟弟小六继续读书了，因为她自己的儿子，一个失败的商人，需要经济援助。这个家庭矛盾被叙述得非常平淡，没有什么戏剧性冲突。实际

176

上，故事发展的真正张力在于表面上日常的平庸枯燥和深层次过去的暗涌起伏之间形成的冲突。漱石在《后来的事》开始尝试这种叙事策略，《心》（1914）继续使用这种叙事技巧，并在最后一部小说《明暗》（1916）中达到了炉火纯青的地步。漱石的写作风格独特，和其他作家，如屠格涅夫，迥然不同。这位俄罗斯现实主义作家喜欢描写现实世界当下的矛盾冲突，比如在《父与子》和《初恋》中，通过一位转折性人物的出现，引导矛盾发展。

在《门》的故事叙事中，一直等到第 14 章，漱石才缓缓打开遮蔽的幕帘，显露出始终秘而不宣的隐情：

毋庸置疑，宗助和阿米称得上是一对关系亲密的夫妻。两人共同生活了 6 年之久，不曾有半天的争吵和反目，也从未因争论而红过脸。两人除了去绸布商店买料子做衣服，去米店买粮煮饭吃，其他方面很少求助于社会。换句话说，除了从社会获取一些日常必需品，他们几乎不承认社会的存在。即便如此，他们最基本的需求其实是彼此的相依，相依为命满足了他们的生活需求。这座他们栖居的城市，无异于大山、大河⋯⋯

他们和外在世界的联系微乎其微，把大部分时间花在了解彼此的心灵上。有时，他们的生活沉降到了彼此生命的最深处。在世界的眼中，他们还是过去的那两个人。然而在他们自己眼中，他俩已经融合为伦理上难以剥离的一个有机整体⋯⋯

两人日复一日，如胶似漆，亲密无间，不知不觉地眼睛都只落在彼此身上。他们有时也会敏锐地体察到彼此对亲密的渴求。每当这时，两人不禁回首过往，历数一起度过的亲密岁月，以及为了冲动的婚姻付出的沉重代价。颤栗之中，他们双膝跪下，屈服于报复他们的大自然。而同时，他们还会点上一炷香，献给赐予他们幸福的爱神。他们被鞭笞着走向死亡，同时深知，那鞭子的末梢是抹过蜂蜜的。[16]

漱石这是在用反讽手法吗？他是在讽刺宗助和阿米不过是自欺欺人地舔舐伤口吗？或者，他想说，宗助和阿米在自我封闭中实现了心心相印，获得了美满幸福吗？不久之后，他又转变立场，说两颗心不可能像一颗似的跳动。不管怎么说，《门》的这段故事让我们看到，漱石至少相信，也许真爱难寻，亲密关系还是可以实现的。

故事一直隐而不提宗助和阿米过去犯下的禁忌，故事节奏平缓，没有戏剧性转折，如同船到桥头自然直。漱石通过宗助的大学好友安井，把读者带入到过去。暑假后宗助去拜访朋友，在房子后头看到一个穿着和服的女孩，隐约一瞥后，女孩没再露面。一周后，安井给宗助介绍这位姑娘，"这是我的妹妹"。[17]宗助和她单独待了一小会儿，并简单聊了几句。然而，两人之间的情愫已暗暗推动命运的车轮：

虽只有三言两语，但宗助把每个字都记在心里。这些话都是平常人普普通通的寒暄之词，寡淡得像白开水似的。他甚至数不清自己在马路边和过路的人这样随意对话有多少次了。

每当回忆起两人的初次见面，他十分确定，他们说过的每句话都是那么地平淡无奇。然而，正是这些毫无色彩的话语为他们勾勒出火红妩媚的未来图景。随着时间的逝去，那片明亮的鲜红色褪去了最初的活力。最初炙烤着两颗心的火焰也消散了，日子坠向暗沉。回溯过去，倒退着思量一桩桩往事，宗助吃惊地发现，这段很日常的对话竟然如扩散的乌云，一步步让他们的日子陷入昏暗之中，他心下害怕了，命运竟有化平凡之事为恐怖事件的神力，宗助不由心生恐惧。

宗助的回忆，如一帧帧停滞的画面，浮现在读者面前：

宗助记得很清楚，当时两人伫立在门前，昏暗的灯光下，两人的上半身映在土墙上。也记得，阿米的身影被阳伞遮住，不规则的伞面倒映在墙上，她的头就映不出来。也记得，当时已经西斜的秋日骄阳，像火一样炙烤着他们。阿米撑着伞，移步到旁边柳树的树荫里。也记得，自己曾后退一步，打量着紫色阳伞的白色镶边和尚未褪尽翠绿的树叶，暗暗比较它们的色泽。

现在回想起来，一切都清晰如昨，也没有什么不寻常的地方。他们一起等着，等到土墙上出现了安井的身影后，便一同进城去了。两个男人肩并肩走在前面，阿米则趿拉着草鞋，跟在后面。交谈多在两个男人之间发生，话也不长，走到半路，宗助和他们分手，独自回自己的住处去了。[18]

几个月后两人的离经叛道之举似命运般不可避免地发生了，漱石的笔触异常平淡，毫无抒情可言，就像是一盘情感的油封鸭①。对于代助和三千代间那种压抑下即将迸发的情感抒写，漱石似乎很是擅长。然而对于眼下这种肆意迸发的爱情，却让他找不到合适的词语，亨利·詹姆斯也是同样的问题。于是漱石采取一种利用回忆作抽象交代的书写策略，刻意回避了实质性描写：

> 宗助每次回忆起当时的场景，总要感慨，如果自然的进程在那时戛然而止，让他们瞬间石化，就不至于这么受苦了。端倪始于暮冬早春时节，而终于在樱花凋落嫩叶萌发之时发生。自始至终，都是一场生死搏斗，痛苦不堪得犹如炙炒青竹榨取竹油，又如一阵突如其来的飓风，瞬间将二人刮倒。等到他们爬将起来，才发现周身是沙。他们意识到自己是跌倒了，却完全不明了是何时跌倒的。全世界都在指责他们犯下了滔天大罪，可是他们在道义上进行良心的自责之前，不禁先疑心自己是头脑犯了糊涂而已。

179

------

① 一道法式家常菜。

他们先是觉得自己一定是头脑不清醒，犯下了糊涂罪，然后才会为自己的道德沦丧感到愧疚……他们明白，两人已经被一条无形的锁链绑在一起，从此不得不步步相随。他们抛离了双亲，抛弃了亲戚，抛弃了友人，笼统一点说，他们抛弃了全社会。[19]

回到现实世界，写到此时的漱石也许正在苦恼着，故事该走向何处。小说里，宗助突然决定从禅学中寻找答案，到镰仓的一座寺庙里修行了 10 天，恰恰漱石在 1895 年曾前往这座庙宇打坐冥想过。巧合的是，现实里的修行和小说里的参禅，均以失败告终。这个插曲似乎要引导读者接受小说结尾的论断："他是那种无法穿越这道门的人，却又不想放弃穿越。于是乎，极为不幸地，他在穿越的途中停下，就停在门下，等待日子的终结。"[20]

参禅回家后的宗助，依然不可避免地偏离了道德轨道，这令我们不禁思考小说的题目是何寓意。在 1910 年 3 月 4 日给正在柏林访问的寺田寅彦的信中，漱石写道："我已经开始写一部新的小说了。《朝日新闻》东京版和大阪版都在 3 月 1 日刊登了第一期。小说的题目是《门》。森田和小宫想出来的，但是我很头疼，因为这部小说和'门'是八竿子打不着的。"[21] 根据森田的记录，在小说登报的前一天，漱石让他写点东西，且一并想个合适的题目。森田被吓了一跳，因不想独自承担如此重大的责任，就拉了小宫帮忙。小宫打开尼采的《查拉图斯特拉如是说》随意翻动着页面，"门"字映入眼帘。[22] "这个如何？"小宫问森田。"妙,'门'是个好题目;它有很多象征含义。"[23] 直到第二天早上小说出现在报纸上时,漱石才得知题目是《门》。

尽管漱石的小说题目大多比较随意,但这个说法似乎过于离谱,令人不禁怀疑其真实性。然而,鉴于漱石的信件和森田的回忆,又无可反驳。那么有这样一种可能性,漱石在最初的创作中并没有想过参禅这个插曲,但是为了契合得意门生给他想的这个题目,他不得不后来增加了这个情节。这样也可以解释这个插曲在整篇故事中的突兀之处。

180

小说《门》中有一些短暂的充满希望的片刻,比如阳光穿过笼罩天空的阴云,照射在主人公的身上。但是在篇尾两人的交谈中,漱石重申了他在晚期作品《道草》中的结论,即世上不存在真正的解决,修复如初是不可能的事情:"阿米透过玻璃门向外望向温暖的阳光,脸上熠熠生光,'哎呀,春天总算又来啦!''是的,'宗助回答说,'但是冬天很快又会回来的啊。'说完便低下头,继续剪指甲。"[24]

13
修善寺危机

　　漱石在写作《门》期间，胃病频犯，十分痛苦。1910 年 3
月 29 日，漱石给铃木三重吉的信中谈到了自己的健康问题：

　　　　你说你很难过。事实是，我们每个人都会因为某个理
　　由而难过。每天从报上读《小鸟的巢》，我能感觉到你的痛
　　苦。可是，我们一旦开始了一件事，就必须要尽善尽美地
　　去完成它，我希望你能做到。每天上完课后还要继续写作，
　　我不是不知道其中的异常辛苦。最近我的胃病令我苦不堪
　　言，终于得空可以写作的时候，就竭尽全力，却落得个筋
　　疲力尽的，所以我现在和自己和解，就每天写完一期。[1]

　　5 月 16 日漱石又给另一位学生写信，这次情况似乎更糟

230

糕了：

> 我也在努力练习谣曲。如果今年夏天你来东京，我们一起练习吧。
>
> 听你说很喜欢《门》，我很开心。最近我的健康每况愈下，写作竟变成了痛苦的差事。我很想尽快写完，然后可以放松一下。我会去肠胃科门诊看病，认真治疗。人们都说，当你到了40岁以后，生命力就开始走下坡路了。[2]

6月6日刚写完《门》不久，漱石前去长与肠胃医院体检。[3]6月9日体检结果显示大便有血，"疑似胃溃疡症状"。6月13日漱石第三次就诊，被医生告知保持室内休息，避免谣曲练习。在当天的日记里，漱石说自己违背医嘱："我坐在家中沙发上读书，渐觉困意，然后我背了一会儿《富士太鼓》。晚饭后我又练了一会儿《花月》。如果这会让我病情加重，我也认了。"[4]

6月18日，他入院治疗，住了6周，并于7月31日出院。住院期间，他的午餐是一杯奶、一个水煮蛋、生鱼片和米饭。晚饭轻食一些，包括牛奶、一个鸡蛋和茶碗蒸，茶碗蒸通常是蘑菇和各种蔬菜加在蛋液里清蒸的蛋羹，不过漱石的蛋羹里没有任何蔬菜。从7月1日后的两周内，食谱里增加了魔芋片和肥美的鱿鱼，以助于缓解他的胃热症。结果很是痛苦："第一天，我的胃开始灼热，简直难以忍受。比我犯胃病时还要疼痛。"[5]

最后一天，护士过来换酱料，对我的灼烧感到惊讶。后来，杉本医生过来查房，他说这种灼烧可能是一个结束的信号，一个留念。如果被灼烧的部位是对我慢性胃炎的纪念，倒也是个开心的结果。[6]

可惜，这只是一个美好的愿望。

附近朝日新闻社的人经常来医院探望拜访。中村是公是常客，镜子每天都在。从 1909 年 1 月份起漱石在《朝日新闻》开设了"文化栏目"，森田和小宫隔几天就来一次，和漱石讨论栏目的事务。

1910 年 7 月，文学月刊《新潮》特别推出了一期长达 19 页的圆桌讨论栏目，题为《论夏目漱石》。这样一家全国知名的文学刊物策划漱石特刊，足以说明漱石在全国读者心目中的地位，更不用说他在文学圈里的知名度了，最关键的是，他其实不怎么混文学圈。《新潮》邀请了 8 位作家和文学评论家，回答关于漱石的 10 个问题。

"我们一致认为漱石是当今最伟大的作家，"其中一位这样写道，"在日复一日的写作中，他的文字精益求精。他的最近作品《门》展示了极高的文学造诣。"[7]另一位则评论说："一个大学教授能写出如此优秀的作品，这是非常罕见的。"关于漱石的"社交性"，大家用了这样一些词："古怪的""机智的""合乎礼节的"。"他好像不怎么社交，"X 先生写道，"不过他也懂交际分寸，在和他人相处时有礼有节。他擅长自由讨论。他很少出门拜访，却时常接待访客。所有人都对他有所求，可是鲜有真

183

正的朋友。"[8] 俳句诗人和儿童作家佐藤红绿对漱石的评论，呈现出一幅生动而又温馨的画面：

> 他讲话很有技巧，声音低沉。他用词很讲究，吐字缓慢清晰，抑扬顿挫，就好像是品鉴清酒的人小口抿酒一样，他也慢慢地回味着自己说出的每一个字词……他当然不是那种平易近人的性格，但他和人讲话的时候非常真诚，仿佛是朋友一样。别人讲话的时候，他会全神贯注地听，无论对方的讲话多么荒诞无趣。如果我拜访了他，他一定也会回拜；如果我给他去信，他一定会回信。在社交场景中，他的态度往往是拘泥和谨慎的，但他的谈话绝非刻板或套路，而是诙谐风趣的，极有江户风韵。[9]

文学学者和翻译家马场孤蝶描述了家庭生活里的漱石，画面虽有些惊人，但很是可信：

> 今天，二三十岁的年轻人都很会照顾妻子，但我们这些老家伙，可能就是反面教材了。我无法想象漱石和他的妻子之间能有多少缠绵缱绻，也不觉得他会是疯狂爱护孩子的人。我们是同一类人，也许我这是在自我映射。我认为漱石是一个值得信赖且通情达理的人，他是自己领地的领主。当然，他应该不是那种会向家人表达爱意的人。[10]

漱石的身体逐渐好转。7 月 19 日起，医生准许他外出；漱

石去有乐町银座剪了个头发，又去日比谷公园散步。7月31日漱石出院。回到家后漱石在家处理信件，花了几天时间写信寄卡片等等，给那些住院期间看望他的人们写信表示感谢，告诉他们自己将前往伊豆半岛山上的温泉度假胜地修善寺小住一个月，进行康复疗休养。这个行程是松根提议的。松根说他要陪北白川宫亲王去那里，因而提议漱石到菊屋旅店与自己会合。

184 镜子回忆说，漱石病愈后非常想和松根一起写俳句。在旅行出发的前一天，漱石特意去医院做了体检，并得到医生的旅行许可。

8月6日漱石登上了旅行的火车。到达第二天，伴随着一场持续多日的瓢泼大雨，漱石又生病了。他在8月7日的日记中写下：

> 我的胃病又犯了。虽然没有明显的肿胀，也没有明显的疼痛，也没有以往的灼烧感，但我还是感觉到了不适……夜里隔壁房间的人在唱观世曲。另外一个房间的人在弹三味线。我独自一人，在房间里读威廉·詹姆斯的《多元的宇宙》。我没太懂。9点钟，我上床休息。10点，松根来了，说殿下刚刚就寝。显然，他读过我的《猫》了。[11]

第二天，漱石病情加重：

> 雨。5点钟，我起床去洗浴间。空荡荡。我下到汤池

234

中。出来后，我的胃绞痛得厉害。无法忍受的疼痛。再次回到汤池中，还是绞痛。我连一碗米饭也吃不下了。松根说殿下想约我聊天，我回绝了。一则我没有带合适的正装；二来，我的声音自己听着都痛苦，更不用说听的人了。

8点，我吃下药。隔壁传来能剧谣曲，文乐穿过大厅也飘进我的耳朵［附近的净琉璃剧院有人在练习背词］。从汤池回来后，胃一阵阵痉挛，我又一次服下药。看来温泉对我的身体并无益处。

夜半从梦中醒来。胸口阵阵发紧，钻心地痛；如何能忍受。

医院比温泉对我更有疗效。在那里我至少没有疼痛，一切都治疗得当，身体也感觉颇好。每日排便都能正常。[12]

雨下个不停。日本的东部地区，包括东京，正遭遇洪水，桥梁塌了，房屋被冲倒。此时，漱石的身体每况愈下。8月12日，他写道：

> 如梦如幻，我每日在生死的边缘徘徊。借着冰块和牛奶，我努力活着……夜里，胃绞痛的间歇里，我才稍得喘息，一息尚存，此等感受何等糟糕。无人知晓。即便他们略察一二，又能如何呢？汗珠从脸上滚落，从后背滑下。[13]

8月17日，漱石呕吐出大量深色黏稠物，"黑得就像黑熊的肝化在了水里"，给他看病的当地医生说那是血。松根大为担

185

忧，赶忙给长与医院去电，并给镜子发去电报（镜子当时的住处没有安装电话）。医院马上通知了朝日新闻社，报社主笔立刻安排医院的医生前往修善寺，同时前往的还有漱石在熊本教过的学生坂元雪鸟，代表报社前去探望。

8月18日，森成麟造医生和坂元雪鸟到达修善寺时做了最糟的打算。但森成医生检查过漱石的身体后，却认为病情并不要紧。镜子把孩子们安顿到横滨的母亲那里后，也在第二天到了。当天夜里，漱石两次吐血，但是却感觉好一些了。森成医生认为病人的病情基本稳定，他说医院还有紧急的事情需要处理，因此要返回东京。他没有告诉大家是因为长与院长病重的事情。在毫不知情的情况下，镜子反对森成离开。如果镜子的回忆属实的话，作为病人的妻子（一般而言病人和家属应该服从医生），她明确提出反对意见：

> 这绝对不合常理！漱石在出发前去医院做过检查，被告知身体情况尚佳，可以旅行。结果证明这是个误诊，这种情况下还要抛弃病人，这绝对不行，我措辞强硬地反对医生离开！森成医生不知道该如何应对，便给长与院长发电报求助，院方的决定是让他留下来，直到病人完全康复，而且副院长杉本医生将会亲自前来给漱石看病。[14]

8月24日下午，杉本医生到了。那天漱石的身体情况不佳，虚弱苍白，"如一张白纸"。但杉本医生却认为这是"好转的征兆"。坂元雪鸟听闻大喜，马上给报社发了电报："杉本医生的诊断让人宽慰"。然而两个小时后，也就是夜里8:30，漱石吐了满满一盆血，根据描述大约有一斤到一斤半，接着陷入昏迷。此时，森成医生和杉本医生都不在床边，正在屋外的院子里用晚餐。只有镜子独自在房内，她回忆说：

> 他看起来糟透了，我问他感觉如何，他冲我厉声喝道："走开！"接着他发出一种我从未听过的呕吐声。我赶快让仆人去把医生叫来，当我转过头来，他又发出一阵作呕声。这个声音太诡异了，而他的脸色又极为难看，眼珠子向上翻，这时血从鼻子里流出。他一把抓住我，一下子吐出很多血来；我的和服从衣领到腰间，全部染成了深红色。[15]

等两位医生冲进屋内时，漱石已经不省人事，没了脉搏。杉本医生给漱石注射了大约16针樟脑磺酸钠液（根据他的回忆是这个数量），接着又注射了很多针盐水。当时在场的人后来回忆说，漱石当时昏迷了大约30分钟。这次事件被称为"修善寺大患"，根据官方的记载，在这30分钟里漱石的心脏停止了跳动。我们现在知道，心脏停搏30分钟是不可能再苏醒过来的，那么当时应该是脉搏十分微弱，难以察觉而已。当时，两位医生都觉得，漱石熬不过这个晚上了。第二天早上，杉本医生动身去东京之前跟镜子交代说，漱石病情危险，如果再吐一次血怕是希望渺茫。

一个月后，漱石才从镜子那里知道发生在他身上的这些事情。他本以为，自己对一切都记得清清楚楚，对于如何开始吐血，第二天又如何如何，漱石以为自己是有记忆的：

> 虽然我确信，当医生给我注射药物的时候，我意识清醒，但实际情况是，我死了大约 30 分钟……他们告诉我，当我妻子靠近我的时候，我开始吐血，血渍染透了她的和服。他们告诉我，坂元用颤抖的声音对镜子说："夫人，你要挺住！"他们告诉我，坂元的手抖得实在太厉害了，几乎没办法给报社写电报了。他们告诉我，医生给我打了一针又一针……我记得自己违背平躺的医嘱，侧向右卧，然后我记得自己向下看到一个盛满鲜血的盆子。我以为这是发生的全部，当妻子说我这当中死了 30 分钟的时候，我是不敢相信的……我甚至不记得自己醒过。我完全没有从黑暗走出再步入光明的印象。没错，我完全没有想到，自己竟然有机会穿越这片人们借助想象的语言试图去描述的神秘的生死之域，生命是如此诡秘，如羽翼微弱的振颤，如渐渐退隐天际的回音，如疲惫的梦境中的芬芳，如陈年往事里的影影绰绰。然而，我的记忆中，只有胸口上阵阵的重压，接着费力把头转向枕头右侧，然后是一大盆鲜血。横亘在其中的那 30 分钟死亡，似乎是不存在的，时空中也好，记忆里也罢，于我都是空白。我听着妻子给我讲述前后经过，不禁唏嘘，原来死亡可以如此稍纵即逝。[16]

在最危急的关头，坂元请镜子列了一个发电报告知噩耗的名单。他们都以为，漱石要死了。镜子说当时她列了 30 多个名字，但是生性爱夸张的森田草平却说，坂元带着"至少一百人"的名单冲到了电报室。结果是，第二天早上菊屋旅店迎来了络绎不绝的好心探望者，他们带着蛋糕和茶叶，大声喧哗着，要去探望漱石，或者就看一眼，几乎把旅店所有的房间都住满了。漱石在修善寺住了48天，访客就来了48天。第一拨访客包括从大阪来的镜子的妹妹、妹夫和三个孩子等直系亲属，池边三山和《朝日新闻》的代表团，从春阳堂来的漱石的编辑，他的亲密学生们如森田草平、铃木三重吉、菅虎雄，以及为此推迟婚礼、从九州福冈赶过来的小宫等。

从《朝日新闻》读到坂元电报"漱石胃出血，情况危急"的陌生读者来来去去。为此，坂元在报上专门开设了"修善寺日记"，每天报道漱石的病情，这个专栏最初在第三版，后来赫然移到了头版。在《朝日新闻》看来，漱石的疾病关乎日本国家利益，报社有义务独家报道最新情况。（这也引发了后来的费用争议，漱石的朋友池边曾安排报社承担所有治疗费用。）在回忆录中，森田草平形容说，"一大群嘈杂的"来访者每天坐火车蜂拥而至，他感叹说："名气确也有负担……先生不只是我们的先生，他现在也属于《朝日新闻》，属于全世界。"[17]

漱石在修善寺卧床休息了6周。10月5日，他送往东京的大便样本显示不含血，因此被准许返回医院治疗。10月11日，他躺在盖着白床单的担架上，从旅店的二楼被人们抬下——"我的第一次葬礼"——接着上了一辆马车，前往火车站。旅店的住客们列队看着他离去。松根东洋城从品川站上车，也就是漱石下火车的前一站。在漱石下车的站台，即新桥站，闻讯而来的人熙熙攘攘，观看担架上的漱石从火车上被抬到医院（《朝日新闻》报道了漱石下车的时间和地点）。在漱石的日记中，这一幕竟有些伤感：

> 有点像回家的感觉。这里比修善寺安静一点。我听说他们发布了"谢绝访客"的通告。杉本医生曾说他会让人重新粉刷病房里的墙壁、更换新的地席，他果然说话算话的。我躺到床上，平静下来。几乎听不到街边的电车声。[18]

第二天早上，镜子告诉了漱石一直瞒着他的消息，长与医生在9月5日去世了。"尽管他自己已染疾在身，却还是安排森成医生留在修善寺照顾我。我还活着，给我安排治疗的人却已经死了。生命，是如此不可捉摸。"[19]

在修善寺的旅店，访客们持续不断的打扰让他不胜其烦，回到东京后，他得以独处。10月31日，他写道：

189

> 现在的我，喜欢动物胜过人类的声音；喜欢天空胜过女人的脸庞；喜欢默默的追随者胜过拜访的客人们；喜欢静静的崇拜胜过喧嚣的欢呼；喜欢阅读胜过游玩；我渴望宁静。对于世间之事，我毫无兴趣。[20]

漱石每天望着医院的园丁送来的白色雏菊，怡然地打发着时间，有时练练书法，有时读读他让松根带来的中国古籍[21]，不知疲倦地抄写着经文一样的句子，"他小心翼翼地抄写着荻生徂徕的句子，仿佛自己就是这位年轻的儒学家"，他惊叹自己竟有这样饱满的精力。[22]

但是"世间之事"却不肯放过他。他开始意识到，报社里因为他的治疗费用正在激烈地争论。漱石回到长与医院时，朝日新闻社已为他在修善寺的长期逗留支付了很大一笔医药费。池边三山是漱石的坚定支持者，他和漱石一样恪守职业操守，严格要求自我，他认为报社得到了漱石疾病的独家报道权，这笔钱可以看作独家报道版面费，朝日新闻社不应该要求漱石补交医药费。然而，报社的其他人却并不同意。《朝日新闻》的官方档案里委婉记载着，"尽管报社主笔心念漱石，但是随着漱石病期的延续和费用的增加，反对者认为报社不应该承担全部费用"[23]。

漱石在修善寺期间，没有人跟他讲钱的事情，所以当他忽然听闻这个争端的时候非常生气，他的愤怒之情不难想象。很有可能是池边三山在10月20日去医院时告诉他的。"池边三山昨天来过了。他说他会处理这件事，要我不用操心。我答应了。事实上，我回家后不久，就让妻子去和报社协商处理债务问题了。"[24]10月31日漱石给镜子写信，这是他们婚后他写给她的全部35封信中措辞最苛刻的一封，他责备她没有处理好钱的问题：

> 你昨天处理医院欠费的方式是非常不恰当的，这让我一夜没合眼。是的，你很忙；坂本很忙；池边很忙；涩川卧床生病。[25]我知道，事情很难按照我的期望解决。即便如

190

此，既然我现在已经知道了事情的原委，就不可能心安理得地让医生们、其他病人和相关人员为难。我希望，等我们下次讨论这件事情的时候，你已经准备好解决方案了。

漱石的这封信口气极为苛刻，读者也许会觉得他是个很难相处的人：

眼下最好的药物就是身体的休息和心灵的安宁。康复可不只是躺在床上和吃药就行了。被这些不愉快的事情烦扰，不得不处理这些烦心的事情，对我来说简直比偷吃一块蛋糕还糟糕。就像我昨天晚上说的，如果现在能妥善处理好费用的纠纷，如果能让人少进出我的房间，如果能让我安静平和地度过每一天（让我做些自己喜欢的事情），如果以上能让我的身体恢复，胃口好些，那么我就真满意了。

- 请记得把这些书还给涩川。
- 请记得问野上，他对能剧谣曲的文本有什么意见。

人生总是各种烦恼。我冒险走出一步，马上又想撤回。但是我没有钱，在身体痊愈之前除了烦躁、焦虑和胃疼之外，毫无办法。生病成了唯一的避难所。可是身体生病的同时，还要承受精神的折磨，世上没有比这更痛苦了。疾病乃吾之幸事。请允许我安心地生病。

敬具　金之助

致尊贵的镜子（镜子殿）[26]

在 11 月 26 日的日记上，漱石写下他第一次吃蔬菜后如获重生，此外还记录了他和池边三山的短暂见面："他说他亲自请求了报社总裁，得到批准可以自主使用经费。我表示接受，就按照池边的想法处理。"[27]

《朝日新闻》的资助让漱石感到亏欠，决定好好履行合同报答报社。但是身体虚弱的漱石没有体力写小说，于是他决定写自传，试图写下自己濒临死亡的生命体验和哲学思考。

漱石的文字抒情优美，但他选择的书名却朴实平淡：《杂忆录》（直译为《回忆与其他》）[28]。新书长 100 页，在漱石出院不久后分 33 期发表，1910 年 10 月 29 日到次年 2 月 20 日连载于森田负责的文化版面上。（4 月 13 日，夏目又补发了一篇后记，讲述自己第一次在医院里过新年的经历。）漱石最初提出写自传的建议时，池边因担心漱石的身体而反对。漱石说医生并不反对，池边的回应是："医生同意是一回事，但是你的朋友并不同意，所以还是不要写了。"[29] 但是几天后，一位医生朋友告诉池边，无聊有可能刺激胃酸过多，于是他改了主意。

《杂忆录》里讲述的故事，部分是基于漱石真实的个人回忆，修善寺部分是根据身边人的讲述重新加工的，漱石还追溯到长兄去世等早年经历，还有他在长与医院做康复治疗的经历。整部自传呈现出一致的深沉宁静的笔触，漱石认为这是生病带给他的礼物。然而，漱石担心的是，身体的恢复和重返日常生活，将会一点点地扼杀生病期间获得的敏锐知觉，剩下的只有模糊的记忆。"重返东京，在生存中挣扎，"他写道，"我正在失去生病带给我的那一丝丝沉静的感受。"[30]

漱石的自传充满诗意，其中有 18 首俳句和 16 首汉诗。他试图通过诗意的语言表达濒临死亡时的生命体验。它们不仅是个人表达，更重要的是自我探寻，通过记忆寻找过去的真实，从而发现自我的本质。从这个意义上来看，漱石的写作应和了同时代作家马塞尔·普鲁斯特的"不自觉记忆"或"不自愿记忆"，是作家"真实印象"的反映。虽然漱石没有明确表达过这种思想，但讲到诗歌创作时，他提到诗歌于他的重要性，提到他的诗歌创作过程，表达了相似的观点：

> 一个病人会觉得游离于世界之外。其他人会同情地看着他，觉得他正一步步脱离社会。病人觉得不工作是个解脱，其他人却觉得他很可怜，对他不再抱有期待。于是，一个特别的空间产生了，它就像静谧的春光照射进来，是健康时不敢奢想的空间，独属于病人。我在俳句和汉诗中抒写了这种平和之境。我不会为了诗而作诗，诗于我而言是静谧的演绎，其重要性无法言说。我在生病期间的诗歌创作，绝不是打发无聊的消遣，也不是抗拒闲散的勤力。它们如玉琼汩汩而出，仿佛毫不费力，又如彩缎华锦，从天堂飘然而至，此刻我的精神完全出离了现实世界，重新获得原本的自由……我把自己的诗文也一并呈现给读者，不是为了自我彰显，而是想让读者感受我那时的心情：

> 秋空晴万里，

江宽水阔无穷尽，
频传打夯声。①

死里逃生大约 10 天后，我灵感乍现，写下了以上俳
句。秋高气爽，江湾宽阔，远处传来打夯的声音，我至今
依然清楚地记得那时的心情，诗中的意象恰好可以表达。
生病期间，我一时清醒一时迷糊，在少有的意识尚存之时，
偶有如此心境……31

在修善寺旅店的病床上，我非常珍惜这种特别的感受，
一种精神上的升华，很难用西方语言表达：

风流人未死，病里领清闲。
日日山中事，朝朝见碧山。［汉诗］

汉诗有很多平仄格律的规矩，我都记不清了，又为什
么要费劲写汉诗呢？更何况，写出来后，也许只有中国读
者能欣赏。为什么要写？我只能说，从日本早期朝代开始
一直流传的汉诗传统，对我这个年纪或是更为年长的人产
生了不可磨灭的影响，汉诗之风、之韵已经在我们的心里
扎根。当我为日常生活倍感压力的时候，别说难度高的汉
诗，就是简单些的俳句，我也是一个字写不出来。但当我
内心平静，当我可以隔岸观火，从遥远的距离观望现实生

193

---

① 日语原文：秋の江に打ち込む杭の響かな。

活的时候，我的心里不再有仇怨之时，俳句手到擒来，自然流于笔尖，汉诗如天赐灵感，胸臆中有什么就会作出对应诗句。回望这些时刻，我意识到，它们才是我生命中最幸福的片段。[32]

有些漱石研究学者提出，是"修善寺大患"改变了漱石的思想。支持这种说法的学者都是根据漱石提出的四字理念"则天去私"做出判断的——漱石在1916年最后一次周四沙龙上提出这个观点，他在宣纸上用毛笔写下这四个字，作为书法作品给学生们展示[33]。尽管漱石没有明确解释这四个字的意思，但根据字面也并不难理解：则天，"顺从天意（自然、自然法则）"，去私，"去除私心"。然而，这个观点并不新颖，因为漱石在早期作品如《草枕》（1905）中，就表达过自我主义的痛苦和孤独感这一主题。在《杂忆录》这本书里，漱石更多的是在探讨对生与死的思考，这跟他在修善寺濒临死亡的经历不无关系。此外，这一阶段他大量阅读威廉·詹姆斯，也许说明他开始思考形而上学。毫无疑问的是，漱石从来没有偏离过哲学思考。他死前写的5部小说，既是充满戏剧性的，又都触及到生命意义的思考，这些小说没有突变或是全新方向的尝试，而是呈现出一致性的演变特点。事实上，修善寺之后，漱石的小说表现出来的变化，是其越来越突出的"小说性"。

此外，漱石体验到了此前也许从未感受到的对世界的感恩：

平躺在床上，仰望天花板，我忽然觉得，这世界所有人都比我好。一阵暖风吹来，轻抚着这个我此前认为难以生存的世界。我完全没有想到，这个喧哗的世界，会对我这样一个40多岁、即将被大自然淘汰、没有显赫历史的男人赐予关爱和怜悯，我从疾病中康复，我的心也被温柔以待。我要感激这场病。我还要感激那些给与我慷慨关心的好心人。我祈祷，自己也能成为这样的好人。我发誓，如果有人要破坏这美好的念想，我必视之为永远的敌人。[34]

从这段文字的表面意思看，再加上最后一句，我们会觉得漱石不是那种能够轻易感受到他人慷慨的人。镜子在回忆录中写道，她惊喜地发现丈夫表现出以前少有的亲和，对他人也更加和善。在治疗结束即将出院之前，漱石请假外出，他去了银座给森成医生购买了一个银质香烟盒，还亲自手写了感谢词和一首俳句，让卖家刻在香烟盒上。感谢词是"谢森成国手于修善寺承蒙恳笃看护"，下书：

　　　　清冷晨与夜，暖暖是君情。①[35]

也许漱石生病的经历让他变得更加温和了，不过他时而也会跳脚。镜子回忆说，有一次小宫和漱石的一个学生去医院探望漱石，临走前请求镜子带他们去吃鳗鱼饭。"这个男人还在病床上呢，请他的妻子出去吃饭是流氓行为！"两个年轻人灰溜溜

---

　　① 日语原文：朝寒も夜寒も人の情けかな。

走了。第二天回到医院里，漱石问妻子后来经过，镜子说学生们没吃饭直接回家了。漱石说："太可惜了！我昨天态度严厉只是因为小宫这家伙有点铺张浪费……"[36]

漱石体力渐强，他开始散步到更远的地方，有时去二手书店买些医学的书籍，并开始用书里的知识和医生们辩论。有时，他用力过猛，会觉得恶心和呼吸困难，几乎无法自己回到床上去。有一次，森成医生善意提醒漱石说，每年春天过后，柳莺就会忘记怎么唱歌，于是需要每日耐心练习，慢慢重新学会。"真的吗？"漱石问道，镜子回忆说，然后漱石就陷入沉默的思考中。听到这件事情后，铃木三重吉说："他能这么听话，因为那是医生说的。如果是我们对他这么讲，他一定会质问我们，从什么时候开始我们都成了柳莺研究专家了！"[37]

漱石出院后不久，世俗社会又一次入侵他一心维护的宁静生活。2月20日，镜子收到一封文部省寄来的挂号信，信里通知漱石获得了文学博士学位，并让他准备参加第二天早上10点的授予典礼（日常衣着，不是礼服）。如果漱石无法参加，可以派一位代表代领。第二天早上，镜子用邻居家的电话给住院的漱石打电话，漱石让镜子找森田草平代表自己参加，并再三告诫镜子："务必告诉他，注意措辞，不能说我准备接受这份荣誉的话。"然而，当镜子从邻居家返回，却发现博士证书已经躺在自己邮筒里了。于是她只能再给漱石打电话，心里已经暗暗觉得漱石一定不喜欢这个消息。果然如此。"寄回去，"他厉声说，"我可不想掺和这种琐事。"[38]

此事引发不小的后续风波，文部省授予的文学博士学位是至高荣誉，相当于法国的艺术与文学勋章，或者英国的文化骑士勋章。当时的日本社会十分重视权威等级，如果拒绝接受文部省这样的官方组织授予的荣誉，就是犯了大不敬。甚至说，个人是否有权拒绝都是个法律问题：荣誉的授予者是内阁成员，意味着他效忠天皇，那么他的授予行为也可以理解为天皇的授意。

镜子联系了森田，解释说漱石希望由森田出面回绝这个文学博士学位。森田回忆说：

> 我拖着沉重的步伐，走到一桥的文部省大楼，把东西还给了他们。从那里我接着走到了医院，向先生汇报自己完成了任务。先生愁眉苦脸地跟我打招呼，似乎我是文部省派来的使者——这真不是个好差事啊。[39]

实际上，在森田到医院之前，漱石已经给文部省寄去了一封信：

> 我想我从前几天的报纸上已经了解到这个学术学位：学术委员会推荐授予我博士学位。然而，我一直以普普通通夏目的身份生活在这个世界上，我希望能够退回这个学位，因为我希望以普普通通夏目的身份继续生活在这个世界上。因此，我无意接受该博士荣誉。然而，我绝不希望因此造成任何麻烦或不便，也希望得到理解，请准许我因以上理由拒绝接受该荣誉。感谢您的理解。[40]

漱石的这封信全文发表在《朝日新闻》2月24日的第三版，并引发了持续两个月的轩然大波，绝大部分争议都公开在报纸上。最主要的争议是，个人是否有权拒绝内阁部门授予的学位。法律专家们各执一词。漱石则坚持拒绝，不作妥协。文部省花了两个月的时间做出决定，最终于4月12日再次把学位证书寄给了漱石，随信还有几行简单的文字：

> 我们已经收到了您于2月21日寄来的博士学位拒绝信。然而，学位既然已经颁发，也很遗憾地不可能收回。我们将十分感谢您的理解。我们将再次把文部省颁发的学位证书寄给您。[41]

信件到达漱石家的时候正好是个忙碌的日子。让漱石起死回生的医生森成麟造决定返回故乡新潟县开一间自己的诊所。漱石感恩于他，于是在这一天给森成举办了一个告别派对。当天的宾客自发成立了"肝脏会"，晚餐就是烤鸡肝。镜子和孩子们以及漱石的周四沙龙小圈子——松根、安倍能成、野上、小宫等人参加了派对。下午5点的时候，东京本乡望月照相馆的摄影师给大家在花园里拍了一张集体照。有意思的是，森田和铃木的脸以椭圆的组合形状出现在相片的右上角。拍完照片后，戏迷们，包括森成医生，加入了漱石的能剧谣曲表演。

第二天，即4月13日，漱石给文部省回信：

> 贵部以学位既已颁发故而无法收回为理由，拒绝了我

197

的请求，请允许我针对您的上封来信回复一二：

正是因为收到了你们的学位授予通知，我才有可能拒绝接受。请想象一下，在你们授予之前，我怎么有可能或是必要先做回绝呢？尽管文部省是可以重新考虑是否收回学位，却还是单方面宣布不得拒绝的决定。我也要宣布，我对此深感冒犯。[42]

1911 年 4 月 19 日，文部省给漱石写了最后一封信：

关于您在 4 月 13 日的信中表达的立场，我已经知晓。非常遗憾，我们无法达成一致意见。学位授予的决定是由全体委员一致做出的，根据法规不允许拒收。我恳请您的理解。至于您说要把证书退回来，这其实无关紧要。既然已经授予您博士学位，除了承认您的博士学位之外我们别无选择，无论证书是否在您的手上，都不会有任何改变。[43]

漱石继续以普普通通无头衔的夏目的身份生活，而文部省也将永远维护他文学博士夏目漱石的身份。

政府的不通融是可预见的，然而，漱石的执意拒绝国家荣誉就令人难以捉摸。森田草平和其他熟悉漱石的人也不十分理解："我不明白，这么一件小事，先生为什么要浪费精力去坚持呢？"[44]

文部省如此突兀地授予学位，很有可能是担心漱石的身体坚持不了太久——这个想法让漱石更加不悦。漱石有这样的怀疑并不是毫无根据，因为同时授予的 5 个人当中，还有一个是著名诗人森槐南，也正在住院，情况非常危急。几周前，漱石也在住院，同样是性命垂危的紧急状况。这样一想，自然可以推断，文部省怕是担心漱石病情危急，这才突然起意，临时授予漱石学位。

漱石在一高时的英语老师斯考兹曼·詹姆士·默多克给他写过一封英文信，也能给我们一些线索。当时，漱石收到了大量的来信，有的是祝贺他喜得学位，有的是敬佩他勇于拒绝，不过他在默多克的来信中选了一句话摘抄，并且翻译成日文："这件事情证明了你的风骨志气，可喜可贺。"[45] 漱石究竟为何拒绝？是因为坚持道德原则，还是因为自尊心受伤？答案我们无从知晓。[46]

14

亲人去世

1911 年是黑暗之年。漱石的博士学位风波引发了争议，有 人借机批评他过度敏感、神经脆弱。除此之外，人们还会借森田草平的事情猜测他的精神状态。在并没有得到平塚雷鸟和她家人同意的情况下，森田决定写《煤烟》续集。[1]

1910 年 6 月漱石完成了小说《门》。一年之后的 1911 年 5 月，按照和《朝日新闻》的合同，他该写下一部小说了，然而漱石自觉身体没有康复，不宜再写，因而推荐森田代替自己。《朝日新闻》虽然极不情愿，也无法拒绝漱石的提议。森田这边，因为目睹朋友铃木三重吉前一年因为发表《小鸟的巢》经历的痛苦，对于这个安排，他内心略有不愿。然而，一方面他难以想象去拒绝《朝日新闻》，另一方面，他也不想忤逆师命。4 月 8 日，报上发布了题为《自叙传》的新小说的预告。同一天，大自然似乎要对这部小说可能引发的灾难发出警报，东京西北方向 200 公里处的浅间山火山喷发，爆发之声传至东京。

森田的小说于 4 月 27 日到 7 月 31 日在《朝日新闻》上连载。在 5 月 17 日的日记中，漱石写道：

> 昨天来了一个麻烦的客人。生田［长江］拖着平塚［雷鸟］的母亲来了。她要求我把《自叙传》从《朝日新闻》撤稿。从她的话里听来，是森田违约了。我叫来一辆人力车，载生田去森田家，但是森田正在报社里。我给他打电话，他却说不想见面。小宫当时正好来家里，于是我让他去把森田带来。[2]

漱石没有具体说明后来二人是否见过面，森田的回忆录里也没有提及漱石是否因此训斥他。不过，森田承认："想起先生，就觉得写《自叙传》是个让我后悔的决定。"[3]

在报社内部，森田的第二部小说被广泛认为是"有问题的"。6 月 10 日，编辑委员会召开会议讨论此事。漱石也受邀参加，他在日记中做了简单记载："参会。森田小说受批。我部分反驳，部分同意，离会。"[4]

尽管漱石没有抱怨过，但是他显然因为此时颇为烦恼。到了秋季，事情出人意料地不断发酵，漱石因此非常难过。

6 月的时候，漱石收到长野教师协会的邀请前去讲座。长野位于日本阿尔卑斯山脉的西北部，历史悠久，漱石此前从未去过。镜子提出反对，担心一路颠簸对漱石的身体不利，但是漱石坚持前往。镜子只好要求陪同，然而漱石的反应就像大多数明治绅士会做出的一样，坚决反对，态度强硬——男人们要外出，妻子跟在后面成何体统（正如字面上的意思，在当时，妻子如果和丈夫同行，必须跟在丈夫身后）。在镜子的坚持下，漱石不得不同意。6月17日，他俩从上野车站出发。漱石准备了题为《教育和文学艺术》的演讲，在长野、高田和诹访市分别做了一次讲座，其中高田的讲座由森成医生主持。一路上，漱石和妻子不时停驻欣赏沿路风景，最终在6月21日返回东京。

去雪乡的这次短途旅行让漱石信心倍增，他觉得自己的身体已经完全康复了。于是，8月份收到大阪朝日新闻社的邀请时，他欣然接受，前去参加一个讲座活动。这次讲座活动其实是带着推广性质的：主办方邀请了报社最著名的撰稿人，为公众做免费开放讲座。每次邀请3位演讲人，目的是推广朝日新闻社的报纸。在修善寺生病期间朝日新闻社支付了漱石的治疗费用，再加上由于身体原因没能履行合同规定的每年出版一部长篇小说，漱石一直心怀亏欠，于是乎这些讲座也算是弥补了。另外，漱石对上一次北部雪乡旅行感觉良好，否则他也不至于忽视镜子的警告，贸然在盛夏时节前往大阪。镜子认为这样的长途旅行鲁莽愚蠢。

漱石一共要做4次演讲，为此他准备了大量素材。第一次讲座安排在琵琶湖南岸的明石市（这里曾是光源氏①被流放的地方，当年非常荒凉）市内最大的礼堂里，漱石的演讲题目是

201

---

① 日本平安时代的女作家紫式部的长篇小说《源氏物语》的主人公。

《爱好和工作》，礼堂里挤进了1000多名听众。活动下午1:30开始，5:30结束，一共3位演讲嘉宾，漱石是最后一位（第一位嘉宾的演讲主题是当代法国，第二位的主题是日本对满洲的政策）。活动结束后，漱石被带去和当地的市长等人共进晚餐。

8月15日，漱石前往南面的和歌山演讲，还是第三位发言。考虑到出版社和其他因素，漱石的题目是《当代日本文化的兴起》。天气炎热，等一天结束后，漱石疲惫不堪。

8月17日，漱石到大阪北部的堺市给1400多观众做了题为《形式和内容》的演讲。他的开场白带着一点傲慢，让人以为他在笑话这些乡下人。不过，观众还是被他的演讲深深吸引。在讲台上，漱石是一个演讲大师：

> 我到的时候是正午时分，大街上静悄悄的，礼堂这里也很安静。但是时间一点点过去，观众就越来越多。我不禁惊叹啊，堺市是这样一个神奇的地方，镇上的人们居然如此热衷听演讲。我大老远的一路从东京来到这里，当然希望能遇到对我的讲话如饥似渴般喜爱的观众。所以我希望大家能专注于我要说的内容，听我把这个讲座讲完，用行动证实我的激动感受不假。我今天讲的题目，就像宣传册上说的，是《形式和内容》。[5]

演讲活动的高潮在第二天也就是8月18日的晚上，地点是大阪。这次活动一共请了5位嘉宾，晚上6点开始，漱石第一个演讲，题目是《文学艺术和道德》。但是漱石在前一天晚上的晚宴上胃口大开，吃了很多当地的海鲜特产八爪鱼，晚饭后他的胃就开始不舒服了。当天晚上，礼堂里挤满了听众，他的胃还是一直不适。回到旅店，他一阵一阵地反胃，就早早上床休息了。几分钟后，他吐血了。一年前刚刚病好，这么快又反复了。他想下床，却迷迷糊糊地无法挪动身体。他叫来一个服务员，让她联系《朝日新闻》找医院。报社马上安排漱石住进汤川医院，随后给镜子发了电报。8月23日，当抱着糟糕念头的镜子到达大阪时，她看到漱石舒服地躺在床上，这才放下心来。

　　漱石在医院里住了将近一个月，在9月14日出院。9月8日，他给刚从德国回国的寺田寅彦寄明信片，抱怨又开始吃流食了。他还写了一首俳句，表达自己的无聊和苦闷：

　　　　夜夜观蝙蝠，
　　　　日日进米粥。①

　　这首俳句形象生动，读者可以想见漱石拿着勺子喝着粥，盯着窗外的蝙蝠在夜色中盘旋。后来，他把蝙蝠换成了闪电：

　　　　夜夜观闪光，
　　　　日日进米粥。②

　　这样改好吗？也许对于漱石来说，可以刻画出蝙蝠的飞窜

---

　①　日语原文：蝙蝠の夜々ごとに薄粥。
　②　日语原文：稲妻の夜々ごとに薄粥。

形象来。

　　漱石住了 24 天医院后，于 9 月 14 日出院，一回到东京，他的慢性痔疮又突然发作了。糟糕的是，继发感染造成肛裂，9 月的第三周，漱石不得不去医院做手术。可卡因麻醉效用消退后，伤口疼痛不已，漱石只能在席子上躺卧一周。但是手术不成功，伤口再次感染，漱石不得不每隔一天跑去医院处理伤口，一直折腾到新年。经历身体之痛，漱石却表现出惊人的隐忍，他在日记中的语气也很平静：

11 月 20 日，

　　　　佐藤医生再一次把他做手术时切的伤口拉开。我听到嘶啦一声，这一次他切入更深，他对这次的深度比较满意。护士向我再三保证，这次手术绝对结束了。但是伤口有 5 厘米深，如果伤口愈合顺利，我也至少要再做两到三次手术。看来是恶性痔疮。[7]

　　在镜子的回忆录里，这一时期的讲述都是放松的嬉笑口吻。比如，漱石因消化不良，总是胃胀气，但手术后的漱石经常发出一种"奇怪诡异的声音"，菅虎雄说，听起来就好像是"破碎的障子纸门在风中呼啦作响的声音"。大家包括漱石自己都觉得菅虎雄的比喻很贴切。漱石还专门买了一个印章，刻字"破障子"，在自己的书法和绘画作品上和自己的名字章同盖。

　　漱石继续每隔一天去医院换伤口的纱布。有一天他惊讶得知，池边三山已经辞去了《朝日新闻》的主笔一职。池边辞职

203

258

起因于他和报社负责对外事务的主管弓削田秋江在森田事情上的争议。弓削田对森田的小说很不满，并对漱石负责、森田和小宫日常管理的文化版面提出质疑。其实，从文化版面成立最开始，报社内部就颇有微词。很多员工，包括编辑和记者，认为这个版面已经成了漱石的自留地，被漱石和他的弟子垄断，发表他们自己的小说和评论，尤其是反自然主义论调的文章。弓削田利用大家对森田小说的不满攻击整个文化版面，当池边为漱石辩护的时候，弓削田指责池边的立场带有私人感情。池边大怒，当即大吼道："如果是这样，那我辞职，你也要辞职！"

　　一周后，漱石递交了自己的辞职信，但几天后经别人劝说，遂改变主意。他是真要离开《朝日新闻》吗？或者，是出于对池边的尊重？就像日本传统里，如果领主受辱，那么家仆会切腹自尽以示忠诚。可是，他为何又轻易被人劝服呢？难道他递交辞职信只是为了试探报社对他的重视程度？毫无疑问的是，对于他的辞职信，报社的姿态非常诚恳，漱石接受了这种诚恳，也许还因此受到感动。不过，漱石绝对不是使用心术和伎俩的人。

　　森田草平的一意孤行引发的这起风波，给病中的漱石带来不少烦恼，虽然最终得到了解决，但并不是毫无代价。11月22日，漱石在给弟子野村传四的信中写道："我要求森田退出报社。这是和他切断这场糟糕关系的最好机会了。当然了，他立志用自己的笔找到出路。"[8]

　　1911年11月29日的一个傍晚，此时离他提交辞职信过了不到一个月，手术伤口也尚未愈合，漱石20个月大的五女儿雏子在吃晚饭时突发癫痫去世。漱石正在书房里和最近刚刚辞职的《朝日新闻》编辑中村蓊①聊天。三个大一点的孩子急匆匆跑来，喊着要他过去看看，他没有停止谈话，以为雏子的癫痫和平常的发作一样，只要往脸上洒点凉水就能好了。镜子按照平常的方法照料宝宝，如摇晃身体，呼唤她的名字，但宝宝并没有醒来，于是她让仆人去找就近的医生过来。在漱石的日记里，他说自己一听雏子发病就马上离开了书房。然而，中村的记载和镜子的一致，以简略克制的口吻讲述了事情发生的经过，颇为真实地描写了漱石：

> 当厅堂里传来喧哗的时候，我们正在聊天。一个女仆过来一次或是两次，给漱石说些什么，漱石只是嘟囔了几句，并没有从椅子上起身。一会儿，笔子［漱石的大女儿］过来又对他说了什么，这一次他跳将起来，冲向大厅，好一会儿都没有返回。我听到嚎啕大哭，有可能是仆人的哭声。接着漱石回到书房，对我说："完了。她死了。可怜的孩子。"他看起来很难受，但还是马上继续我们的交谈。他又起身走了，回来时说："可能你得离开了……"表达了几句慰问后，我离开了。9

205　　漱石在日记里详细记录了雏子的去世和葬礼，这些都发生在 11 月 29 日到 12 月 5 日这短短几天里。他所记录的细节和镜

---

① 即文学家和心理学家中村古峡，蓊是他的本名。此人也是夏目的学生。

子18年后的记忆基本是一致的：

11月29日（周三）

晴。真［漱石的谣曲老师］过来了。我们一起练习了《盛久》。[10]

● 中村蓊傍晚来访。在我们交谈的时候，三个孩子从大厅跑进来，央求我跟他们过去一趟。我以为是雏子像往常一样癫痫发作了，于是走进6张榻榻米大的客厅，发现妻子抱着孩子，正用一块热毛巾敷在孩子脸上。她双唇发紫。这样的情形以前也发生过，我想应该不会发生问题的。但是孩子脸上的神色让妻子不安，她请人把街对面的中山医生叫来。惊慌失措的仆人很快带回来医生，但医生很担心孩子的情况，注射了一针后没有效果。他检查雏子的身体，发现肛门已经松弛，瞳孔在扩散。"真是糟糕。"他反复说着。我无法相信这是真的。中山医生也觉得奇怪。我提出要不要洗个芥末浴，医生同意后我们找来一些芥末，放在热水桶里，把雏子放进水中，但是没有任何效果。我们给她擦干身体，平放下来。可怜的孩子。她张着嘴巴，眼睛半睁半闭，看起来就像是睡着了一样。后来，我们的家庭医生丰田来了，他和蔼地问我们发生了什么事情，我告诉他一切都结束了，他的神色马上严肃起来。他试着口对口抢救，间歇时不断感叹事发怪异。我问他能否填写死亡证明书，他同意了。我们无法确定死因，为防止验尸官抱怨，一致同意写成"肺炎"。

> • 家里没有屏风，不然应该有个屏风挡起来的。我们不能把她孤零零放在客厅里，于是把她放在隔壁的小房间里，把她的枕头朝北放。从殡仪馆买回一片白木板，焚香台，一个大花瓶，一把莽草和一些白面水饺。

> 我请行德[11] 给派出所带去死亡证明书并带回殡葬许可书。我准备让小舅子去联系庙里。12月1日是个不祥的日子，所以我们决定等到12月2日。[12]

在接下来的日记里，漱石详细记录了葬礼的流程细节。[13] 11月30日，全家人包括女仆一起给宝宝缝制了寿衣，袖子和裙子部分是女儿们做的。雏子临死前正在给她喂饭的笔子拿着一卷宣纸，请每人写下"南无阿弥陀佛"（念佛往生）。躺在棺材里的宝宝穿着一双小草鞋，戴着一顶草编帽，还穿了一双红色的羊毛袜。她手腕上戴了一串佛珠，旁边躺着一只布娃娃。棺材盖上后又铺了一层白色缎布。

当天晚上是守夜。当地举行葬礼的本法寺派来了一个和尚，当夜一直在念经。漱石在日记里写到自己不喜欢坐着，于是回房间睡了。但镜子讲述的内容更加丰富："他说他不喜欢守夜，大家都应该回家去睡觉。我们大家抗议，都要求继续留下来保护孩子的遗体，他同意我们留下来，但声明自己死后不要人守夜。'我们今天在此守夜，既是为了这个小佛陀明日的离开感怀殇别，'我妈妈说，'也是为了保护这个没有生命的身躯，免得老鼠过来咬她。等你的大限到了，躺在这里却无人照看，如果老鼠过来咬你的鼻子怎么办？'漱石的回答让我们哄堂大笑：'如果真是这样，那我一定会疼醒的。'"[14]

葬礼在 12 月 2 日举行，这一天是周六。一家人身穿黑衣，在早上 9 点离开家。在棺材被钉子封死之前，大家又放了一些玩具进去。灵车是一辆马车。"黑马驹，黑篷子，棺材上的花圈依稀可见。"漱石写道。本法寺很快做完了法事，参加葬礼的人们接着一起来到了落合的火葬场（小宫是陪伴漱石家人唯一的弟子）。他们把棺材放到焚烧炉，拿着钥匙走出来。火葬的费用通常是 10 日元，雏子是个小孩，所以只收了 6 日元。

第二天是周日，一家人再次来到火葬场，准备从骨灰中捡出骨头。一家人坐了 40 分钟的人力车穿越整个城市来到东北端的落合，一路上深秋的榉树纷纷落叶，还有一些新建的民居房屋，可是大家到了以后，经工作人员提醒才发现，镜子忘记带焚烧炉的钥匙了。漱石非常恼火。火葬场上午 11 点关门，现在未必来得及回家取钥匙。他们派女仆坐人力车回家取钥匙，所幸在火葬场关门前 5 分钟回来了。一个工作人员打开了焚烧炉，把小门拉开。[15] 漱石极其认真地看着别人捡骨头，他的描述令人毛骨悚然，几乎有点变态：

> 里面一片幽暗，我们只能依稀看到一些灰色的圆堆，还有一些黑色和白色的块状结在一起。工作人员用一个金属钩子挂住棺材架后面的两个把手，然后把它拖了出来。在一堆灰白之中，他把头骨和几根其他部位的骨头挑出来

放在架子上，告诉我们说会把剩下的部分用筛子处理一遍，把最终筛干净的骨灰交给我们。我们用一根竹筷子和一根木筷子夹出骨头，放到一个白色瓮坛里。[16] 我们试着把头骨里的组织灰烬清理出来，这个工作人员拿着筛好了的骨灰过来说："我会建议你们留着头骨里的灰烬。""你们想把牙齿单独拿出来吗？"他说着这话的时候已经把牙齿拔出来了。接着，他又把下颚骨敲成小块，取了下来。这一番动作，就好像是从白大米里拣出杂粮谷粒一样。"这应该是胃里的东西，"他拿出一团像烤焦的棉花一样的东西说。我还以为那是肠子呢。另一个工作人员拿着一根棍子伸到坛子里搅拌，骨头瞬间少了一些。接着，他把头骨放在坛子的最上面，接着用力把盖子按下去，头骨被弄碎，坛子盖好了。他依然戴着手套，旋了一下坛盖子，接着把坛子放进一个木箱子里，最后用包袱布包了起来。我坐进回家的人力车，把它搁在大腿上。[17]

　　这段冷峻的细致描写很容易误导读者。即便漱石自己疾病缠身，疼痛难忍，他展现出来的泰然自若是斯多葛式的，让人困惑不解：发生在他身上的这些疾病和不幸通常会让人变得忿忿不平，但是漱石似乎从来不沉溺于抱怨。尤其当他自己的亲生骨肉也发生不幸之时，特别是根据镜子所说，漱石自己饱受精神疾病之苦的时候，他依然能够保持寡淡的情绪。当然，2岁女儿的突然去世是个沉重打击，镜子在回忆录里的叙述情真意切，令人不禁泪下：

208

雏子是我们最小的女儿，正值最可爱的年纪，却突然离去，这是我们第一次感受失子之痛。她如此突然地离我们而去，都没有给我们一点儿时间去好好照顾她，回天无力。漱石怔住了，他一言不发，可我们能看出来，他是受打击太严重了，一个人在心里默默地哀恸。时不时地，我听到他低声咕哝一句，"孩子死在自己前头实在是太可怕了"，他好像无法摆脱这个念头。[18]

镜子的观察，在漱石新闻报道风格的日记中得到了证实：

- 雏子在世时，我爱她和爱其他孩子一样多。现在她离开了这个世界，我发现她是我最宝贝的孩子。活着的其他孩子却像多余似的。
- 我出门散步，看到小朋友玩耍，忍不住生气，为什么他们都可以健康地玩耍而我的女儿却不能活着。
- 真来了，我们一起练了一会儿《盛久》。
- 昨天我在房间里碰巧看到一只煤桶。这是我回国后买的，当时我刚刚搬家，心想至少应该添置一个新煤桶。那是雏子出生前五六年的事。不知怎的，很容易破的、经常更换的煤桶还在，我亲爱的、不可更换的雏子却死了。我为什么不能拿这个煤桶换回我的孩子呢？
- 昨日的葬礼上，我们取回了骨灰，这是头七的前夜，明天就是头七了。忙得不行！可是回头看，我们所有的忙碌都是没有意义的。如果不能起死回生，这一切都是徒劳而已。世间遗憾，莫过于此。

- 我感觉自己的胃撕裂了一样，继而觉得整个身心都撕裂了。每每想到这个无法愈合的悲痛，这种撕裂感就会重现。

- 根据［12 月 5 日］早报所说，日本政府高层和中国革命军同意三天的休战，希望三天内能商定出和平协议。依他们的逻辑来说，雏子的死轻如鸿毛，不足挂齿。从他们的盘算看，我的肛门病痛更是不值一提。[19]

鲜有作家不在作品中使用自己的生活素材。批评家们认为，除了漱石的"唯一一部自传式作品"《道草》（1915），漱石正在那鲜有的作家之列上。但也有人指出，这种说法是不准确的，漱石其实是把自己的生命经验进行了转化写作，应区别于自然主义学派描写真实生活的自白式写作。雏子的去世是漱石生命中非常痛苦的时刻，3 个月后他罕见地在小说中对其升华创作。1912 年 3 月 21 日，漱石给那位雏子死时恰好来家看他的朝日新闻社编辑写信，他提到了一部近期刚刚写完的作品："对我个人来说，《下雨天》是一个非常感人的故事。我是 3 月 2 日（雏子的生日）开始写的，3 月 7 日完成（雏子的百日祭日）。能够给离世女儿的祭坛上放上一本这样的纪念册，我觉得很合适，也很高兴。"[20]

漱石的《春分之后》中的一个故事《下雨天》，是漱石日记的文字重现。故事中虚构的父亲松本恒三刚刚失去 5 个孩子中最年幼的一个（漱石一共有7个孩子）。死亡的细节和漱石的日记高度吻合，包括痔疮和芥末浴。此外，葬礼的准备、守夜、葬礼当天和火葬场取骨灰的情节部分段落是从漱石的日记中摘取的，压抑的文字令人窒息。但是故事有一个非常重大的改编，和漱石的经历有出入的是：故事的主人公不是孩子的父母，而是松本的侄女千代子，这个年轻女子是在2岁的孩子死前给她喂饭的人。

> 一个人孤单单地坐着，她不断起身更换燃烧得越来越短的檀香。外面的雨依然下个不停。她听不到大雨冲刷芭蕉叶的声音，却清清楚楚地听到雨滴击打锡篷房檐的滴答声，落寞而又悲伤，不可言喻。她过一会儿就会掀开孩子脸上的盖布，于是悲从心来，恸哭不止，这夜就这样过去了。[21]

通过虚构一个代理人，漱石把叙事的焦点从父亲移到了侄女身上，只有通过这个虚构角色，漱石似乎才可以表达自己内心的悲痛。

故事也描写了父亲的悲伤。在最后一段，父亲吐露心声，说自己无法再在雨天接待客人，因为女儿去世的11月的那天，也下着雨。因此，在那个下雨的下午，他拒绝了叙事者的第一次来访。故事中，父亲大部分时间沉默不语。他的话语基本都是漱石日记里的内容，为了凸显他的悲伤之情，漱石也会增加一些描述性文字。漱石在日记里没有详细记载守夜的事情，只

210

是简单说自己不想守夜，独自上床睡觉了。但是在故事里，松本解释了自己的做法。夜里 10 点的时候，松本给和尚拿了一块糕点和一些钱，以答谢他的念经，并让他回家去。妻子不解，问他为何，他说："应该让和尚早点回家的。而且，宵子（故事中小孩的名字）不喜欢听经。"[22]

最后几段是对火葬和取骨灰的描述，基本和日记里的文字一样，无法忍受的细节被放大，成功刻画了平静表面下的强烈悲痛之情。"她活着的时候，我从来没有这样感动过，"故事里的父亲说，"现在我失去了她，她却显得最为宝贵，我忍不住希望其他的孩子代替她。"[23] 在回家的人力车上，侄女突然遗憾地意识到，自己的刻骨之痛已经消失了。"她觉得，两天前的悲伤，其痛之切包含了某种更加纯粹和美好的东西，现在平静的她反而想念起那刻骨之痛。"[24] 这一段呼应了漱石在修善寺一难后急于回忆和写作的心情，也许，他对记忆有一种普鲁斯特式理解，即记忆是理解过去真实面貌的一把钥匙。

15

孤独

在人们眼里，他是一个愤世嫉俗、难以相处的失败者，整天满脸阴郁，还有一点吓人。但是，当他心情不错，和孩子们在一起的时候，展现出来的是天性中最美好的一面。他和男孩们一起玩相扑，快乐天真的样子也像一个孩子。[1]……当他身体状态不错的时候，他对孩子们特别关心。无论他们怎么做，他都静静地微笑着，看着他们，有时和他们一起玩耍。其他时候，他就在一旁看书，任由孩子们瞎闹，他仿佛一点也不在意。[2]

镜子在回忆录中的这一段，把漱石描绘成了一位慈祥的父亲，这可能在为后来，即1913年到1914年噩梦般的日子做铺垫吧，这段时间里漱石饱受精神疾病之苦，频频精神失常。当他身体健康的时候，他真的是一个慈爱的父亲吗？鉴于镜子对生病期间的漱石乖张行为毫不留情的描写，我们有理由相信当他"心情不错的时候"，他应该是一个友善之人。

然而，孩子们长大后对漱石的回忆，让我们怀疑起镜子的描述。漱石的大女儿笔子在漱石去世时 17 岁，漱石去世 60 年后，笔子对他的回忆是"很冷淡"，"很难接近，有点吓人"。[3]"如果我和妹妹［恒子］做了让他不高兴的事情，他会把我们关在书房里，或者揍我们一顿，这种事情经常发生。"[4] 在她的记忆里，父亲是这样的：

> 他属于另外一个世界，一个不属于我或者这个家庭的任何世界。每天上午他会写一期小说；然后是午饭，他是单独吃午饭的，从来不和我们一起吃午饭；然后他会带上他新写的小说出门，散步并寄走文稿。他从来不喝酒，不抽烟，也不和其他女人鬼混。他生活规律，却总是生病。我希望他寿命更长一些；我希望我们之间的距离可以缩短一些。[5]

212

根据笔子的说法，漱石对她和恒子更加严厉一些，对年幼的妹妹们温和一些，而对两个兄弟则是一个有爱心的父亲形象。漱石的儿子们却并不认同。哲学家和辻哲郎是后来加入周四沙龙的学生，他认为漱石在学生们面前是一个父亲形象的存在，但他却不能让他的孩子们感受到父爱，这是他"家庭悲剧"的主要来源。1925 年，当他在柏林遇到漱石的长子夏目纯一的时候，他的这个感觉得到了证实：

> 当时他 20 岁了。漱石去世时他才 11 岁。在他的印象
> 里，父亲暴躁易怒，行为举止经常发疯一样。我试着劝说，
> 却无法让他相信，漱石不是这样一个人。他讲了很多自己
> 无端被父亲打骂的往事。他甚至表达出一种仇恨。

漱石去世时，夏目纯一的弟弟夏目伸六才上二年级，也说
自己童年的不幸，是因为要小心警惕随时会发怒的父亲：

> 即便当我们一起玩相扑的时候，我使尽全力挣扎，满
> 脸通红，只打败过他一次吧，全程我都很紧张，担心他随
> 时会骂我。我始终生活在对父亲责骂的恐惧阴影里。我觉
> 得我们在玩相扑的时候，他作为一个正常的父亲应该能感
> 受到我的这种恐惧心理。我不知道，如果他了解到我内心
> 深处无法和他走近，他会不会难过。尽管，我表面上并没
> 有表现出来。要知道，我这样一直隐瞒他，直到他去世，
> 这是一种很绝望又很后悔的心情。[6]

假如当时的诊断是准确的，漱石有双相情感障碍的症状。
在漱石患狂躁症期间，他常常会陷入幻觉中，极易导致暴怒，
这让全家人都如履薄冰。镜子在 1912 年 12 月中旬注意到漱石
的一些不寻常举动，其精神状况类似 1903 年，漱石变得对噪音
超级敏感多疑，比如仆人们的聊天会让他大发脾气，他为此赶

213

走了一个又一个仆人。有时候电话铃声也能激怒他，他会马上跑过去拿起新装电话的话筒，对方会先礼貌询问这是不是漱石家，他会大喊道："我怎么知道！"然后挂掉电话。打错电话的情况也会让他大发雷霆。有一次小宫打来电话，要和镜子讲话（镜子之前跟他说有要紧事商谈）。漱石暴怒，他岂敢"要求和一个男人的老婆讲电话"！此后一段时间里，每次小宫来访，都会被漱石冷鼻子冷眼地对待。考虑到小宫和漱石一家的亲密关系，这样的事情应该是很让人伤心和疑惑的。

铃木和森田也曾被漱石突然大骂。但是，最受折磨的当然是他身边的亲人了。除了镜子和 6 个孩子，3 个仆人也经常被责骂在主人背后咬耳朵，然后被辞退。镜子曾回忆，有一次她从外面购物回家，发现仆人全走了，笔子在嚎啕大哭。漱石要求孩子们在妻子回家前都待在房间里，然而他发现孩子们不听话，跑到院子里玩，而且一个仆人还陪着他们，漱石勃然大怒。他立马辞退了仆人，笔子替仆人说话，漱石当着邻居们的面打了笔子。家庭关系的紧张和恐惧气氛一度让他们"再次讨论"是否分开，虽然他们没有正式分开，但是在 1913 年 2 月底，镜子搬到了房子边角的一个小厢房里。

1912 年 12 月 6 日，漱石开始写他的下一部重要小说《行人》[7]。3 月初的时候，漱石第三次胃出血，不得不卧床休息 2 个月，但身体虚弱了很长时间。3 月 28 日，他停止了《行人》的写作。4 月 6 日，虽然还是有些头晕，他试着写作，直到写完 2 期，在 9 月中旬再次病重。他之前坚持写作，尽管肠胃灼热难受，始终会坚持一定量的写作。但是这一次，因为身体和精神的双重折磨，他不得不停下来。有记录证明，他对这些遭遇非常郁闷。在此之前，不管疾病多严重，他都在靠毅力坚持写作。不过，在一本备忘录里，他记录了这么一件事：一个下人在电话上叨叨了 15 分钟，而此前漱石曾明确禁止下人打电话，可他并未大声呵斥。"我一句话也没说，当疾病把你折磨得恨不能马上死去，你很难对世上的琐事再有心思。"[8]

在漱石死后，小宫开始整理漱石的作品全集，他把这些零碎的记录归为"琐记"一类，和日记区别开来。这些琐记没有时间线索，零星拼凑，具有更加浓厚的个人色彩，比起日记，它们是更加向内的思考。这一时期的琐记为读者生动地刻画出一个渐失理性的漱石形象来。在某些记载中，一个吹毛求疵、脾气暴躁的漱石跃然纸上；在另外一些段落里，读者又仿佛可以看到似乎陷入妄想的漱石：

> 一个号称渔夫女儿的下人，好像是后牙里塞了东西，总爱嘶嘶地倒吸冷气，仿佛是在吸溜着喝热汤一样。开始以为是习惯，可是久了以后，这烦人的动静让我觉得，她是故意为之来气我。有一次我从外面回家，听她对另一个下人抱怨说牙疼，却又不愿去看牙医，只是一个劲地发出那可恶的响声，嘶嘶地吸溜个不停。我当然可以粗暴地禁止她这么做，但是经验告诉我，如果我强行制止，他们定会想出别的法子来报复我。而且，即便他们不再这样吸溜着烦我，一定也会想着其他的法子折腾我的。我毫无办法，于是只好照葫芦画瓢，也对着他们吸溜冷气。

一次因为有事相商，我去找住在本乡的［诗人］佐佐木信纲。在去他家的电车上，我又遇到一个爱吸溜冷气的人。我见状也开始吸溜冷气，结果那个乘客停下了。到了佐佐木家以后，我们大家要一同去大冢。我在等佐佐木的时候，再次听见隔壁房间发出那种熟悉的吸溜声，我自然回敬以同等次数的吸溜声。我们去大冢的一路上再也没有听到过这些噪音。前一天晚上，松根［东洋城］来访，结果他的后齿也发出同样的声音。我当时问他："你牙疼吗？"他说是的，但无暇看病。我是周日去的佐佐木家，所以松根来访那天是周六。中［勘助］与安倍［能成］是礼拜三来我家的……当我对下人说取点东西的时候，安倍猝然开始发出吸气的响声。[9]

215 　　这一年漱石挣扎着完成了小说《行人》。小说情节隐晦游移，充满矛盾，折射出漱石该时期经受的身体和精神的双重痛苦。书中很多情节令人迷惑，一些悬念搁置不述。主人公是一位饱受偏执妄想疾病折磨的知识分子，这样的人物形象在当时不足为奇。漱石塑造的一郎是明治时代知识分子的代表人物：他的痛苦源于他对世间人情冷漠的清醒认识。一年后，即1914年，漱石再度深入这个主题，完成了可认为是姊妹篇但评价更高的作品《心》。故事里的妻子凄凉地问冷漠的丈夫："男人的心和女人的心是否能够相通？"在《行人》里，脑海里想着妻子阿直的一郎，对故事的叙事者二郎提出了同样的问题：

"你懂别人的心吗?"哥哥突然问道。

"我的心哥哥还不了解吗?"我稍停了一会儿回道。

"你的心我非常了解!"

"那你想说什么呢?"

"不,不是你的心,我是说女人的心啊。"哥哥的话像一团火球,急促地燃烧,我竟有一种异样的感受。

"女人的心也好,男人的心也罢,有什么区别……"

"你是个幸福的人,恐怕还没有必要研究这种事吧。"他突然打断我说。

"那是因为我不是哥哥那样的学者……"

"别说傻话!"哥哥训斥道,"我不是指像读书或是心理学那种抽象的研究。现在你眼前有一个人,一个你希望心意相通的人,如果不研究她就会坐卧不安。我是问你碰到过这种情况没有?"

我一下子明白了他指的是谁。

"我觉得是你想太多了,你把这个当作学问研究了。这种事最好想简单一点……"

"她不容许我头脑简单!她故意逼我不断思考,利用我喜欢寻根探底的特点,好达到她的目的。你知道梅瑞狄斯吗?"他问道。

我说我听说过。

216

"在他的一封书简里,他是这样写的——我看到有人因女人的外貌心满意足,我很羡慕;我看到有人因女人的肉体心满意足,我也很羡慕。对我来说,如果不能抓住一个

275

女人的灵魂即所谓精神，我是不会心满意足的。因此，爱情之于我来说，是不可能的。"[10]

有一次一郎和妻子阿直、弟弟二郎一起去乡下，一郎请求二郎考验阿直是否忠诚。他让二郎带阿直去旅馆里留宿，共处一室。二郎大吃一惊，并答应带阿直去邻近的和歌山市，但只待一个白天。两人清早出发，后来雨一直下，他们来到了一个茶室。二郎问阿直是否真爱一郎，阿直抽泣起来。二郎心生怜悯，却克制了想要拉手和她一起哭的冲动。阵阵温柔袭来，二郎却不敢表达。

暴风雨的来临使二人不得不投宿旅店。二郎登记的时候，故意在二人的名字后面注上"一郎妻"和"一郎弟"。雷鸣电闪，灯突然熄灭了。后面的描写绝对是大师水平，不断地推向禁忌暧昧，接着又巧妙避开：

> 屋子里的黑梁柱和烟熏的天棚本来就显得阴森森的，现在彻底地一团漆黑了。我仿佛感觉她就坐在我对面，如果我深吸一口气，就能闻到她的气味。
> "嫂子，不害怕吗？"
> "我怕呀！"黑暗里，她的声音正是从我预料的地方传来，但是声音没有丝毫害怕的感觉，也不是故意装作害怕给我看的那种轻浮语气。我们在黑暗中静静地坐着，一动不动也一言不发。也许眼睛什么也看不见的原因，听觉异常敏锐，外面的暴风雨比任何时候都响彻耳鼓……

"嫂子请再忍耐一会,女佣就要拿灯过来了。"

我这样说着,期待嫂子能在黑暗里说点什么。可她什么也没说。我忽然有种毛骨悚然的想法,这伸手不见五指的黑暗可能在逞威风,连女人纤细的声音都传不过来。没过多久,我开始担心起来了,她应该在的,肯定在的,黑暗中就坐在我的边上,于是我又喊了一声:"嫂子?"

她还是不吭声。我想象着电灯没灭时她坐在我对面的样子,确信我俩之间的距离,又叫了她一声。

"什么事?"她似乎有点不耐烦了。

"你在吗?"

"我当然在啊!我是个活生生的人呢。你要是不信,就伸手到我这里摸一摸。"

我想伸手去摸一下,可没有这个胆量。这时我听到腰带的摩擦声。

"嫂子是在干什么吗?"

"是啊。"

"那你在干什么啊?"

"刚才女佣拿来了浴衣,我想换上,正在解腰带呢。"嫂子答道。[11]

之后电灯短暂地亮了一会儿,二郎注意到嫂子不知什么时候在黑暗中已略施粉黛。女佣把晚饭拿进了房间,又在榻榻米上挨着铺好了两人的铺盖。两人开始担心起住在海滩的一郎和一郎的母亲,是否会发生海啸之类。"我可不想错过海啸。"阿直的冒险精神让二郎大吃一惊。

"如果我要寻死的话，我才不愿意用上吊或是抹脖子的小动作。我宁愿被洪水冲走或是被雷电击中，突然间一口气死掉那种。"

"这好像是小说里的情节吧。"

"也许吧，不过我是真这么想的。你如果认为我是在开玩笑，咱们马上去和歌浦，让你看看我跳进大浪里！……"

"今天是我第一次听嫂子说死。"

"也许是我第一次提到死，但是我没有一天不想着死。所以，如果你觉得我是在说谎，请把我带到和歌浦去，我一定会跳到大浪里，死在你眼前。"

"你今晚很激动啊。"我安抚着说。

"是你在说个不停。我可比你冷静多了。男人们都是胆小鬼，你同不同意？我随时做好了准备。"[12]

这段对话在读者听起来，也许没有情欲之念。但在日本，如果一个男人和一个女人在深夜一起讨论自杀，在旅馆里挨着躺着，就会营造出一种暧昧的殉情氛围。毫无疑问的是，阿直在用言语挑逗二郎，二郎对此也心知肚明。安倍玲子提出，二郎一直尊敬地喊阿直嫂子，除了说到"你今晚很激动啊"的时候，他用了日语中亲密爱人使用的第二人称"你"，这说明二郎已经心猿意马了。[13]

漱石笔下有不少二郎这样的男性形象，遭遇女性的言语轻

218

278

佻，却无法像女性期待的那样露出男儿本色。三四郎也是如此，他在从乡下去东京的火车上遇见一位女子，被挑逗的三四郎和女子一起去了旅馆，同住一屋，同躺一席，然而三四郎一整晚守住自己席子的一边，没有一丝的越界。又比如《道草》的男主人公健三，也常常被妻子戏谑"你还说自己是个男人!"。（石原千秋和小森阳一等学者从男主人公被羞辱和被女性化的角度解读漱石作品。）

一夜无事。阿直催二郎就寝，二郎就乖乖地爬进自己的蚊帐里。次日一早，醒后二人仰望如洗碧空，感慨说"侥幸逃过了恶魔"。

旅行结束后，一郎探问二郎："阿直是个怎样的女人?"二郎坦诚回答不知道后又说："你绝不该怀疑她的品格。"[14]

旅馆的那夜二人相安无事。但后来一个晚上，阿直突然深夜造访二郎的寓所。阿直说自己与一郎的关系进一步恶化了，二郎对阿直的意图摸不着头脑。后来，阿直坦白说一郎不再把自己当作妻子。阿直的这番举动即便不是公然邀约，也是很贴己的情感倾诉了，但结果依旧悬而未决。这种暧昧情愫在小说里隐隐暗流，绵绵不休。在二郎和阿直这层隐形的紧张暧昧之上，是一郎不断升级的关于"存在"的痛苦。也许在漱石看来，二郎无所作为的应对策略是一个预示不幸的伏笔，禁忌之恋的种子被埋设，最终酝酿出灾难性后果。

一郎抛下阿直，获得了离家的自由，他在学者及同事 H 的陪同下到伊豆旅行。通过 H 的一封沉甸甸的长信，此事间接传到了二郎的耳朵里，H 转述一郎的话：

219

我一个人在这一辈子里要经历整个人类几个世纪后才会遇到的命运，这让我感到十分可怕。也许不是一辈子的时间，而是人生的任何时刻，也许是十年、一年、一个月，甚至短到一个星期里，我就要经历这样的命运，这实在太可怕了……或者说，我以一己之力承担了整个人类的不安，每时每刻都在这种不安和恐惧中煎熬。"

"但那是无法忍受的。你必须寻找一些喘息的机会！"［H说道。］

"你不说我也知道这是无法忍受的。"[15]

这封信长达 59 页（英文版 40 页），成为小说有瑕疵的结尾，读者被带入到一个死胡同，无法窥探读信的二郎的内心世界。透过这封信的单一视角，一郎的疯癫跃然纸上，读者看到的是无比清晰的景象，一个被自己的焦虑永远诅咒的漂泊者，嘴里念念有词奔跑在山路上，他说的是《查拉图斯特拉如是说》里的一句话："孤独啊，你就是我的家。"[16]

1914 年 3 月 30 日，漱石给《朝日新闻》的编辑写信，说接下来要写一部短篇小说集。"每个故事都会有一个题目，但我想你还需要一个总的题目，我已经选好了，就叫《心》。不必为这个故事集写任何宣传文字。"[17]

这部小说集最终保留了漱石的最初题目《心》，并成为漱石在西方知名度最高和最具艺术价值的作品。[18] 它包括三章：《先生与我》《双亲与我》和《先生与遗书》。1914 年 4 月 20 日漱石开始写第三章，然后再写篇幅较短的前面两部分，到 8 月 1 日完工。这种倒写的方法颇为奇怪，此处却自有道理。因为如果倒着读，从第三章开始，接着读第一和第二章，是体会《心》辛辣嘲讽之意的最佳阅读顺序。

在第一章《先生与我》中，一名 26 岁的大学生踏上了暑期之旅。他单纯无瑕，一如三四郎。可以毫无悬念地断定，这名大学生的现实原型就是对漱石最热切、最忠心的门生小宫丰隆。在避暑之地，他遇到了一位长者，被其深深吸引，并认定他是自己的人生导师。"过去，我总称呼他为先生，"小说的开篇写道，"此处我也决定隐去真实姓名，只称他先生。"叙述者开门见山，告知读者自己的叙述对象是"先生"，主题性很强。尽管日本人广泛使用这一称呼，对象可以是任何一位自己尊敬的长辈，但此处是指其本质涵义，即"老师"。颇具讽刺意味的是，这位特别的"先生"其实无业可授。如果有的话，那么他的一生就是一堂课，其真谛却无法学到。

叙述者在海滩上初遇先生。在镰仓拥挤的海滩上，他注意到先生陪着一位洋人，这在 1912 年的日本还是很少见的。这位洋人的皮肤"白得非同一般"，更加非同寻常的是，这位洋人身着日式浴衣和日式裤衩，而不是西洋式泳裤。这位洋人是个道具人，在小说开场出现后，再无提及。他的出场是一个隐喻，暗指包括漱石和先生在内的很多日本人在这个时代深深浸染在西方思想和价值体系中。叙述者对先生有一种似曾相识的感觉，情不自禁地想要靠近先生。此后每天的相同时刻，他都会到海滩上，却始终缺乏勇气主动认识。终于有一天，先生的眼镜从

220

浴衣上滑落，叙述者帮着捡起眼镜交给先生。第二天，叙述者跟随先生游入大海。茫茫大海，无尽碧空，只有这两个身影。冥冥之中，先生主动搭话，在两个单独的人儿之间建立了某种联系。这个场景极富寓言性，两人之间的无形关联，指向我们每个人的生命。此外，我们还能明确读到一种酷儿①意味。[19]

> 我们来到了一处海湾，先生回头跟我搭话。浩瀚的碧蓝海面上，只有我与先生。目之所及，强烈的阳光普照着远处群山和一望无际的水面。紧张的肌肉尽然放松，享受着愉悦和自由，我在水中尽情欢腾着。先生停下四肢的动作，仰卧在海面上。我也照样学做。天空把深邃的蓝色投射在我紧闭的眼睛上，令我晕眩。"是不是棒极了！"我大喊道。

> 过了一会儿，先生仿佛从水面苏醒过来，提议道："我们回去可好？"我体质较为强壮，本想再游一会儿。但我当即附和先生："当然好啦。我们回去吧。"我们原路游回海滩。[20]

结束假期回到东京后，这学生竟追到先生家里。先生倾诉自己的孤独，并说学生的陪伴给他带来愉悦；接着又质疑学生为何追随他，并警告学生说自己未必有助于缓解他的孤单感。学生见到先生的妻子，发现她是个郁郁不欢的美人儿。先生和

---

① 原文"queer"是双关语，既可表达奇怪的意思，也指酷儿性少数群体。

学生之间的零星吐露，不免让读者感到一丝罗曼蒂克。先生和妻子谈到了死亡，先生说如果自己先死了的话，不知道妻子会怎么办：

> "怎么办……"
>
> 妻子一阵迟疑。大概对先生死亡的想象，把她笼罩在了悲伤的阴云里。但当她重新仰起脸时，她的心境已豁然开朗。
>
> "我猜是无能为力吧。毕竟，死亡之神多么任性，想带走谁都可以，无论年迈还是青年……"
>
> 她带着嘲弄的口吻，眼神转向我。[21]

在第二章《双亲与我》里，学生被叫回乡下老家陪伴生病的父亲。这个桥段就像是幕间休息的插播节目，其作用是将二人的分离做了戏剧化的推动。1913 年 7 月，明治天皇离世，乃木希典将军剖腹自杀，以殉天皇。叙述者的父亲在病中精神恍惚，竟说"我无颜面对乃木希典将军啊！我要追随将军而去！"，表达了他对封建时代日本的价值认同。[22] 这对父子的疏远，和《后来的事》里代助和父亲的疏离同时呼应了时代变迁的主题。

在叙述者和家人一起等待父亲去世的过程中，他收到了先生寄来的一封长信。他心不在焉地翻动书信，没有心思阅读，直到视线落在最后一行："这封信到你手里的时候，恐怕我已不在人世，早就死了。"读到这里他急不可耐，尽管明知道父亲已奄奄一息，还是给母亲和兄弟留下一张潦草的便条，登上了回东京的火车。一路上，他反复读信。

　　　　第三章《先生与遗书》里的遗书是先生留给学生的。透过这份自白遗书，先生身上的谜底被层层剥开。双亲去世后，先生前往东京求学。大学生活开始后，先生在本乡校区附近找到一处不错的住所，房东是丈夫死于二战的遗孀，同住的还有她活泼可爱、招人喜欢的女儿和一位用人。先生和房东关系热络，他甚至觉得房东想招他做女婿。这个女儿在小说中没有姓名，被称为"年轻小姐"。看见他们一起外出逛街的朋友们调侃说，恭喜他找到这么一位美人儿做妻子。

　　　　后来，先生把"K"带回家里。K既是他的儿时同乡，也是现在的大学同学，性格敏感，原则性很强。K的养父是真宗法师，希望养子学医，听闻他学了宗教哲学后剥夺了他的继承权。先生向房东求情，希望她同意这位失意的朋友搬来同住。然而不久后，先生发现K和年轻小姐的相处似乎很融洽，而此时先生已经爱上了小姐，所以这个形势让他心生不快。对于先生的心思，K竟然毫无察觉，还向先生倾诉，说自己毫无救药地爱上了小姐，在矛盾中彷徨、痛苦。K的痛苦源于爱情的狂热和真宗的禁欲形成的对立矛盾。K自小受真宗熏陶，追求禁欲和无我的"纯粹精神"。K欲说还休的低语和乞求理解的消沉，让先生更加妒火中烧，无法克制地言语回击，指责K不过是个虚伪之人。"你亲口对我说过，任何没有精神追求的人都是渣滓……你曾经滔滔不绝的精进追求呢，难道准备弃之不顾了吗?!"[23]

　　　　先生非常清楚，自己道貌岸然的指责，其实是受"私心"

驱使，此刻他完全被利己之心控制：

> 假如 K 说的是别家的小姐，而不是"年轻小姐"，我一
> 定会全心安慰他，如甘霖般慰藉他焦灼痛苦的心。我自认
> 为生来具有美好的同情心。然而此时此刻，我变成了另外
> 的人。[24]

先生察觉到 K 的消沉低迷，却因为情感上受到了威胁，决
定快速行动和反击。他马上向遗孀房东提出求婚娶女，得到痛
快的应允。先生对 K 却只字不提，K 从房东无意的谈话中才得
知此事。几天后，先生还没来得及跟 K 解释，K 自杀了。

223

先生颤抖着手打开 K 死前写给他的信，本来猜想 K 要罗列
罪名指责自己，害怕房东和女儿看了后对自己心生轻蔑。出乎
意料的是，这封信内容十分简单，甚至有些抽象。K 称自己懦
弱无能、迟疑不决和前途无望，故而自杀。信的结尾 K 还感谢
先生曾给予的关照。"我快速扫了一眼信，第一个念头是'我没
事了'！（当然，这里只是我的面子保住了。而面子此时对我来
说是最为重要的。）"[25]

在先生给学生留下的这封自白书结尾，他恳请学生为自己
保守秘密，不要让妻子知道：

> 我将我的过去，无论善恶，供人参考，但请你答应我，
> 不要让我的妻子知道。我希望她对此一无所知。我唯一的
> 愿望，是希望她对我的记忆都是清白美好的。所以，请为

我仅对你一人的坦白保守秘密，永藏于心。[26]

至此，就像小说《行人》一样，漱石再次用一封书信为小说收尾。第三章记载了先生因私心驱使而付出的最终代价，并清晰地交代了来龙去脉。对比之下，《心》的开篇显得无关紧要，这是因为读者无法确定，先生的信是否给学生提供了"真实的人生教训"。至少，读者得到的线索寥寥无几。

学生是否理解了这个教训的真谛呢？小说的第一章和第二章没有给出明确答案。读者要理解小说带有讽刺意味的完整性，必须在头脑里想着第三章的自白书去读具有附录作用的第一和第二章，体会漱石在小说里对时间的翻转戏弄。小说的叙述顺序看似是线性的：学生遇到先生，学生回到乡下陪父母，学生读先生的遗书。学生明白无误地指出，这是"先生临死前写给我的长信"，所以他对先生的了解全部基于这封遗书。"现在先生离开了这个世界……不然，我怎么可能知道，这个浪漫的爱情故事背后还藏着如此可怕的悲剧……更令人唏嘘的是，先生的妻子对此毫不知情，也无法体会 K 的悲剧对先生的摧残和折磨。至今为止，她一无所知。"

读者需要知道，叙述者是先读了先生的遗书后才开始讲述他和先生的故事的。因此，我们在读前两章的时候，要去里面寻找证明他受到了遗书感召和影响的蛛丝马迹。先生极力想表达，自己的人生展示了"道德的无尽深渊"，也许正好是学生正在寻找的鲜活的人生教训。

224

你总是逼我将我的过去，像画卷那样在你面前展开。正是这些时刻让我对你心生尊重。因为你让我看到了某种决心，你决意要从我的身体里撕扯出精心深藏的东西，你肆无忌惮地从我内心深处的壁龛里，要撕出某种活物。你割开了我的心脏，啜吸涌动的、炽热的鲜血。那时我还活着，不愿意死，遂拒绝你的要求，许诺改日答应你。所以我现在就要敲开我的胸膛，让心脏里的热血溅到你的脸上。倘若我的心跳停止时，你胸中诞生了新的生命，我也就死而无憾了。[27]

　　上面这段描述是整部小说中最富情感表达的一段（同时也暗示了先生和学生的同性之爱的可能性）。在先生死前的黑暗之中，闪烁着代表希冀和乐观的火花。在第一章里，先生警告学生说，等自己最终向学生袒露自己的过往之时，怕是也已经毫无意义了：

　　往日毫无益处地跪在我脚下的记忆，怕是你日后想将我踩在脚下的动力。而今我不想拥有你的尊敬，是因为我不想在日后被你鄙视。我选择忍受今天的寂寞，是为了避免日后忍受更大的寂寞。

　　"我们必须品尝这寂寞，"他继续说道，发出了漱石所有作品都压制不发却久久回荡的心声，"它是我们生活在充满自由、独立和自我的现代社会必须付出的代价。"[28]

这句话隐含了先生讲述的人生的"鲜活教训",即自我本位的惨重教训。然而,我们也能找到迹象证明,学生并没有汲取先生的教训。第二章的结尾处,学生抛下病重的父亲前往东京,就是一个明显的例子。他对先生的迷恋驱使他抛弃了日本传统最为看重的美德:父母临死前,儿女应在身边尽孝。[29] 在第一章结尾处,他对先生的行为做了一番表述,这段文字彰显无遗地说明他对先生的教训完全不得要领。先生决心死守这个秘密不让妻子知道,即便忍受内心折磨生不如死。他承认,之所以不能让妻子知道,是无法接受自己在妻子心目中的美好形象遭到破坏。在婚姻中为了守住秘密他保持沉默,死后他让学生继续保持这份沉默。但是,这份沉默使妻子不断自责无法让丈夫打开心扉,妻子不断努力去理解这个和自己生活多年的男人,都是徒劳。这根本就是自私的恶行。然而,学生的解读却出奇离谱:"先生宁死也不肯让她知道。为了不破坏她的幸福生活,他选择结束自己的生命。"[30] 学生无法看到,先生决意保守秘密,完全没有考虑妻子的根本痛苦。从根本上说,他无法分辨自私自利和自我牺牲。

第三章临近结尾的部分,先生回忆起一桩希望被记住的往事。"一次妻问我:'男人的心和女人的心怎么就不能贴在一起呢?''也许仅限于年轻时候吧。'我敷衍回答道。妻似乎回想了一会儿过去,之后轻轻叹了口气。"[31]

也许小说已经把这个问题的答案隐约给了读者:两颗心永远不可能贴在一起;就像一个人永远不能从别人的教训里汲取经验。我们永远无法理解他者,我们又时刻渴望自我表达,这就是《行人》中一郎的内心痛苦，也是《心》中作为老师的先生无法传授人生教训的痛苦。每一个人物都在隔离和孤独中痛苦挣扎。

在漱石的所有作品中，学者们对《心》的阐释和争论最为热烈。1985 年，小森阳一发表了一篇《心》的评论文章，其激烈论调掀起一场轰轰烈烈的"《心》之辩论"（自《心》于 1914 年出版后的 500 篇评论文章被统称为"《心》之辩论"，其中有 200 篇发表于小森阳一文章后的 10 年内）。[32] 小森阳一首先否定了《心》的传统阅读模式，即只关注第三章《先生与遗书》，而完全否定了第一和第二章的重要性，由此忽略了学生作为叙述者的重要作用。（自 1950 年代起，被选入日本高中课本的《心》只有第三章。）小森阳一认为，教材如此摘选有其功利性原因。把第三章单独摘选，使其在高中读者面前成为一部独立完整小说，是为了向学生隐性渗透"家长制绝对权威"价值观。它是日本帝国意识形态在伦理、精神和死亡三个方面的核心价值观。如果把第三章作为一个独立的故事框架阅读，故事的唯一主人公即先生，始终在向其叙述对象即学生，传递符合帝国意识形态的价值观和伦理观。先生把自己的自杀行为比作乃木希典将军追随明治天皇的剖腹自杀，乃是为了致敬"明治精神"的爱国之举。学者江藤淳甚至用激越的语言隐晦地表达，漱石通过这个故事和主人公精神附体，合二为一：

明治天皇的驾崩和乃木希典将军的殉死，使先生意识到自己身体里的明治精神并未烟销灰灭。这个伟大时代的价值理念如一缕青烟，从他备受折磨的往日岁月里袅袅升起，化作一个挚爱的鬼魅，向他莞尔一笑。如梦似幻中，鬼魅轻声低语道："到我这里来吧。"[33]

不过，小森阳一关注的是被忽略掉的故事，即学生读了先生的遗书后是如何讲述自己和先生的故事的。他认为，第一章和第二章里隐藏的一些细节显示，学生追求的人生价值观与先生在第三章里宣扬的家长制价值观是完全对立的。小森阳一对文本展开了形式和结构分析，首先从第一章的第一段开始评析，"每当我从记忆里想起他时，总是想叫他一声'先生'。此时我提起笔来也是同一种心情。无论如何，我绝对不想用一个无生命感的大写字母指代他"。[34]

在故事里，每当先生提到他的朋友时，使用的恰恰是这种无生命大写字母的方式，"我就叫他 K"。[35] 小森阳一认为，学生在开篇就从"称呼语"上表明了自己与先生的差别。[36] 学生对先生及后来成为先生妻子的年轻小姐的称呼，与先生对学生及 K 和年轻小姐的称呼，是迥然不同的。[37] 在第三章，先生被塑造成一个偏理性、有计谋的人：

> 我认真观察他，仿佛正面对我的击剑对手。我的每一根汗毛都直立备战……K 对此却一无所知，还毫无防备地和我交心。我一边惬意地全方位观察他，一边留心他最为薄弱的软肋。[38]

小森阳一指出，先生对 K 毫无同情心可言，简直就是铁石心肠。同样，他对年轻小姐的爱慕也值得怀疑，这份感情展现出来的是一种抽象的理念，而不是炽热的激情，是一种柏拉图式的依恋，完全排除了任何身体层面的爱欲：

> 我对她的爱恋，更像虔诚的信仰……所谓爱这种奇怪的东西，可以有两种形态。一种是高尚的形态，如神圣之爱；一种是粗劣的形态，是欲望之爱。毫无疑问，我的爱属于前者……当我注视着她时，当我用心揣摩她的心思时，我在意的绝对不是她俗气的肉身。[39]

小森阳一进一步提出，先生割裂了妻子的肉与灵，而学生则反其道合二为一。被先生抛弃肉体之爱的孤独的妻子，在学生这里得到了爱的弥补。小森阳一甚至大胆推论，妻子在婚姻中一直期待有个孩子，但均遭到先生拒绝，最终和学生实现愿望。小森阳一的推论依据是小说中像哑剧一样的一个场景。只有当读者关注到第一和第二章的叙述主导是学生，即学生控制了何时叙述及叙述何事，读者才有可能发现这一场景的真实意义：

> "我希望有个孩子。"太太眼睛转向我说道。"是啊。"我应道。但我当时因为没有孩子，所以全然没有同感，只觉得孩子会很烦。
> "领养一个?"先生提议。

"养子啊，亲爱的？"太太眼睛又转向我。[40]

这句"但我当时因为没有孩子"，小森阳一理解为，谈话场景时没有孩子，但写作的这个时候已经有孩子了，接着他进一步跳跃式大胆论断，叙述者此时已经和夫人发生关系有了一个孩子。学生和夫人的暧昧之情在这一段里确实时隐时现，尤其当夫人使用了夫妻之间的常用第二人称昵称 anata（这是日语中的一个第二人称，但只用于非常熟悉和亲密的人之间）。此处我翻译为西方爱人之间常用的称呼"亲爱的"。《行人》中，在旅馆里二郎对阿直脱口而出的亲密称呼也是这个词。读者也许觉得夫人这句话是说给先生听的，但是夫人说这话的时候转向看学生，这一举动制造了涵义的模糊性。[41]之后，在我们上文引用过的一段对话中，小森阳一再次发现一处因 anata 制造的模糊性。先生和妻讨论死亡的话题，先生问如果自己先妻子离世，妻子会怎么办。

"怎么办……"

妻子一阵迟疑。大概对先生死亡的想象，把她笼罩在了悲伤的阴云里。但当她重新仰起脸时，她的心境已豁然开朗。

"我猜是无能为力吧。毕竟，死亡之神多么任性，想带走谁都可以，无论年迈还是青年……"

她带着嘲弄的口吻，眼神转向我。[42]

小森阳一认为，从这一段开始，《心》的叙述渐渐偏离先生给学生成功传授的家长制价值观，而转向了一场以自我牺牲、禁欲精神为核心的传统民族主义价值观与提倡"两个个体可以自由组合，达到肉和灵的双重统一"的现代理念的斗争。[43] 基思·文森特进一步解释说：

> 小森阳一的重读修改了小说的剧情，从而把这部描写病态同性暧昧之情的伟大作品，逆转成为一部描写更加明快的异性恋、以现代性为主题的作品……从而改变了叙事进程，从以先生为主人公的同性恋往事，推进到以学生为主人公的异性恋未来。[44]

随着《心》在 1914 年 9 月的出版，一个不知名的小出版商发展壮大成为知名的大出版社岩波书店。岩波书店的创始人岩波茂雄（1881—1946）从东京帝国大学哲学系毕业后，赴神田女子学校任教，后任校长。1913 年 7 月他离开学校进入二手书行业，在神田的二手书店商业区神保町创办旧书店。无法得知他是如何认识漱石的。根据镜子的回忆，一天，岩波到家里来访，漱石叫她把岩波带到书房，还让她取出价值 3000 日元的股票券借给岩波。经过多年的困顿生活，漱石家的经济状况好转起来，于是开始把家里的闲钱交于伦敦留学时期认识的朋友——小宫丰隆的叔叔，投资股票市场。镜子追问借钱的理由，漱石几次想搪塞敷衍过去，无奈镜子坚持，方才告知详情。岩波和图书馆达成了一笔数目不菲的旧书单子，如果事成利润可观，但岩波苦于没有资金，只好借钱。漱石提出借予 3000 日元作为担保金去银行贷款的主意，镜子于是要求写欠条。漱石很是不悦，但是在镜子的坚持下也只好羞怯地跟岩波解释，说明写欠条是妻子的要求。这个插曲是镜子若干次忤逆漱石的其中一例，镜子坚持主见，甚至不服从丈夫，在那个时代的女性中确实少见。[45]

从那以后，岩波数次来借钱，每次漱石都答应。到第二年漱石快要完成《心》的书稿时，这位野心勃勃的书商已经扩大业务，除了买卖稀有二手书籍，还准备进军出版行业。而漱石作为日本文坛鼎鼎有名的顶流作家，缘何答应参与岩波提出的自筹出版模式呢？实在是匪夷所思。岩波非但没有给漱石预付款，还用漱石借给他的钱出版并上市了这本小说。之后一年里，岩波利用卖书的收益分两次把书款付给漱石，中间颇费周折，惹起争端。两人在其他问题上也有过矛盾。岩波极致追求审美，对"自己"出版的第一本书，要求极尽所能的完美，比如用最贵的纸张。另外，作为出版界的新手，岩波把书本设计交给了漱石。漱石在 8 月和 9 月给岩波写的两封信里，寄去了版权页的设计（赤红色字样）和漱石设计的扉页的亲笔题词。漱石的题词引用了古希腊医师希波克拉底的拉丁语名言：*Ars longa vita brevis*（艺术永存，生命短暂）。后来，岩波的出版社商标也用了这行文字，上面是米勒的油画《播种者》。此外，漱石还设计了封面，赤红色的页面上随意排放了中国史前文字的拓片。后来岩波出版漱石全集，第一版的 18 册和后续所有版本都沿用了这个封面。

岩波书店后来成为日本左翼出版社的翘楚，相当于伽里玛出版社在法国的地位，成为东京和京都大学先锋思想家们的发声阵地，引入大量西方主要文学作品和非虚构作品译作，出版了若干研究系列书籍，还出版了最有名的日文辞典《广辞苑》。书店的招牌徽标是漱石亲笔题写的岩波二字的假名草体。岩波书店作为漱石参与创建的出版社，依然保持其特色。

与此同时，漱石的身体和精神状况再次恶化。1914 年 9 月 8 日（《心》刚发行不久），漱石因胃溃疡和胃出血第四次住院，为期一个月。这一期间，为了平和身心他开始尝试绘画，他每天花时间跟自己的老师兼朋友津田青枫学画。他最初学习油画，9 月底弃之开始学水彩，后又转而学在宣纸上画水墨画。漱石一度痴迷绘画，经常告诉周围人自己其实是一个画家，有朝一日必将画出名作。12 月 8 日他在给津田的信中写道："我希望在有生之年能画出一幅赏心悦目的作品。也许是山水画，也许是动物或花鸟，不管是什么，它必须是精湛的，充满感染力的。"[46]

镜子曾讲过漱石绘画的一件轶事，笔子也回忆过同一件往事。从这件事里我们也能看出，漱石当时的精神状态还没有恢复好。1914 年末，每当漱石画完一幅作品，他就会送给自己的孩子们，并嘱托他们不许转送任何人。但是，孩子的堂兄弟或朋友来玩的时候，有时会开口索要，孩子们经常会大方地让他们自己选。漱石知道后大为恼火，他扯掉了挂在墙上的所有画作，又撕成碎片，扔进后院的垃圾桶里。

10 月底，漱石家里的狗死了。它叫赫克托，是教漱石能剧谣曲的老师赠送的礼物。这只狗爱刨地，因而备受邻里嫌弃。

231

后来，女佣在邻居家院子的池塘里发现了赫克托的尸体。漱石派人用三轮车把狗拉回家里，送到家后又小心不去看它。家人去买木头墓标的时间，漱石给狗写了一首俳句，抒发悲伤之情：

> 葬于九泉之下，
> 不闻秋风之土。①

1915 年 1 月和 2 月《朝日新闻》连载了漱石挽歌般的自传《道草》。在写到赫克托的部分，漱石的笔触表现出浓重的宿命论，对未来表达了阴郁悲观的思想：

> 他就埋在我家猫墓地的东北侧，两个距离两三米远。我从书房走到北边阳台，秋风瑟瑟。在这阳光永远照不到的阴暗里，我望向花园，透过玻璃门清楚地看到白露里的两座坟墓。猫的墓标发黑了，部分已经霉烂，而相比之下，赫克托的还崭新铮亮。但是不久之后，它们都会在风雨中腐蚀，最终被人遗忘。[47]

---

① 日语原文：秋風の聞こえぬ土に埋めてやりぬ。

16

《道草》

日本与西方的评论家常把漱石的小说《道草》（1915）[1] 称为
他"唯一的自传式小说"，这个定义不完全准确。[2] 可以肯定的
是，书中主人公的生活与漱石在 1903 年到 1905 年间的经历非常
相近。《道草》中写到，健三从一个"遥远的国家"留学回国
后，在大学任职教书，但因没有时间做研究和写作而讨厌这份
工作。肩负着补贴哥哥和同父异母的姐姐的责任，让他备受压
力。妻子与他渐渐疏远，暑期妻子带着两个女儿回到了岳父家。
最令人烦恼的是，时隔 15 年，养父再次现身来纠缠他，要求他
重新做回养子且向其索要钱财。

　　这不是漱石第一次将自己的经历写进小说中，从小说《我
是猫》和《少爷》开始，漱石的大部分作品情节都是围绕其生
活经历展开，人物也多以熟人为原型。[3] 最重要的是，与 20 世纪

30 年代以前流行的自传式小说不同，《道草》追求的不是文字的准确性，更多的是艺术性。漱石试图将现实中真实发生过的事件塑造成形式符合他期望的小说。亨利·詹姆斯对历史学家和寓言家进行对比发现："历史学家往往想要更多用得到的文件，而寓言家则想要更多能得到的自由。"作为小说家的漱石不满足于复现自己生命中的"历史时刻"，而是期望创造出更值得探索的小说人物形象。当然，与很多作家一样，漱石也许认为，以熟悉的自身生活为基础，更可能成功创造出复杂的人物形象。

在《道草》中，有两处展现了漱石的艺术创造能力。首先，在第一回里多年不见的养父突然现身，预示不祥。了解漱石生平的读者们可能会轻易得出结论：小说开始于 1903 年 4 月或 5 月（那时正值早春，"烟雨绵绵"）。刚回国的健三正苦读其运回家的英语书籍，步行往返于家和学校之间（东京帝国大学和漱石在熊本的第一个住所距离不远）。事实上，书中提到的让健三不寒而栗的养父岛田（即现实中的盐原昌之助）这一角色重新出现在漱石的生活中是 1909 年，比小说中晚 6 年。盐原选择此时再度现身是有原因的。当时漱石正准备起稿《后来的事》，他已然是一位知名作家，从《朝日新闻》领取丰厚的薪酬。据一篇写于 1909 年 4 月 11 日的日记记录，漱石确实被养父盐原纠缠索要钱财，但漱石愤怒拒绝了：

> 哥哥和高田找到我，说养父因对我不满叫嚣咆哮。不要问我！养父的贪婪远远超越了常识的范围。我拒绝被道德或情感绑架而给他钱财。这事关我的权利，而我觉得自

己对他毫无亏欠。我不打算动用任何财产来维护我自身的权利。而且，用威胁也休想从我这里得到一分钱。[4]

据小宫丰隆说，经过一番协商谈判后，1909 年 11 月 28 日，漱石收到了一封盐原亲笔签名的保证信，信中写到在如期收到 100 日元之后，就不会再来找漱石要钱，也不会来干涉他的家庭事务。

在小说里，漱石毫不犹豫地篡改了自己的人生时间表，因为他需要一个盐原事件为小说中的新科作家健三带来更多的戏剧效果。凭借小说家的直觉，漱石预想到，加入一个以盐原为原型的角色，可以给主人公创造一个现在和过去的冲突，在冲突中重新认识自我。从这个意义上来讲，《道草》中有关盐原的情节与其说是自传，不如说是一种叙事策略。

漱石的第二处艺术加工体现在他对健三的人物塑造上。故事中，健三行为理性稳定，这显然是小说虚构的。镜子对漱石 1903 年到 1905 年的回忆和描述是令人毛骨悚然的。他的学生和朋友也证实，他时而表现出严重的抑郁症，时而因偏执妄想症暴怒。但是其"自传式小说"将这些严重症状都抹去了。在第二回中，夏目承认："大多数认识［健三］的人都认为他神经衰弱，可他相信他们所察觉的仅是他的本性。"[5] 三言两语轻松否定了自己患精神疾病的可能。然而真实情况是，他的很多行为并不理性：他的"坏脾气"使得孩子们远离他；他"情绪不稳，变化叵测"；他会愤怒地踢开放在走廊上的给孩子们买的花盆，把花盆打碎。此时，他虽然心怀愧疚，但并不表现出来，反而

234

怒斥妻子说她表现得"好像他疯了一样"。那么在叙述中，漱石是不是有意掩饰自己糟糕精神状况的严重程度，或者是他在否认自己的病情？但是，他在日记本里明确无误地记录了自己的疯癫"片段"，而且也意识到这些情绪和情绪影响下的举止是偏离正常行为的。由此可知，《道草》的故事叙事和人物形象，包括健三，都是虚构的，并不是漱石的真实写照。因此，自传小说中的细节往事并非可靠事实，我们不能拿它们当做推测漱石个人的佐证。

即便如此，传记作家还是倾向于相信它的真实性，希望从《道草》中找到漱石未被记录或存在于隐秘角落的真实过往，尤其希望主人公的内心思想和情感以一种前所未有的方式准确地对应着漱石。例如，我们可以抽丝剥茧地分析一下健三和妻子之间关系的相互疏远，叙事视角不断切换，从丈夫到妻子，再从妻子回到丈夫。这样的叙事策略把《道草》和二流作家的"私小说"区分了开来：

> 时间轻轻划过指尖。在这寂静中有一种刺激，一种不断折磨着他的东西。他的妻子不得不保持距离，无助地看着他，神情冷漠。健三不能接受妻子的冷漠疏远，而妻子也默默压抑着对他的同样不满。在她看来，他把自己锁在书房里的时间越多，他们在真实世界的往来和关联就越少……[6]
>
> ……妻子没有深思下去，却被自己的想法困扰不已。"我不会因为他是我的丈夫就尊重他，谁都不能逼我。如果

他希望得到尊重，他必须先成为一个值得我尊重的人，并实实在在地站在我面前……"

奇怪的是，受过教育的健三在这个问题上思想极为守旧。他笃定人应该为自己而活，却想当然认为妻子的存在完全是为了丈夫。"无论怎样，妻子都应该服从丈夫。"

这是健三与妻子之间冲突的根源。

当健三意识到妻子试图获得独立人格时，他会有片刻的迟疑。"难道她不知道自己是个女人吗？"健三可能会这样想。"你真有胆量！"他在激动的时候可能会这样说。

他的妻子对"仅因为我是女人……"这句话永远有保留意见。"仅因为我是女人，并不意味着我就会忍受你对我的粗暴行为！"有时，健三能从妻子的表情中读出她的心思。

"我不是因为你是个女人就把你当白痴，我把你当白痴是因为你是个白痴！如果你想要得到尊重，就得拥有值得尊重的品质。"还没等他反应过来，健三已经开始用妻子的逻辑反击了。他们就这样反复攻击彼此。[7]

这些段落中反映的隔离和疏远是可以被清晰分析的。但是，它是否准确地对应了漱石和妻子在那些年里的痛苦关系呢？人们读《道草》时，重复问同一个问题：漱石对养父盐原的痛斥，是否和小说中健三拒绝给岛田钱财一样激烈？此外，健三的女儿意外在半夜出生，这"无形的块状物"在日光下像"深海里的怪物一样"瘫在母亲的怀里。女儿似诡异的畸形物，这是否也是漱石在1903年看到三女儿爱子刚出生时的真实感受呢？

这部小说用大量以前未公开的资料吸引读者不断揣测。例如，健三有段痛苦的童年记忆，健三的哥哥曾答应送给他一块银怀表：

健三从未拥有过一块表，他对这块表垂涎三尺：两个月来，他一直屏息等待，想象着这块银表挂在他的腰带上，自己将把它视为一辈子的骄傲。

健三的哥哥死后，嫂子当着全家人的面承诺会把这块表给健三。不幸的是，哥哥的表一直保存在当铺，健三无法赎回。健三虽然从嫂子那里得到了表的继承权，却始终得不到表。

一天，一家人聚餐时，健三姐姐的丈夫比田从和服里取出了这块表。表已经被擦得锃亮，系在一条崭新的缎带上，缎带的末端还有一颗珊瑚珠。比田将表放在他的大哥面前。

"我们决定把它赠与你。"

大姐应和着丈夫说道。

"很抱歉给你添了那么多的麻烦，我很高兴能收到这块表。"道谢后，大哥收下了这块表。

健三默默地看着他们三人。所有人似乎都没有注意到旁边的健三。直到最后，健三一言不发，觉得受到了侮辱。他们竟毫无察觉。健三痛恨他们对自己的无视，视他们为敌人，想不到他们竟如此狠毒。

健三没有当面主张说这块表应该属于自己，也没有要求大家给自己一个解释。他只是默默地把他们删除了。在他看来，和自己兄弟姐妹断绝关系，是他们能受到的最残酷惩罚。[8]

　　我们无法证实这是不是真实事件。评论家们也不敢妄下定论。但可以确定的是，漱石戏剧化地呈现出了一个看似合理的线索，而这也是众多线索中的一个而已，它可以帮我们追溯健三对家人不信任、对社会愤世嫉俗的根源。《道草》叙述了一个忧愁的男主人公，他被生活环境驱使，对未来失去了希望。

　　小说的结尾是漱石早已借《门》的主人公宗助说过的话：宗助回应妻子对于春天的热忱，提醒她冬天也要来了。健三给了岛田 100 日元，岛田签署了保证书，保证再无干涉。妻子终于松了一口气，表示这件事情终于解决了，但健三打破了妻子的心满意足：

　　"这解决的只是表面。你对此感到满意，因为你在意形式主义。"

　　"那么怎样叫做真正解决了这个问题呢?"妻子愤愤地问。

　　"在这个世界上，几乎没有什么是可以真正被解决的。一旦开始，就永远不会结束。它只会不断换个样子，让我们意识不到它仍然存在罢了。"

237

结尾的这几句对白，道出了健三与妻子之间的鸿沟。"健三怨恨地说出这些话。妻子默默地抱起婴儿喃喃道：'乖女儿，爸爸在说什么，我们一个字也听不懂，是不是？'说完亲吻婴儿红润的脸颊。"9

《道草》把《行人》和《心》这两部作品传达的悲观思想推向了极端，两个人之间的沟通是不可能的，更别说是爱情了。从文体上来看，漱石的写作呈现出从早期小说到后期未完成作品《明暗》里全新风格的一种转变。漱石一直尝试克服日语固有的模糊性和主观性特点，达到英语对心理世界的现实主义描写能力。最终，漱石已经能够把角色心理刻画清晰，并在《明暗》中继续探索和完善。

《道草》于1915年4月初至6月连载。当年3月，即开始撰写《道草》之前，漱石寄出了其回忆录《玻璃门内》的最后几回，随后动身前往京都，这是他生前最后一次去京都。是年初，漱石的朋友兼绘画老师津田青枫搬回了京都，邀请漱石前往。依然感到沮丧和低迷的漱石并不愿接受邀请。但是镜子坚持劝他去，认为旅行和画画对身心健康都有好处。在妻子的反复劝说下，漱石只好妥协。3月19日，漱石坐上火车，打算在京都待一个星期。来车站接他的是津田和他的哥哥西川一草亭。津田的哥哥是其家族创办的插花学校的第七代负责人。与其他的插花艺术大师一样，他还是一位画家、书法家及日本美术作品鉴赏家。10 漱石希望找一个僻静的地方独自待着，所以没有把行

238 程告诉京都大学和大阪朝日新闻社的熟人。西川知道一家新开旅馆，这家旅馆的名字叫北大嘉（位于木屋町三条），便在二楼

安排了一间阳光充足的房间，打开玻璃门步入阳台，可以俯瞰鸭川。

在离开那天开始写的日记中，漱石详尽记录了他与两兄弟一起悠闲度过的5天生活。[11] 其中细致描述了坐落在城里和周边山丘上的一些寺庙和宅院，那里都有他们认识的人；还记载了他们在只向熟客开放的餐馆里品尝的美食，例如用味噌烤的鸭子和鱼、用砂锅炖的美味香草蔬菜、鲤鱼和海鲷刺身、虾浓汤、山药及菌菇等。奇怪的是，他们习惯白天提前去买好食物，然后带到饭店加工做晚餐。大部分的时间他们都聚在漱石房间，在榻榻米上铺上宣纸，一起作画或练习书法，鉴赏西川带来的卷轴画。这则日记非常生动，说明漱石的身体和精神状态尚可，和两位艺术家朋友一起精进书法，共度愉快时光。

到了晚上，漱石会和朋友们坐在一起喝酒聊天，身心愉悦地——似乎任何事都能让他很愉快——和祇园甲部①的名人矶田多佳共处，她过去是名艺伎。矶田多佳性格开朗、美丽迷人，同时管理着家里的一家名叫"大友"的茶屋。[12] 矶田多佳是一名"文艺艺伎"，她与许多作家关系要好，包括幸田露伴和谷崎润一郎。谷崎润一郎还曾写过一本关于她的书。在艺伎风月圈里她以机智敏捷和极富人形净琉璃戏剧表演的天赋而闻名。[13]

漱石离开东京之前，一位纺织大亨——此人同时也是艺术品收藏家和赞助人——告诉漱石一定要在到达京都后联系多佳。当漱石向西川提到矶田多佳这个名字时，享乐主义者西川很乐

① 京都最大的花街。

意安排两人见面。3 月 20 日，也就是漱石到达京都后的第二天，他们就见了面。日记中写道："邀请了多佳共进晚餐，我们四人坐在一起聊天，至深夜 11 点。"两天后，3 月 22 日的日记记录着："雨中回到旅馆，孤身一人，便打电话给多佳，请她过来吃饭。我特意挑选了美食，烤鸭、鱼子、炖虾和鲤鱼刺身。那天多佳带来了蛋糕。西川也一起来了。"第二天，3 月 23 日，漱石第一次在日记里提及他的胃很不舒服，这是一个不祥的征兆。多佳早前提议想去北野赏梅花，可当漱石 24 日打电话给她时，却得知她外出了，很晚才能回来。沮丧的漱石只好选择独自一人去了博物馆。那天晚上，漱石带多佳去一家西餐厅吃饭，饭菜不合口味。饭后他们在四条京极商店街散步时，漱石开始胃痛。回到旅馆后，漱石向津田提议去奈良远足，并安排了卧铺票。

次日早晨，多佳来到漱石的旅馆。天气很冷，漱石的胃很不舒服，便把自己交给多佳来安排：

> 她要我推迟远足并赶紧请医生过来。于是我便取消了卧铺车，卧床休息。那天晚上，她带着两位年轻艺伎回到旅馆，她们是阿君和金之助。此时津田也早已经到了，我们四人坐下来一起聊天，我感觉胃痛缓解。晚上 11 点医生来了，要求我卧床休息两三天。随后，一封电报告知我同父异母的姐姐情况危急。但我此时即便赶去东京，也是拖着病躯，故推辞未去。[14]

漱石首次在日记中提到的这两位年轻的艺伎，阿君和金之助（女性的昵称竟与漱石的原名一样）。听闻漱石人在京都时，两人便请求多佳能够介绍他们认识。据西川一草亭说，金之助长相平庸，而阿君却是一位妖媚动人的女子。她们既聪明又活泼，成了这里的常客。西川回忆说，他曾看到漱石在她们带来的纸张上写生，或是描绘壁龛上花瓶里插着的黄水仙，或是紫藤花，或是透过阳台的玻璃门可以看见的河对岸的那棵柳树。西川笑说漱石的画缺乏技巧。当然，西川不觉得自己的挑剔会令人尴尬。

3月26日是糟糕的一天，但对漱石来说习以为常。日记中写道："一天无话，躺在床上，不吃不喝，到了下午，我的胃疼感觉好些。医生来了。"

3月27日，阿君、金之助和多佳一起来访。她们吃着美食，而漱石只能喝点牛奶，一边看着她们。多佳先行离开了，剩下两位年轻的艺伎，一直聊到凌晨1点。第二天，漱石在她们留给他的画板上作画，反复修改，着了魔一样。医生来了之后给漱石开了一剂卡尔斯巴德盐水。

3月30日，为了感谢津田和西川的盛情款待，漱石在多佳的大友茶屋举办了一场晚宴，有丰富精致的晚餐和舞女们精彩的表演（漱石给镜子发了电报，让她又寄来100日元补贴开销）。漱石否决了乘人力车的建议，执意步行前往茶屋，希望能感受一下祇园[15]的热闹氛围。看演出时，漱石的胃痉挛又犯了，不得不躺在宴会厅给他准备的床垫上。最后他只得在茶屋住上一晚。第二天，他的胃痉挛加剧，只得由多佳以及他很喜欢的

240

阿君和金之助两位照顾。多佳给津田发了电报，告知他漱石胃病复发，情况严重。津田当时正在桃山附近家中阳台上画微风里的李子果园，收到电报后他马上停下手头的工作，匆忙赶回京都。

4月1日，津田让多佳给镜子发电报，自己则陪漱石坐人力车回旅馆，在二楼的房间里安排漱石睡下。津田回忆说，镜子回电报说她很担心漱石，会乘当晚的特快列车赶过来，津田听后隐约不安，因为漱石曾交代不要将生病之事告诉妻子。

第二天4月2日早上，津田和艺伎金之助去京都车站接镜子，并把她带到了旅馆。那天下午，晚饭后，镜子告诉漱石说她想去看戏，漱石当着津田的面厉声说道："看戏？——你是来京都干什么的？我卧病在床，而你却整天都在闲逛，现在还想着要去看戏？"[16]（在作品《明暗》中，阿延在丈夫做完手术后，去了歌舞伎座和叔叔及其家人们一起看戏，这一幕可能就是受到这一刻的启发。）

镜子在京都待了两周时间，直到4月16日晚上漱石的病情好转才一同返回东京。虽然镜子以一位贤惠妻子的口吻讲述京都逗留经历[17]，但字里行间还是显出了怨恨，可能还有少许嫉妒。当时36岁的多佳（漱石当时48岁）一生都是陪伴各色男人，更不用说各种取悦娱乐了，她本就以妩媚诱人著称。想到丈夫和多佳及她年轻的艺伎朋友们嬉笑玩耍，镜子自然很不愉快。镜子写出来的和没有写出来的文字，都透露出敌意："她谈话风趣，对于剧院那些事情很会表演。每当漱石有空的时候，他就会请她到旅馆来，听她讲故事，或者看她表演。她一定很

241

有趣，是个优秀的闲聊伴儿。"[18] 镜子似乎故意欲言又止，故意简略描述。镜子对两名年轻艺伎的描述也同样轻描淡写：

> 其中叫金之助的女子脾气好、很风趣，颇为自己的艺伎表演感到自豪，想必带来了不少欢乐；但另一个［长相漂亮的］阿君女士恰恰相反，冷漠、拘谨，有几分淑女的优雅气质。说到底，她们仁都是典型的京都女子，和东京女子全然不同。我听说漱石时不时就邀请她们去他的旅馆放松和享受。

另外，在镜子应该感到自己有一点被冒犯之处，镜子似乎小心翼翼地说话，不让人听出她的不悦。例如，当她得知漱石要求他的朋友不要告诉她自己生病了时说道："漱石听到他们在争论是否要让我知情时，说道'没有理由把那个老太婆带到这里来'。他们很不解，漱石回答说我经常唠叨问他怎么样，一想到这一点他就浑身难受。"[19] 镜子继续说：

> 漱石喜欢双关语，而显然多佳也擅长双关语，他们经常互换交流双关语。我听说漱石告诉多佳，我在时最好不要讨论双关语，说是老太婆讨厌双关语，会生他的气……的确，我不太擅长双关语，经常不明白他的意思。[20]

在镜子的回忆录中，镜子经常直言不讳，甚至盛气凌人，完全无视人们对她顺从的期待。但是在这段京都回忆里，她似乎不愿引来他人同情。她一反往常，没有提出不满。尽管从她本人或他人的讲述看来，漱石的行为确实令人难以忍受。

4月17日回到家中，漱石花了两天的时间写感谢信。4月18日，在写给西川一草亭的信及后续的往来信件中，暴露出漱石的虚荣心——尽管他竭力通过假装谦虚掩盖虚荣心。漱石在信的最后请求道：

> 我希望你能赏光对我信中所附的两幅风景画做出评论。请直说无妨。我向津田君提出了同样的要求，如果你认为这些画尚可观赏，请把它们裱起来吧。如果你认为它们不值裱框，我接受你对它们任意处置。繁忙之中，匆匆收笔。夏目金之助[21]

西川在1929年的一篇回忆录中写道，回复漱石的信，颇需要一些技巧：

> 夏目先生的书法很有韵味，极富创意，但我认为他的画作没有一幅是有艺术价值的。漱石在一篇短文中讲到新年那天他和着［高滨］虚子的击鼓唱谣曲的事。与强劲的鼓声形成对比，漱石的声调一开始微弱不齐，被鼓声淹没且声音发颤，仿佛需要打一剂强心剂一样。在我看来，他的画作就像他的吟诵。坟墓里的夏目听到这可能已经按捺不住，痛斥我急不可耐地等他入土去贬低他的作品。而我确实有个坏习惯，总是毫无保留地批评别人。[22]

西川声称他不记得自己在信中的原话，但是他把漱石的回信保存了下来：

> 非常感谢您的批评。就像您说的，画中上半部分的黑色太浓了，确实给人一种阴郁的感觉。我很高兴听您说下半部分的画很有趣。我不明白上半部分到底哪里糟糕，对此希望您具体指点……至于另一幅画，我猜构图不当，有一种不适感？上宽下窄？津田君说我需要加重花的意象，否则主题不突出，有一种失衡感。我感觉花朵阴影部分着色不当，另外，树太小了，被上面高耸的群山压下去了。若您认为这一幅画或者两幅画值得裱框起来的话，就请裱起来，让我来支付裱框费用。[23]

漱石在信中坚持进一步探讨，显然他希望让专业人士和他一起评估画中的每一个细节，这让西川有些厌烦。西川最初的回信评论不能算是赞美，但漱石依然不放弃画作值得被裱框起来的希望。西川认为自己必须再回一封信，更坦率地评论。而这一次，漱石在回信中也表明自己受到了冒犯：

5月8日，下午6点至7点

> 如今我第一次感觉到，你终于直言不讳了。我会把你的批评当做不留情面的点评。我对批评本身没有意见，但是你的语言过于尖刻；我甚至想，你写信时的情绪是不是已愤愤然？

243

据你所言，我的画毫无价值可言，自然不值得裱框起来。果真如此，请勿费心；但如果你觉得有一丝值得裱框，即便你严厉贬低过，那也请裱起来吧，我当然不会反对。不管怎样，你觉得怎么合适就怎么做，不必顾及我……好了，无须多言，勿回。[24]

从信里漱石的语气，可以看出他被冒犯和激怒了。他的朋友津田青枫提到"踩到老虎尾巴"时，想到的就是这样的场景。收到回信后，西川很后悔给漱石的画"不成熟"的定论，在回信的最后一段甚至给了一个不是很有说服力的评鉴，说漱石的这些画"具有未被影响的单纯性"，有别于那些为了显得专业和老练的故作扭捏之作。无论如何，直到那年秋天，漱石似乎没有心存怨恨，仍和西川保持密切热烈的信件往来。

漱石先写的几封信里还有一封是写给多佳的；漱石在信中说这是自己当天的第14封信。他感谢了多佳的热情款待，并为自己在她的住处生病给她带来的不便道歉，还询问她是否喜欢浮世绘的临摹画。这封信写得礼貌谨慎，略正式（署名为"夏目金之助"），没有热情洋溢的表达或暗示。

5月3日，漱石再一次写信给矶田，称给她寄了《玻璃门内》的副本，虽然包裹肯定还没有到。并顺便附言，有件事一直让他困扰：

如果你没有收到包裹，那一定是天罚。我想你应该还记得，那天你曾答应要带我去北野天满宫，但你不但没去，

244

还一句解释都没有就自己去宇治游玩了。要知道像你这样不负责任的行为，是不会有好结果的。[25]

信中的警告很随意，很容易被误以为是在开玩笑。漱石也同样用轻描淡写的方式责备多佳难以辨认的笔迹，批评她不该使用正式书信体。

但在 5 月 16 日的那封信中，也就是漱石的下一封回信，漱石明显表达了愤怒。信的开头，漱石感谢了多佳从京都寄来的美食特产，随后又责备她。漱石的愤怒似乎依然源于他之前信中提到的事，即多佳没有履行陪漱石去北野天满宫的承诺。这封冗长的信里，漱石的语气通篇故作诚恳，话里有话：

> 我无法收回说你是骗子的话。我很高兴你就此事道了歉，但你坚持说自己不记得做过这样的承诺，这让我觉得你在耍心机，让我品到了酸涩。我很确定，你是个善良的人，交谈间富有魅力。可自从你极不真诚地否认此事后，我越来越意识到，这一切毕竟都是职业行为。[26] 我写信给你既不是为难你，也不是在抱怨。我一再强调这一点，是因为我不想冷漠地、无动于衷地对待我眼中如此有魅力、有美德的多佳。我们的关系才刚刚开始，如果就此结束实在是莫大遗憾。认识你的这一个月以来，让我有很多的机会去观察你的善良和美丽。但我意识到，我们在能够彼此影响道德品质之前就分别了。由此，我们之间产生了这样的问题：如果我对你假装无知的指责是不实的，那么我就成

了坏人；如果指责属实，那么相反，你就变成了坏人。当然，如果坏人此刻忏悔、改正、真诚道歉，那我们就进入到影响和改变彼此道德品质的关系了。这种可能性也许是危险的。但此刻，我总认为你在撒谎，而你总声称自己忘记了，看来你没有灌输足够的美德来影响我，而我也没有足够的能力去影响你。我深感遗憾的是，这种互动关系没能发生在我最重要的人身上。此刻，我不是在对职业艺伎多佳说话，也不是在对大友茶屋的女老板说话。我是作为一个平凡人，像朋友一样，对纯真的平凡人多佳小姐说话。我本可以简单地只把你当做茶屋女老板，其他念头从此一笔勾销。但是现在，我们既然有了良好的开端，我就不想和职业艺伎或女老板多佳说些无关痛痒的客套话。这就是我写这么长的信的缘故。我不是你的老师，也不是你的师傅，我本来可以和你保持一种礼貌的、不带任何感情的关系，这对我来说毫不费劲。但是不知为何，我不想和你如此交往。我无法克制地相信，在你本性之下隐藏着一些美好和仁慈的东西。我说的这些话未免粗鲁，希望没有冒犯你。请务必认真对待我。[27]

这封信表面责备，实际上算是漱石留存于世写给女人的书信中最接近情书的了，语气屈尊隐忍。多佳是如何回应的，我们不得而知。但在漱石书信集汇中，这是漱石写给多佳的最后一封信，可以推测多佳的回信并不合意。

一些学者对漱石的生平进行梳理，企图找寻另一个女人的存在，但最终都没有找到实质性的证据。这看起来不合情理，因为日本几乎所有异性恋艺术家，尤其是作家，都被认为拥有至少一个情妇。举一个极端的例子，日本小说家太宰治风流成性，曾与其中一个女人生下一个孩子，引诱另外两个女人同他一起殉情，并最终和一个女人一起结束了生命。而其他一些人与名门闺秀结婚，表面上假装忠诚的丈夫，但是背地里又与别的女人保持着隐蔽的暧昧关系。就漱石而言，不仅没有证据表明漱石有暧昧对象，甚至很难说他是否爱上过别的女人。江藤淳和其他人都坚持认为漱石因爱上了嫂子登世而感到很内疚，246 1891 年 7 月怀有 5 个月身孕的登世离世，漱石当时 24 岁（见第 4 章）。一般公认漱石的初恋是在眼科医生诊所遇到的姑娘，他在给子规的信中含含糊糊地描述了这位扎着"蝴蝶结发饰"的女孩。

此外，大塚楠绪子被认为是漱石一生"永恒的爱"。她嫁给了漱石的好朋友大塚保治（因入赘从妻姓）。大塚保治是东京帝国大学的美学教授，《我是猫》中美学家迷亭博士的人物原型。楠绪子是东京控诉院院长的长女，她是和歌诗人、翻译家（翻译高尔基和梅特林克作品）、钢琴家、画家和小说家。当然，这样一位女子应该是漱石的理想型。借用楠绪子诗歌老师的话来讲，"楠绪子具有极高的文学天赋，优雅且敏锐，是才貌兼备的奇女"。1895 年，漱石在婚礼上认识了新娘楠绪子。从 1907 年到 1910 年，漱石给楠绪子写过 6 封简信，信件内容都是关于漱石代表她说服《朝日新闻》出版楠绪子的一部小说。不过，漱石和楠绪子之间应该不只是工作上的往来关系。[28]《玻璃门内》

写于 1915 年初，楠绪子去世后的第五年。在其中一章里，漱石讲述了两人在 1904 年或 1905 年的一次偶遇。下着雨，漱石走在千驮木的住所附近，心情沉重，这时他看见一辆人力车正沿着街道驶来，街上人烟稀少，他猜想这位乘客定是位歌伎。当人力车经过时，车上的女人朝他鞠躬微笑，漱石认出了楠绪子，漱石写道："她白皙的脸在雨中格外美丽。"[29] 有一天，漱石与妻子正在争吵，此时楠绪子恰巧来家中拜访，漱石赶忙把自己关在书房里，以免楠绪子看见自己生气的样貌，仅留下楠绪子与妻子简短地聊了会儿天。随后，漱石特意去楠绪子家中道歉，解释说："事实上当时我正与妻子争吵，我想她可能与你讲话的语气不太友好。我不想在你面前失礼，所以一直躲在书房，直到你离开。"[30] 鉴于日本人其实不太愿意将家丑外扬，漱石的这次谈话算是较为亲密的坦白，也间接背叛了妻子。1910 年 11 月 13 日，漱石从报纸上得知楠绪子去世的噩耗，他写下一首俳句，作为挽词的结尾。当时，漱石刚从修善寺回来，与死神擦肩而过的他正躺在长与医院的病床上。对生命消逝颇有感触的漱石写道：

247

所有菊花，
悉数抛入棺木中，
难慰哀悼情。[①][31]

---

① 日语原文：ある程の菊投げ入れよ棺の中。

从表面上看，这首俳句表达的是漱石对没能参加楠绪子的葬礼并献上鲜花悼念她的遗憾，深层则表达了漱石对她离世的莫大遗憾和痛心。而漱石在嫂子登世死时创作的俳句常常被引为漱石对嫂子禁忌情感的证据。虽然人们猜想纷纷，但没有一件能确证漱石爱上了哪个或哪些女人，一切都无从考证。

17

最后时光

　　1915 年的新年显得格外肃穆，因昭宪皇太后于 1914 年 4 月逝世，日本全国悼念，禁止欢庆活动。1916 年新年禁令解除，虽然下着雨，漱石家的新年依然一片隆重的节日氛围，这是漱石生命中的最后一个新年。下午 4 点开始，漱石的弟子和亲友们携带清酒和礼品陆陆续续前来拜访。年夜饭的大菜是神乐坂的名菜老鸭炖锅，每一道菜又配有一碟甘栗小吃。宾客们 9 点左右散席回家，小宫丰隆留下来陪孩子们在院子里的侧屋一起玩耍，这里已经早早被收拾出来作为大家玩新年歌牌的书房。漱石鲜有参与，但今年也破天荒地现身和大家一起玩。

　　接下来的数周甚至数月里，频繁的拜访不时扰乱漱石的生活——他成名后一直深受其苦。编辑、出版商的来访，友人、友人之友的联络，他们或是求字画作为新杂志的封面或用来装裱挂墙，或是邀漱石参与讲座，如早稻田大学 300 周年校庆的莎剧讲座系列（漱石因故拒绝）。此外，漱石还有日常书稿审阅的工作；另有数不尽的书信需要回复，漱石得回信感谢送来节日礼物的亲友，礼物包括各种食物，如柿子等水果、鸡肉、熏鱼、香菇等菌类，以及漱石年幼时没有条件尽情食用因而特别爱吃的零食等等。

喧嚣的日子也不全是折磨。他最喜欢和弟子们一起外出散步和在外聚餐。他去观看演唱会，也经常参观博物馆。从前一年开始，他热衷于画家雪舟（1420—1506）和诗人、书法家良宽法师（1758—1831）的作品。漱石的医生朋友森成麟造送给他两幅良宽的书法作品，他格外欣喜。1月中旬，漱石连续 5 天前往新建成的国家体育竞技场观看冬季相扑赛。中村是公有个包厢，漱石受邀使用却拒绝带镜子和孩子们去，理由竟是"这是别人的东西，不便给自己的家人使用"。漱石对礼仪规矩有自己的理解和坚持，很难说服，这让镜子非常困惑和苦恼。她只好抱怨道，漱石的这种规矩剥夺了镜子亲临现场观看比赛的机会，害得她只能看看《朝日新闻》的漫画。

1月 28 日，漱石前往汤河原温泉。汤河原温泉位于伊豆半岛箱根町附近，在东京西南 100 公里处。1915 年 11 月，中村是公曾邀请漱石去过一次。这次行程表面上是去泡温泉、按摩和治疗漱石感觉麻木的右胳膊和右手，他已为此困扰了数月。镜子曾语气平淡地谈起期间一件尴尬的事，此事漱石在《明暗》里也写过。镜子向漱石提议随身带一名女佣前去照顾他：

249

他拒绝了，当我进一步问他原因，他回答说，让一个男人和一个女人一起旅行绝对不是一个好主意。于是我提议带个年纪最大的女佣，他又说，自己虽然已经过了逾矩的年龄，但谁都不敢保证一男一女的冲动会导致什么后果。于是他还是独身一人前往。[1]

一周后，镜子担心漱石寂寞，决定给他个惊喜，一声不吭地去了漱石下榻的旅馆天野屋（《明暗》最后章节里的旅馆的原型）。当镜子询问丈夫去向时，前台神色尴尬地说漱石去参加"中村是公的聚会"了，镜子才知道原来中村也在。于是镜子被带到一个房间，漱石、中村、一个陌生男子和一名艺伎在吃午饭。镜子带着轻蔑的语气写道："就是新桥一带的那种。"中村有礼貌地跟镜子打了招呼，那个陌生男子和艺伎却站起来，一句话没说就离开了。"太没教养了！"漱石嘟囔着打破了沉默，"放着满桌子吃的就跑了！"这个陌生男人实际上是田中诚一郎。1909 年秋，中村带漱石去西伯利亚和韩国旅行时，田中时任南满铁路的主任。后来田中解释说，镜子出现时没有人介绍她的身份是漱石妻子，自己就以为是某个居酒屋的老板娘（类似多佳小姐！），为了避嫌起身离开。有这样的"惊喜"等着她，对镜子来说肯定不愉快，但是她在回忆录中并没有怀疑这是事先安排好的。"也许漱石是因为寂寞联系了中村君，或者是中村君主动去找了漱石，然后待了几天。"不过，她也表达了自己的不满："中村君应该把我介绍给大家的，漱石更是！但是他保持平时的做派，稳坐在那里，事不关己，仿佛圣人一般。"[2]

作家久米正雄曾拜漱石为师，入门时间不长，他多年后回忆说，漱石嬉笑着讲述此事，用不同的视角描述了旅馆里的聚会：

> "中村真是身强力壮。"漱石笑语，"他说要来看看我的身体情况，带着五六个年龄不等的美女闯入汤河原。还好心花三个晚上带我出去散心。"[3]

漱石也许在夸张地开玩笑，或者是久米正雄记错乃至编造部分细节。但是，"带我出去散心"这句话还是语焉不详，就像1915年的京都之旅一样留下未解疑点。漱石肯定会说一些调戏言语，但究竟他只是逢场作戏地说一说而已，还是真有不轨行为，这是未解之谜。在1916年的日本社会，不忠就夫妻间的社会契约而言不一定算作"不当行为"。在漱石的一生中竟然找不到婚外情的实证，这确实令人心生疑惑。毫无疑问，漱石是个内心浪漫之人，他的婚姻生活不幸福，常常苦闷不堪，他在小说里和其他场合都表达过对激情、淫乱、不轨和风流情事的向往。当我们去读《明暗》（第145回）里津田和护士的那段对白时，不难发现漱石绝对是个调情高手。这一段源自漱石在长与医院的亲身经历。由此可以证明，漱石心思里有窈窕淑女。小宫丰隆的回忆也可为证。有一次他陪漱石去歌舞伎座，漱石的注意力在舞台和台下观众席的一名女士之间游离，他盯着这位女士拿着漆盒便当吃午餐，感慨说，不知道这位是谁的情人。

251

不过，漱石有强大的克制能力，严苛地追求道德原则和行为准范。然而不能忽略的是，他对自己的外在形象一辈子自卑自嫌，同时又极度自怜自恋。直白说来，很难想象漱石会在妻子以外的女人面前脱衣解怀。最终，传记家认为漱石在温泉的一周旅行确实令镜子不悦，但无法解释究竟发生了什么。

旅行结束回到东京后，等待漱石的是书房里"堆成山的成书、书稿和信件"，另外还有同人杂志《新思潮》的首刊发行。《新思潮》的创刊者包括5位新锐作家，他们在一高读书时结为好友，后进入东京帝国大学攻读英语或者法语文学专业。成濑正一贡献出翻译罗曼·罗兰的传记《托尔斯泰传》（1911）所得的100日元稿费。其他几位也各尽所能凑了点钱。其中菊池宽、久米正雄和松冈让（1918年和漱石大女儿笔子结婚）日后都成了严肃作家，但其小说鲜有英译本。另外一位是芥川龙之介，被称为日本的莫泊桑。他成为被广为翻译和进入西方文学视野的日本文学大家，而他笔下的那些被嘲讽的主人公，像极了乔伊斯形容为"被虚荣心驱使和嘲弄"的人物。[4] 这些作家大都比小宫丰隆年轻七八岁，他们崇拜漱石，每周参加漱石家中的周四沙龙，直到1915年底。他们和赤木桁平、内田百间、和辻哲郎等人都是漱石的第二代弟子，比师兄们不幸的是，命运的捉弄使他们跟随漱石仅一年时间。

这时，芥川龙之介已在《帝国文学》上发表了《罗生门》，但所受关注甚少。这个故事后来被日本导演黑泽明搬上了大银幕。《新思潮》的首刊收录了爱尔兰诗人叶芝、法国作家阿纳托尔·法郎士的作品，以及芥川龙之介的第二个短篇故事《鼻子》。《鼻子》讲述了一个本应看穿世事的老和尚却被自己的外在形象牵制的故事，他想尽办法矫正自己的鼻子，后来又心酸地希望恢复原来的样子。漱石读完后马上写信给芥川龙之介。这封信和当时的信封现存于隶属于东京大学的日本近代文学馆。信封长方形，上方短边封口，原本应该从上方短边剪开，但是这个信封从上方的短边一直撕到底部的短边，似乎可以推断芥川龙之介收到信后十分激动，急不可耐地撕开了信封。信上的内容想必是超乎了他的想象：

> 见信好。我在《新思潮》上读了久米君、成濑君和你的作品。我认为你的作品特别出色。文字幽默自然，毫无浮华做作，呈现出宁静气息和优雅文风。你的故事取材新颖，情节新奇，极富原创；你的语言精准精炼，有神有力。这样的作品若能再写上二三十篇，你一定会成为文坛无与伦比的作家。单独一篇《鼻子》还是不能引起足够关注，也许会使人们讨论一阵子，但随后又会销声匿迹。不必在意这些评论，你只管继续写作。任喧而嚣之，思你所想，方是良药。[5]

9月《新小说》刊出芥川龙之介的短篇《芋粥》，漱石再次写信赞赏。漱石给担任中央公论社主编的朋友泷田樗阴亲自写信推荐，10月《中央公论》刊载了芥川龙之介的《手巾》，其意义相当于在《纽约客》发表。

漱石给芥川的信件表明，他把这个弟子视为自己的文学继承人。虽然过去他也曾赞赏过其他弟子的作品，如铃木三重吉，但和他给芥川写信的语气完全不一样。他对芥川的赞赏更加确切，甚至预言这位年轻的作家终将成名。当然，漱石毫无保留的赞赏开启了芥川辉煌的文学生涯，然而，芥川 1927 年服药自杀，结束了自己的生命。死前一个月，芥川写了一组题为《某阿呆的一生》的共 51 篇的自嘲小品文，致敬出现在自己生命中的漱石。第 10 篇题为《先生》："他在一棵大橡树下读先生的书。秋日的阳光下，橡树的每片叶子都静悄悄的。在遥远的天空上，一个带玻璃秤盘的秤完美平衡地悬挂着。每当他读先生的书时，这景象就会出现在脑海里。"[6]

253

1916 年初，镜子发现漱石看起来苍老了不少；他的头发和胡子更加花白，人也更容易疲劳，右臂和右手的疼痛时常发作。4 月 23 日，在一次尿糖检测时发现漱石患上了糖尿病（此前多年都是前驱糖尿病）。给他做检查的是新医生真锅嘉一郎，曾是漱石在松山中学的学生，后来成了一名著名临床医生，也是漱石的朋友。1916 年，糖尿病的唯一治疗手段是食疗；现在，漱石除了因为胃病有很多饮食禁忌外，还要因为糖尿病放弃很多美食，包括米饭。（在《明暗》里，姑父冈本因糖尿病不得不放弃最爱的米饭，代之以豆腐和烤面包，称自己是可怜的不能吃米饭的日本男人。）糖尿病的额外负担让漱石更加虚弱，坚韧精神不比从前。5 月 6 日，漱石给一位云游禅僧写信："我总是受这糟糕的身体折磨。我甚至觉得，自己来到这个世界就是为了生病的。我要开始写一部新的小说了，又要忙碌一阵了。"[7]7 月 15 日，他给一位在哥伦比亚大学研究英国文学的学者写信抱怨道："我生病了，总是生病。唯一区别是，我有时卧病在床，有时带病起床。"[8]

5月7日，漱石肠胃发病再次卧床休息，这一次一直躺到5月16日。5月19日或20日，他开始动笔写此生的最后一部小说《明暗》，直到11月20日疾病再发。5月21日漱石给《朝日新闻》文艺栏目的编辑山本松之助写信，解释说自己一直感觉不舒服，时不时要卧床，并为"略微推迟开始"新小说的写作而道歉。"不过不用担心，"他接着说，"按照目前情况，我每天应该能写完一回。"[9]

镜子回忆说，1916年的夏天，漱石的精神状况和写作进展都很好；7月和8月都没有再发慢性疾病。这个夏天比往年凉爽，漱石身心俱佳，每天早上从八九点写到中午，小心翼翼地避免伏案过长时间，以免肠胃病再发。这个阶段的信件里，漱石表现出少有的满足。8月5日漱石写信给他的新弟子，27岁的哲学家和文化人类学家和辻哲郎[10]，信中说道：

> 见信好。这个夏天对我很友善，就连我每天的写作也不再让我痛苦。此时我躺在院子里芭蕉树旁的一张折叠床上，感觉心旷神怡。也许是得益于我的身体状况，写作也不再是劳累的事情。相反，写作给我带来愉悦。如此想来，所有的愉悦归根结底都是来自于身体上的。不知你是否同意？……每个周四的下午和晚上，我都在家中。最近，《新思潮》的这帮家伙都在。你也来吧，有何不可？[11]

254

尽管漱石坚持说写作进展良好，但每天写一回《明暗》的高强度和劳心费力开始显现出来。7月底，镜子注意到漱石消瘦了，身上起了疹子。他的右上臂和右手又开始疼痛，而且肠胃也时而发病。笔子回忆说，漱石的紧张情绪也经常发作，再加上写作的压力，脾气变得更差了。8月21日，漱石给久米正雄和芥川龙之介二人写了一封长信，这是两封长信中的第一封。当时久米和芥川住在东京湾对面千叶市的同一所公寓里。

　　　　我收到你们寄来的明信片了，所以决定由着自己写一封信。和往常一样，我每天上午写《明暗》。每天似乎成了机械化作业，我感到痛与乐的交织。天气意外凉爽，我很感恩。就这样，我每天都写，到现在已经写了将近100回了。我怕自己越来越庸俗，最近我开始每天下午写汉诗，给自己订了每天写一首的计划。七言绝句，很不容易。等我写烦了就停止计划，所以我也不知道自己能写多少首……[12] 你们还在努力学习吗？在写作吗？我觉得你们会开创新的写作时代。对你们的未来，我确实是这样想的。请一定成为重要人物。但也不要草率匆忙。关键是要像牛一样勇于开创，不懈努力……知了今天开始叫了，秋天不远了。[13]

　　8月14日到11月20日间，漱石共写了75首汉诗，占他一生所写汉诗的四分之一。其间，他还把大量时间花在了书法和宣纸水墨画上。这一年年初，他放弃了能剧谣曲。4月，漱石给

255

野上丰一郎写信，对受邀表演《葵上》片段表示感谢，同时拒绝了邀请:[14]

> 4月19日：见信好。感谢你们邀请我参加本次谣曲表演。但非常遗憾的是，我最近已经不再练习，因此暂时无法参与。请把《葵上》的这段表演交给其他人吧。经过深思熟虑后，我意识到自己无法利用业余时间的练习达到熟练的谣曲水平，所以明智之举就是放弃了。况且，我已经厌烦某人近期的态度和虚假做作，这个时机放弃正好。结尾处胡乱说话，非常抱歉给你们添乱了。匆匆，金之助。[15]

漱石信中隐去名字的正是教了他8年谣曲的老师宝生新。当时宝生新还在世，所以略去了名字，《漱石全集》中也是这样处理的。宝生新如何冒犯了漱石不得而知，不过他们之间的关系一直不算融洽。漱石也可能只是找个借口结束谣曲，毕竟他的身体状况也不再适合练习了。

8月24日，离漱石给久米和芥川写第一封信才3天，他又写了第二封信。信更长了，闲言漫谈的有点乱，透出一丝伤悲。字里行间令人感到，孤独的漱石似乎不愿结束这封写给两位有才华的年轻人的信：

> 我要再写一封信。你们的回信实在太生动有趣了，使懒散的我想提笔再写。也就是说，你们传递的年轻朝气让一个老人也感受到了活力。

今天是周四。不过今天下午（现在 3 点半）还没有人来。就连把周四沙龙称为安息日并且每次都带着圆圆胖胖的脸蛋参加的泷田樗阴，都写信给我说今天不能来了。只有一只声音沙哑的蟋蟀，陪着我读任务单上的手稿，读信和回信。我眼下不得不读《来自疯人院》，描写了一群疯子。有些人真是想到什么就写什么啊……

我非常敬佩你们俩读了那么多书。尤其考虑到你们阅读是为了谴责（我没有开玩笑，我真是在表扬你们）。在我看来，就像我们的士兵在日俄战争中打败了俄罗斯人一样，我们的作家也没必要在俄罗斯作家面前战战兢兢，大气都不敢喘。我在其他场合也表达过这个观点，但似乎没有对你们讲过，所以今天提一下。

如果你们读到过哪本好书，也要告诉我。读完了不妨借给我。我最近有点乱糟糟的，都不记得读过什么书了。芥川跟我说加布里埃莱·邓南遮①的《火》是伟大作品，我回答没听说过。但是当我转身向身后的书架看去时，一眼看到了它。我肯定是读过的，却完全不记得书里的内容了。如果打开书，我一定会看到自己当年的铅笔笔记，不过还是不麻烦去翻了……

刚才把笔放下想了一会儿，接下来写什么呢？如果按照刚才的接着写，估计会天南海北地漫谈，但是这样写似

---

① Gabriele d'Annunzio (1863—1938)，意大利诗人、小说家、剧作家。20 世纪初欧洲最具影响力的诗人之一，意大利唯美主义文学代表人物。《火》出版于 1900 年。

乎也没什么意思，所以就此搁笔吧，虽然总觉得还漏掉什么没写一样。

哦对了——

无论如何，你们一定要成为牛。我们总是想成为骏马，却难以完全成为牛。就算是我这个狡猾的老头儿，此刻最多一半是牛，一半是马。

请不要急躁。不要被冲昏头脑。需要坚持不懈，需要持续战斗。只有像牛一样坚持不懈地推动，才能撬动世界，不要成为转瞬即逝的火花。鞠躬尽瘁，至死方休。就是这样……牛埋头苦干，步履迟缓，但不停止前进的步伐……

我该去洗澡了。

夏目金之助[16]

夏天快要结束的时候，漱石身体状况趋于恶化，从《明暗》的手稿已经可以看出迹象：笔迹颤抖，笔墨更浅，修改痕迹越来越多。虽然漱石常诉苦说自己无力写完，但是他还是坚持写，无论小说引领他到哪里，他都要义无反顾地写到哪里。 257

1914 年春天以来，漱石一直和神户祥福寺的两位云游禅僧保持来往，一位是 21 岁的衣钵侍者鬼村元成（写信 28 封），一位是 25 岁的富泽敬道（写信 14 封）。鬼村信中流露出的纯粹的学习渴望无疑打动了漱石。8 月，漱石替两位僧侣给出版商友人岩波茂雄写信，并引用了鬼村元成的来信：

8 月 14 日。见信好。我最近收到了一位禅僧的来信。

"近来略有闲日，想要了解［西方］哲学。只是我对此一无所知，不知该从哪本书读起。请问您是否可以推荐几本？另外，我略有所闻，哲学派别甚多，如果您时间方便，可否指教我学习哪一派最好？"我想给这位僧人寄些书。请帮我选一些并寄给他。书费我以后付给你。[17]

两位禅僧表示希望到东京一游，漱石虽然生着病，又忙于写《明暗》，但还是给他们安排游览东京一周。这不像漱石的处事风格，如果不是因为他自己十分希望和禅僧对话，他是压根不会理会这种麻烦的。在旅行邀请的信中，他语气诚恳，又不过于热切。漱石在信中言辞周到细致：

［给鬼村］：……下个月你和富泽先生就要来东京了。我昨晚和妻子讨论，她也支持我们来安排。我会在附近给你们找一个舒服的住所，但是不管你们在哪里住，［我会保证］所有的开销都不需要你们承担。我每天写作到中午，所以可能没有时间带你们四处看看。不过，我下午和晚上都有时间，我们可以一起聊聊。如果我这病躯允许，又能安排出时间的话，我愿意和你们一起去参观几个地方。[18]

［给富泽］：我家的房子虽然不大，但你们住起来一定会舒服方便的。如果你觉得不合适，也可以去附近的大寺院。那里条件很好，也许比我家好。不过，你们一直住在寺里，也可以考虑来我家体验一下世俗人的生活。另外，

258

寺里的房间比较狭促，虽说我家房屋也不大，但可能还是住家里好一些。我也在看是否有其他更好的住宿去处。如果你们没有凑够东京的旅行费用，我可以出一些钱。我估计僧侣的钱是不多的；我自己也不是富有的人，但还是能够帮助你们的。目前我还在写一部小说，可能没有时间陪你们游览东京，还请谅解。[19]

10 月 23 日上午，两位僧侣到达东京，并住到了漱石家里原来给孩子们学习的一间别屋，住了整整一周，直到 10 月 31 日离开。漱石腾出很多时间招待两人。他写信征求同意后，带他们参观了朝日新闻总社，又在周四沙龙上把他们介绍给自己的弟子们。27 日，镜子和笔子带他们去帝国剧院看电影，并于第二天买车票带二人去了日光市，返程的路上镜子带他们去了一家歌舞伎座。如果镜子没空，漱石就给两个僧侣每人 5 日元自己去逛。10 月 31 日，他们返回神户，并从神户寄来了礼物和感谢信。漱石当即回复。他在 11 月 15 日给富泽的信中充满了生命的活力，令人很难想象这是一个身患重病、还剩不到一个月生命的人。信的结尾处，漱石的语气十分谦卑，虽有讨好之嫌，但也能感觉是发自肺腑：

> 惭愧地说，我是一个愚蠢的人，在 50 岁［按西方说 49 岁］才第一次认识到我必须追寻"道"。不知"道"有多远，我何时方能寻到。你们都是禅宗高僧，我对禅宗一无所知，你们苦苦修行多年，我却蹉跎了 50 年。我无法用言

259

语表述，比起我来你们何等幸运，你们的追求何等高尚。我十分欣赏和尊重你们的修为。同为年轻人，比起我家里的那些学生来说，你们的存在更加珍贵。追根溯源，这是由他们的环境造成的。如果我是个更伟大的先生，这些聚集在我身边的年轻人也会更加优秀。想到这些，我为自己的不足感到遗憾。[20]

11月16日，漱石给罗曼·罗兰的译者成濑正一寄的明信片里，抱怨了还没有写完小说：

芥川君已经成名。我觉得久米正雄也快了。他俩经常过来。菊池宽忙着做记者，没有时间过来。我很郁闷地告诉你，《明暗》越来越长，我还在继续写。到新年肯定也写不完的。出版成书时请一定要读。[21]

可是，漱石没有活到新年。11月21日，他写完第188回，这是他写的最后一回。到那天，他已经为报纸刊载备了20回存稿。12月4日，漱石死后第六天，报纸刊载了第188回。读者们发现，最后6回是漱石死后刊登的。

第二年，岩波书店第一次出版了漱石的这部绝笔之作。这本未完成的小说共745页，比漱石第二长的小说《我是猫》多200页，是其他漱石小说的两倍多长度。[22]《明暗》描写了一战前新兴中产阶级的都市生活。故事围绕一对新婚日本夫妇展开，他们和周围的人产生各种情感交织，白热化到嫉妒、仇怨和争吵的人物关系，这些对于习惯性认为日本文化迂回、婉转、安静的英语读者来说，应该是大开眼界的。最令人印象深刻的是津田和阿延夫妻俩极度维护颜面。从这个意义上说，《明暗》为读者了解日本中上层社会的家庭和社会关系，以及令人绝望的自我压抑提供了精准的研究范本。[23]

虽然没有直接指出，但故事的根本是由财富决定的社会地位问题。小说清楚交代，丈夫津田由雄 33 岁，"说得极端一点，他是个相信闪闪黄金生爱情的人，所以他觉得必须在妻子面前保持自己的体面，即便感到不安也必须做到"[24]。为此，津田向阿延虚报了自家的经济状况，婚后家里入不敷出还要依赖父亲每月寄钱，后来父亲威胁说要切断经济资助。阿延则向她的姨母家虚报了自己的婚姻情况，让姨母一家以为她嫁得很好。阿延闪耀的戒指寓意丰富，津田妹妹看到后推断戒指超出了他的经济能力，据此认为他的奢华生活习惯应归咎于阿延。

在漱石时代的西方同行笔下，金钱和社会地位是现实主义文学的常见主题。美国小说尤其如是，比如 W. D. 豪威尔斯的《塞拉斯·拉帕姆的发迹》和伊迪斯·华顿的《欢乐之家》，亨利·詹姆斯的小说几乎毫不例外，尤其是《一位女士的画像》，其他例子不胜枚举。漱石在《明暗》中揭示的社会问题，和西方现实主义作品遥相呼应。在这个主题上，漱石对津田和阿延这两个人物形象的刻画，其准确性无人能及。如果说津田是个情感木讷的人（评论家平野谦形容津田木讷），阿延更甚。阿延相貌姣好，但也算不上绝色佳人（小说 13 次提到她的"小眼睛"），她心思敏锐，有些狡猾，和她丈夫一样自恋和功利；她像一个被宠坏的女孩，脆弱、充满激情，又天真傲慢、理想主义，并且很勇敢。她就仿佛是日本的爱玛、格温多伦·哈勒斯和郝思嘉①（当然不像郝思嘉那么魅力四射）。总之，在漱石精准审慎的笔力下，阿延的形象有血有肉，真实生动，在日本小说中很少有能望其项背的。漱石对人物内心活动的刻画功力之深，前所未有，漱石的传记作家江藤淳大为赞许，称《明暗》的问世标志了"日本现代文学的诞生"。[25]

261　　《明暗》中精彩的人物心理描写展示出漱石越来越炉火纯青的语言功底。日语的优势是其天生的模糊性、多义性和混沌性；漱石的语言像手术刀一样，能解剖各种复杂情绪和时刻，甚至是一个眼神：

　　　　就在这时，阿延一眼看出阿秀眼里的惊慌。只是，那眼神完全没有歉意的懊悔，是昨天战胜的得意连带着一点尴尬，是摸不清会不会遭到报复的恐惧，是不知如何摆脱当下这个场面的焦躁。

　　　　当她向阿秀投去一瞥的瞬间，阿延知道自己被对手看透了。可是太迟了，这出卖内心的一瞥像一道闪电从某个制高点突然划出一道曲线，根本不可能收回了。面对这突然从暗处冒出的紧急东西，她束手无策，毫无应对的办法，只好随它去了，静待结果。[26]

---

①　分别是简·奥斯丁的《爱玛》、乔治·艾略特的《丹尼尔·德龙达》和玛格丽特·米切尔的《飘》中的女主人公。

"这一眼一瞥后面的细节，我们不是这样写的，"早稻田大学的一位漱石专家说，"我们也许会投出一眼，会写一下扫视的动作和目的！"这位教授在暗示这个段落的叙事聚焦是陌生化的。《明暗》通篇都是这种陌生化的段落，对那个时代的读者来说，这和他们熟悉的现实主义作品大相径庭，是一种全新的表达。[27]

漱石的写作目的是要深挖角色的内心，挖到一个更深的视域。很明显，他醉翁之意不在故事，不在詹姆斯疾呼的"情节，那恶毒的名字"，而在那些被"卫星人物"包围的主人公。在"卫星人物"的映照下，主人公内心深处的东西浮出水面。

《明暗》的故事情节是微不足道的。小说中冗长的 700 页文字佶屈聱牙，笼罩在持续的日常生活氛围里，即使高度紧张，仍显得郁积滞阻。津田做了一次肛裂手术。术后一周他卧床休息，家里的亲戚们依次看望：阿延；妹妹阿秀；友人小林，一个从陀思妥耶夫斯基书里走出来的角色，一个无用的人；他上司的妻子吉川夫人，一个身形丰满、对待津田像纵容孩子一样的女人，常过问津田的事情但不为他人所知，就像梅尔夫人①。小说里最长的一个场景近 50 页，吉川夫人耍伎俩让津田承认他还在想念清子。清子是津田的前女友，不知何故突然离开了他，和别的男人在一起，后来津田和阿延结婚。吉川夫人向津田透露说，清子因为流产在东京南边一家温泉度假村休养，她打着自己的主意，劝说津田去看清子，还主动提出给他支付旅费。[28]

262

————————————

① 亨利·詹姆斯的早期作品《一位女士的画像》中的人物。

在最后的 50 页里，津田前去温泉旅馆看望清子。《明暗》的最后一幕在旅馆里清子的房间，津田费尽心机想要找到清子依然爱自己的蛛丝马迹，却是徒劳而已。

在小说的主题思想方面，日本和西方的很多评论家都认为答案埋在小说开头的第一回里。医生给津田诊断，提出"更为根本的治疗方法"。这个根本方法可以解读为津田解决社会、情感和伦理危机的象征性提示。但是，小说中并没有出现这样的解决迹象。相反，津田一方面不断吃虚荣心的苦头，另一方面和所有的自恋者一样，这些苦头只是给他徒增痛苦，却并没有促使他看清自我、解决问题。到故事的结尾，我们看到的依然是一个以自我为中心的津田，这预示着他注定坠入暗处的命运。漱石在《明暗》中自始至终表达的主题是，自我主义把人推入了永无天日的孤独深渊。从这个层面去看，《明暗》是漱石的顶峰代表作，表达了漱石日渐成熟的思想观点，在自我和爱的纠缠冲突中，胜利注定是属于前者的。

和《门》里的宗助一样，津田为了解除内心的痛苦不安必须踏上自我认知的探险之路。吉川夫人诱惑他说，也许解开谜底的钥匙就在神秘的清子身上。但是从津田去找清子之前的经历来看，漱石并不打算让他悟道。津田去往远在深山的温泉旅馆找清子，一路障碍重重，而路上挡在马车前方的一块黑色巨石最具象征意义。到达旅馆后，津田遇到了一系列坏征兆：酒店颜色黑乎乎的，大部分是在地下，走廊如迷宫般复杂。不久，他迷路了，在看似没有尽头的走廊里，他找不到回房间的方向了。而后，他走到了一面镜子前，直面镜中苍白的自己后，竟然第一次偶遇了楼梯顶上的清子，叙事中露出不祥预兆：

> 他把视线从流水移开，猛地撞上一个人的影子。受惊
> 之中，他眯起眼定睛细看。原来，更衣间的水盆上方悬挂
> 了一面巨大的镜子，他看到的人影只不过是镜中的自己而
> 已……
>
> 他对自己的长相永远深深自信。在他的记忆里，每一
> 次照镜子都会让他更加确认这种自信。而此时，他看着镜
> 中的影子，发现不如从前那般满意，他有一点吃惊。在他
> 确认镜子里的人影是自己之前，他甚至怀疑看到的是自己
> 的鬼魂，不免惊惧。[29]

终于津田和清子约好了见面，这也是漱石离世前搁笔的一
幕，其委婉含蓄之极致，引人遐想之丰富，形成了漱石风格之
绝唱。从这一幕我们发现，清子表面的波澜不惊也许是伪装的，
她对津田不真是表现出来的那么无动于衷；同时，清子心里还
憋着怒气。告别清子后，津田一直不解地寻思她脸上那微笑的
含义。而漱石选择不揭开谜底，不让津田看懂清子，从而造成
了小说贯穿始末的冲突。

《明暗》中还藏着另一个谜，或者说，至少是令读者感到含
糊的地方，那就是津田的病。在这里，我想像小森阳一分析
《心》那样，用结构形式的分析方法大胆揣测"一件丑事"。表
面上，津田患的疾病是痔疮（尽管全文并没有明确使用这样的
字眼）；但是，根据候诊室的场景我们可以推测，津田问诊的医

生貌似是性传染疾病科室的：

> 这群神色阴郁的家伙毫无例外地全都有极度相似的过
> 去。就这样静静地坐在昏暗的候诊室里，来自过去的一两
> 张碎片突然会大放异彩，飞奔过来，在他们每个人身上投
> 下阴影。他们早已失去了投向光明的勇气，呆坐在这片乌
> 黑的阴影中，深陷其中而无法自拔。[30]

津田一面等候，一面想起了去年在医院遇到的两个男人。
一个是他的妹夫堀庄太郎，一个花花公子，遇到他时惊讶地不
知道如何打招呼。另一个是津田略有交往的朋友，离开医院后
两人一同约了吃晚饭，并展开了一场关于性与爱的深入讨论，
两人各执一词，不欢而散。

这些类似段落，结合漱石在小说里提到的药物细节，都无
法明确指向痔疮。读者也不禁会疑问这位没有指名道姓的朋友
会不会是关先生，那位导致清子离开津田的男人。那么关先生
也感染了吗？是他的病导致清子流产的吗？津田的病呢？他是
否没抵挡住东京风月场所的吸引，而患上了性传播疾病呢？接
下来是津田和阿延的一段对话，读后不免遐想：

> "今天下班又逛到哪里去啦？"
> 每次津田没有按时回家，阿延一定会提出这种质疑。
> 当然了，他必须给个交代才行。并不是每次都是因为工作
> 有事迟归的，所以有时他只能给一个含糊的回答。遇到这

时，他往往避开阿延的视线，不去看阿延专为丈夫化了淡
妆的脸。

"那我来猜猜?"

"嗯。"

如果谈话到这里，津田就可以大松一口气了。

"你是去吉川家了吧?"

"你怎么猜到的!"[31]

漱石继续放出更多暗示。津田和吉川夫人第一次见面时，
"琢磨着如何解释他的医生的专业领域与他的病的间接关系，而
他去的这些诊室，女性一般都绕得远远的，唯恐避之不及。这
样想着，津田不知道如何开口，一时语塞"。[32]这句话有效地在
津田的疾病和问诊的科室之间制造了模糊的距离。后来在候诊
室，津田的朋友"认定跟他患的是相同的疾病，于是毫无顾忌
或保留地跟他搭讪，仿佛多么轻松自然一样"[33]。日语里这句话
有一个模糊多义词。我把这句话的动词（思い込む）翻译成
"认定"，当时它其实也可以指"误以为"，"错误地认为"。所
以，这句话也可以有相反的解读，即津田并没有患性病。无论
如何，显而易见的是，漱石在小说里不断植入怀疑，同时又反
复插入矛盾信息。

虽然从结构形式上分析堀、关、津田这三位男性间的关系，
没有矛盾之处，但确实缺乏实在的证据。结果呈现在我们面前
的是两面性，一面是模糊的暗示，一面是证据的缺失。如此，
漱石小心控制着文本的模糊性，让急于探求真相的读者如坐

针毡。

也许津田注定了要一直迷失在对清子的想象中，而阿延也从始至终生活在自己的幻觉里，她选择相信可以凭自己的聪明智慧过上理想的生活。阿延的幸福秘方，只不过重复了一句简单的鸡汤信条："无论他是怎样的人，既然选择了他，就要全身心地去爱他，而你的爱终将使他对你的爱越来越深。"[34]

在阿延和小姑子阿秀的一段对话里，面对嫁给了花花公子的阿秀，阿延试图说服阿秀，称爱应该是毫无条件、绝对纯粹、独有专属的。阿延的这段话暴露了她的天真，而她说话的出发点则是利己自私的。可笑的是，阿延意识到津田的爱——假设津田是爱她的——并不符合上述标准。小说里有一段很戏剧化的争吵，当阿延意识到丈夫可能还有其他的女人，她请求丈夫多给予一些安全感：

> "我想依赖你。我想要安全感。你无法想象我多么需要依赖你……求你了！请让我放心吧。就当行行好。没有你，我就是一个无依无靠的女人。你要是不管我，孤苦无依的我只能当场倒下。所以对我说我可以放心吧。求求你说一句，'放心吧'。"
>
> 津田顿了一下。
>
> "没问题，放心吧。"
>
> "真的吗？"
>
> "是真的。没必要担心。"[35]

看到阿延的激情波涛消散下去，津田如释重负，转而对阿延百般安抚，"尽量多讲些她爱听的词语"。接着读者惊诧地发现这种哄骗伎俩的效果：

> 这么久以来，阿延第一次感觉婚前她认识的那个津田又回来了。订婚时的情景开始在她的记忆中翻滚。
>
> 我的丈夫没有变心。他还是从前我认识的那个男人。
>
> 这种想法让阿延获得了片刻的满足，也完全能将津田从困境中解救出来。一场酝酿之中的惊涛巨浪平息下来，从暴风雨的边缘撤退。[36]

相比有些段落的过度叙事，这一段属于收缩叙事，仿佛叙事者讲了一半就离开了。不过，读者并不需要叙事者进一步讲述他们已经看懂的剧情，即阿延是个很容易哄的女人，漱石仿佛在和津田一起嘲笑她。至少可以看出，漱石对这位女主人公的态度是非常复杂的。漱石在小说中塑造了一个要求获得重视、独立自主的新女性典范；然而在漱石嘲讽的语境中，她又代表了威胁到漱石等维护的男性世界秩序的一股新力量。在故事的底层通篇暗涌着厌女的气息，其根源似乎在于阿延维护和追求的新型异性恋规范的兴起。

自从《明暗》在1917年出版后，人们就不断猜测漱石原本设想的结局。他给我们留下的线索是一份4页长的笔记，里面记录了小说的人物形象和人物关系大纲。另外，文本中阿延对津田的一句话似乎预示了情节的进一步发展："总有一天我会鼓足勇气……为了我的丈夫。"[37] 这似乎暗示阿延也会踏上温泉之路，为了津田而和清子做一个了断。小说《野火》的作者大冈升平大胆推论，最终阿延会直面清子，就像小说家近松门左卫门写的 18 世纪人形净琉璃《心中天网岛》里的妻子阿御向丈夫的情人小春哀求一样，阿延将谴责清子身为女人却伤害女人，罔顾女性之间应该维护的姐妹情。阿延和阿御都是小说里的典型妻子形象，小春是典型情人形象。但是，和同情阿御的小春不同，清子会哭诉自己的痛苦，嫁给了一个浪荡公子（关先生），被传染性疾病，继而不幸流产（在这个推测上，大冈升平是唯一和我不谋而合的日本读者）。冲突推进到这个程度，津田不堪重压，开始大出血，卧床不起。看到阿延在病床边温柔照顾津田，清子黯然离开。[38] 在有完整剧情和结局的续写作品中，唯有水村美苗的续写能够体现漱石写作中阴郁沉重的悲观基调。她写的续集《续明暗》在 1989 年出版，沿用了漱石在清子和津田之间设计的猫捉老鼠的情节，并大胆完成最后一回，为《明暗》收尾。清子时不时被逼到下风，甚至发出令人震颤的呼声："如果我还待在这里，怕会出什么事情。"最终，津田直逼清子，追问她当初为何背弃自己："事已至此，话都说尽，我不相信你。"而清子也坦言："如今你一路奔波来找我……这让我忍不住会想，即便我们当初在一起了，你是不是也会像今天背叛你妻子一样背叛我。"这句话从心仪的女人嘴里说出，本应如尖刀利刃插到津田的心里，他确实犯了背叛妻子的罪。但是他的自我主义不但再次帮他摆脱内疚之痛，而且让他被激怒了。恰在此时，阿延来了，两个女人之间没有发生冲突，而是陷入了令人痛苦的尴尬中。清子对夫妻二人说"再见!",然后转身回了旅馆,留下阿延和津田在沉默中煎熬。[39] 水村美苗在结尾处的安排似乎和漱石的本意高度吻合,津田永远无法摆脱令他盲目无知的自我主义,阿延继续追寻那个她永远无法得到的理想爱情。这就是漱石作品中不断重复的主题,复杂的人性充满矛盾、令人惧怕且永远不可靠,漱石在《明暗》中把复杂的人性放在显微镜下精准探察,使小说成为 20 世纪日本文学的里程碑作品。

11 月 21 日下午,漱石把第 188 回寄给报社后,前往东京的一家上等西洋料理店上野精养轩参加朋友的婚礼。他原本已经推辞了邀请——那段时间他很少离开家——但是新娘子的母亲再三请求镜子希望漱石参加,漱石最终同意了。晚宴持续到很晚,大学校长致辞 1 小时之久,漱石最喜爱的落语艺术家柳家小山表演了经典曲目《乌冬面》。镜子坐在单独的一桌上,远远地看到漱石一边愉悦地观看表演,一边伸手去拿碗里的烤花生吃,镜子不免心里担心。回家的路上,镜子数落他不该吃花生,但漱石坚持说自己没事。当晚,漱石开始肠胃不适。11 月 22 日上午,直到孩子们上学去了,漱石才勉强拖着身体起床。向镜子要了剂灌肠药后,漱石去了书房继续工作。当女佣中午去书房给他送药时,发现他趴在书桌上,痛苦地呻吟着。在一张书稿上他写了"第 189 回"几个字,除此之外都是空白。女佣唤来了镜子,镜子问他要不要在书房铺开席子休息,漱石点点头说:"死亡是简单的事。我在这里忍受痛苦,顺便构思我的辞世诗。"[40]

268

当天下午，漱石的书房变成了他的病房。晚上，他要吃东西，镜子给了他三片烤面包。他怪镜子切得太薄，但不久后都吐了。一个当地的医生被叫到家里来，但这位医生误诊说漱石呕吐物里的血源自喉咙部位。接着漱石让镜子叫来了真锅嘉一郎医生。[41]

接下来连续 5 天，真锅和另外两名肠胃科医生一直守在漱石家里，漱石几乎每天都在沉睡，仿若昏迷。偶尔吃少量冰激凌，喝少许果汁。11 月 27 日夜里，他突然从床上直挺挺坐起来，抱怨头疼，大喊道："往我身上倒水！给我浇水！"镜子被吓坏了，把一个花盆盛满了水倒在他头上，漱石的眼珠子向上翻了一下，倒下陷入昏迷。第二天早上，漱石的腹腔鼓起来了，医生们一致认为是他的肠胃或十二指肠出血。

这个时候，镜子第一次通知小部分人漱石病重。小宫丰隆、森田草平、铃木三重吉、松根东洋城、安倍能成、野上丰一郎、内田百间等人来到了漱石家。夜里弟子们两人一组轮流看护漱石。真锅医生取消了大学里的课程，全程照顾病人。此外，又叫来一个之前护理过漱石的护士。

漱石似乎没有意识到自己的病情之重。他叫人拿来自己的剪报本，要来被剪下来的当天报纸刊载的《明暗》。镜子提出帮他粘贴剪报，但漱石说她"胶水涂得太粗心"，坚持自己做。有时候，漱石提出要写作，但是被医生阻止。虽然病重在床，漱石没有少操心。当他听到镜子问铃木三重吉喝哪种清酒时，马上把镜子叫到书房，禁止她为弟子们提供清酒。

12 月 2 日，漱石使用便盆时再度出血，第二次昏迷不醒。

医生束手无策，只能不断注射樟脑磺酸钠液，企图唤醒他。中村是公来探望，但医生担心病人过于激动反而致命，没有叫他进房间。12月4日、5日和6日，漱石似乎有所好转，《朝日新闻》发了篇误导性的报道，称漱石正在康复中。12月7日，漱石心跳变慢，医生每两三个小时注射樟脑磺酸钠液。孩子们听说拍照有时候能治好垂危病人，安排了《朝日新闻》的摄影师12月8日来拍照。镜子回忆说，当她看到照片里漱石的脸色苍白，像一张死亡面具一样，着实吓坏了。

12月8日晚上，漱石病危。他的脉搏很不稳定，时而迟缓，时而飞快，但还有气息。12月9日早上，镜子问真锅医生孩子们是否该待在家里。当天是周六，学校上半天课，医生说孩子们可以去上学。但上午过半，真锅改了主意，把孩子们叫回家里。笔子最后一个到家，她上气不接下气地赶回来，她的人力车在回家的路上翻了，不得不跑回家。四女儿爱子12岁，当她走进书房看到父亲时，忍不住大哭。镜子叫她别出声，漱石闭着双眼，嘴里低语道："没事，没事，可以哭。"中村是公再次要求进去看好朋友，镜子让他进书房。"夏目，"镜子对漱石说道，"中村来看你了！""中村谁？"漱石问。"中村是公君啊！""哦，"漱石的眼睛闭上，"那就好。"

上午晚些时间，漱石在席子上痛苦地扭动。医生们给他注射了最后一剂樟脑磺酸钠液，他突然坐起来，解开和服抓挠胸膛，大喊道："水！给我浇水。我现在不能死！"护士嘴里含着水喷到他脸上，漱石重新躺下，一动不动。真锅命令说："快把大家叫来。"在客厅里等候的朋友、弟子和报社同事们静静地走进书房。 270

镜子给每人发了一支蘸水的毛笔，以备用于"最后的水"的仪式。津田青枫拿着毛笔在漱石的嘴唇上润了点水，忍不住倒在床上大哭。真锅一直站在漱石身旁，一只手放在漱石手腕上把脉，另一只手拿着手表。此刻，真锅把漱石的手轻轻地放在胸前，戴上听诊器，一边听一边调整听诊器位置，满满一屋子人屏住气，一动不敢动。最后，他起身鞠躬："人走了。很抱歉我无能为力。"他转向镜子说："先生的眼睛拜托您——"镜子用手轻轻合上漱石的双眼。此刻是 1916 年 12 月 9 日下午 6 点 45 分。

漱石临终之际，芥川龙之介没在现场。他当时去镰仓市就职英语教师，不知道漱石的病情已经很严重。久米正雄从东京给他发电报报丧。在芥川龙之介致敬漱石的第二个小故事《先生之死》① 中，这份电报出现在叙事者大衣的口袋里：

十三

雨后的风里，他走在新建车站的月台上。天空依然一片乌黑。月台对面，三四个铁路工人挥着镐头，大声唱着歌。风呼啸着，撕扯着工人的歌声，搅动着他的悲恸。

手里的香烟始终没有点燃，他感觉到一种疼痛，近乎极乐的极痛。"先生病危"，被他塞回大衣口袋里的电报上赫然写着。

上午 6 点整。前往东京的火车蜿蜒着朝车站驶过来，远方种满松树的山头上升起阵阵烟雾。[42]

---

① 第一个小故事是前文提到的《先生》。此处的《先生之死》同样引自《某阿呆的一生》。

奇怪的是，芥川当天和第二天都没有出现。12月11日的中午他到了漱石家。芥川身着黑色高领礼服，胡子没刮，头发凌乱，露出狂乱的眼神。他参加了第二天的葬礼，但接下来的场合全都缺席。

当天晚上，森田提议给漱石脸上取模型做面具，当时无人表示反对，森田拿着大塚保治匆忙写就的推荐信去请一位知名的雕塑家。这位雕塑家带着一个徒弟一起来到漱石家，先在漱石的脸上涂抹油，接着盖了一层网格，最后铺满石膏。当撕下网格时，漱石几周未刮的胡子粘在了网格和石膏上，被一起撕下。看到这里，惊恐的森田不禁对提议做面具自责。根据镜子的要求，雕塑家使用这个石膏面具的模型共制作了两个青铜面具，一个留给漱石家人，另一个留给了《朝日新闻》（后来用于制作漱石机器人）；完成两尊面具后，应镜子要求销毁了模型。虽然森田没有说什么，但是镜子认为他似乎对此有异议。

验尸报告表明，早在漱石11月22日吃下致命的烤花生之前，就已经开始出现严重的炎症了。4天前即11月18日，漱石连骨头带肉吃了整整一只酒糟卤斑鸫。这只酒糟卤斑鸫是一道当地特产，给漱石送卤斑鸫的人是小泉八云和子规教过的俳句学生，后来读大学又师从漱石。得知漱石的死因后，家世显赫、追随漱石时间最长的松根东洋城大受打击，没想到自己的老师和松尾芭蕉在相同的年纪去世，而且都是在死前几天吃了学生送的食物导致肠胃疾病，而最终离世。

漱石的丧礼于12月12日上午10点在青山殡仪馆举行。送丧的人群在冷风中瑟瑟发抖，前一天晚上他们中的大部分在漱

271

石家的厅堂里守灵。为了准时到达殡仪馆，中村是公全程操劳，先是一大早督促大家参加遗体入棺大殓仪式，接着安排了一驾马拉灵车早早出发，提前一小时到达殡仪馆的大厅。中村站在灵柩旁，才发现自己公司南满铁路的花圈还没有送到。

虽然漱石已不在人世，但门生竞相比试与老师的亲疏远近之风犹在。森田回忆说，松根和其他门生老早自行想办法乘火车到了青山殡仪馆。而小宫丰隆竟然和家属一起坐上了灵车，仿佛成了老师的亲属一样。后来，森田反映说，铃木三重吉埋怨小宫永远"只管自己"。

殡仪馆的大厅里放了两张接待桌。芥川龙之介坐在一头，旁边三位分别是久米正雄、赤木桁平和和辻哲郎。接着，《中央公论》的主编泷田樗阴红肿着脸来了；《朝日新闻》的社长村山龙平身着正式的和服，佩戴羽织小袴。森鸥外来了后，先是看了一眼接待桌的四个人，摘下高帽，鞠躬，接着把一张大大的出席卡放在了一脸肃穆的芥川龙之介面前。卡上只写了他的原名，森林太郎。

葬礼上的经文源自佛教禅宗临济宗，读经时伴随阵阵高喊，声如洪钟雷鸣，可起警醒宾客的作用。芥川龙之介回忆说，当时只觉得恍若游离别处，毫无知觉，直到他看到小宫丰隆牵着漱石的幼子伸六的手，看到两人走向祭坛献香，这才回过神来。他开始哭起来，回过头去，看到泪水正滑过久米正雄的脸颊。

当天下午，漱石遗体出殡，送往落合的火化场。第二天，镜子和漱石的哥哥和三郎一起前去取回骨灰盒，弟子们也一直陪同。小女儿雏子死时，漱石在杂司谷陵园买了块墓地，而今

272

他的骨灰盒也葬在了那里。

12月14日是头七，镜子在家里办席，宴请小范围文学圈的一些作家，以答谢他们在漱石最后的日子里给予的帮助。她准备了简单的餐饭，并给每位宾客准备了一块小方巾作为礼物，方巾上刺绣了漱石在大阪住院时写的一首俳句：

夜夜观闪光，
日日进米粥。

一种人在旅途别无选择的沧桑感扑面而来，这首俳句生动呈现了漱石在疾病中度过的漫长而黑暗的夜复一夜。

漱石去世前的最后一位医生，真锅嘉一郎，曾引用幼年时读过的一首外国诗歌，诗歌里描述惊天巨浪下的海底有一口鸣钟，平日里不为人所闻，只有当伟人去世，巨浪停歇，钟鸣之声方震惊世人。"我对先生的感情，"他写道，"深藏于我心之深海，平日里被琐碎的俗世生活掩盖。但是当这个伟人离开了，我才真切地听到心底哀痛先生逝去的悲鸣。"漱石总是担心黑暗无垠的永恒会将自己吞噬，不留踪迹。也许正是这种对存在的思考带来的恐惧成为了他笔耕不辍的动力，只有死亡才能让他的手中之笔停歇下来。"啊，正冈，"23岁时的漱石曾给正冈子规写信感慨，"某日吾棺盖落，我的一切俱沉入无声，入尘入埃，白骨磨平，可会有世人记得漱石之一二？"[43] 也许下面这个回答能让他满意心安：漱石逝去之钟鸣激昂，于当今日本依然余音不绝。

273

注 释

1. 肇始岁月

1. 石原千秋指出收养小孩在当时很普遍，并且收养不一定会是悲剧，因为被收养的孩子可以继承他们养父母的遗产。事实上，这个家庭的三儿子三郎和三女儿 Chika 也都在过去的一段时间中被收养过。(Chiaki Ishihara, *Sōseki no kigōgaku* [Tokyo：Kōdansha, 1999], 45).

2. Natsume Sōseki, *Sōseki zenshū* (*Complete Works*), 18 vols. (Tokyo：Iwanami shoten, 1965 - 1986), 8：481 - 483（后引用为 *SZ*）。

3. Taihei o-Edokagami 泰平御江戶鑑 (1842).

4. *SZ*, 8：467.

5. Ibid., 467.

6. 袴裤是一种穿在和服外面的、用绳子系在臀部的下裳。

7. *SZ*, 8：461 - 462.

8. 这家古老的小仓屋在漱石的多部小说中都出现过，它始终矗立在同一个街角的大招牌下，招牌上写着"自 1678 年以来的优质清酒"。

9. *SZ*, 8：444 - 446.

10. Ibid., 481.

11. 迷信认为旧历 1867 年 2 月 9 日出生的男孩很可能会成为盗匪，在名字中使用"金"字可以辟邪，因此给他取名金之助。

12. Michikusa（道草）的意思是路边的草。可见第 16 章，n. 1。

13. *SZ*，6：404 - 405.

14. *SZ*，1：339 - 340.

15. *SZ*，8：481.

16. Ibid.，482 - 483.

17. *SZ*，6：554 - 555.

18. *koshu*（戶主）.

19. Natsume Sōseki, *Sōseki zenshū*, 28 vols.（Tokyo：Iwanami shoten，1996），26：457（后引用为 *SZ2*）。

20. 引自 Etō Jun, *Sōseki to sono jidai*, 4 vols.（Tokyo：Shinchōsha，1993），1：132.

2. 求学日子

1. Natsume Sōseki, *Spring Miscellany*, trans. Sammy I. Tsunematsu（Rutland, Vt.：Tuttle，2002）.

2. Natsume Sōseki, *Sōseki zenshū*, 18 vols.（Tokyo：Iwanami shoten，1966），8：117 - 118（后引用为 *SZ*）。

   当时的话题是"紀元節"，是纪念神武天皇（日本第一代天皇）登基的国家节日。第一个字日语读作"*ki*"，正确的写法是"紀"。但是老师写成了"記"，同样也读作"*ki*"。这段轶事是漱石在十几岁前就已经识字的早期显露。

3. 寺子屋由封建领地开办，设在寺院内。在寺子屋，武士子弟们一般通过背诵来强记古汉语格言。

4. 对于非专业人士而言，解释起来稍微有些费劲，因为汉语和日语是不同类别的语言。汉语语序一般是由"主语-动词-宾语"构成；而日语的动词则在句末，并且紧密黏着词缀，类似古希腊语的动词。从 8 世纪开始，日本皇室的文件都是用纯汉语书写的，但是习得这种书面语言需要花很多时间与精力，所以一种巧妙的符号就此发展而来。读者通过这种符号在汉语结尾处加上转折或者各种连接词，跳过一些不认识的单词或短语后可以通读整个句子得知含义，然后再返回到这些单词或短语的意思上。这样改造之后的汉语语句夹杂着中文和日文，也可以进行书写，这就是"汉文训读"。"汉文训读"有很多种类型，中文要素越纯粹，难度就越大。在漱石上大学的时候，他已经掌握了各种各样的"汉文训读"方式了。

5. *SZ*，16：500.

6. 1909 年秋天，中村邀请漱石在满洲和朝鲜进行了为期六周的铁路之旅。漱石由此写了《满韩各处》这部游记。

7. *SZ*，8：136.

8. 详见"Flunking"，《失败》an interview, in *SZ*，16：500－504。

9. Natsume Sōseki, *Sōseki zenshū*, 29 vols. （Tokyo：Iwanami shoten，1994），26：485.

10. *SZ*，8：136.

11. *SZ*，16：604.

12. Ibid.，503.

13. Ibid.

14. *SZ*，14：506.

15. *SZ*，8：372.

16. *SZ*，11：440.

17. *SZ*，12：93－109.

277 18. 斯蒂芬·多德认为，这一篇惠特曼的评论反映了漱石对于同性爱情生动性的早期想象。漱石关注《草叶集》中的"芦笛"（Calamus）部分，这些诗"对于性欲可变性的持续叙述是西方最早的一批"（第 480 页）。多德指出，漱石被惠特曼所写的"男人之间的同志之情"深深打动，并举证了他所引用的少数几首英文诗中的一首：

> O you whom I often and silently come where you are that I
> May be with you,
> As I walk by your side or sit near, or remain in the same room
> with you,
> Little you know the subtle electric fire that for your sake is
> playing within me.

（啊，我经常悄悄地来到你所在的地方，以便和你在一起，我在你身旁走，或靠近你坐下，或和你待在同一间屋子里时，你决想不到我心中为了你而闪动着的微妙电火花。参考赵萝蕤的译文。）

多德引用了漱石对这首诗的评论，这首诗"强调了诗人产生欲望的对象的性别"："这首诗的创作不是以女人为对象。如果说一个人可以爱一个女人，但不能爱男人，这就违背了惠特曼的准则。"奇怪的是，多德省略了漱石注释的第一行："所有不理解这一领域的人都无法理解惠特曼的诗歌。"（Stephen Dodd，"The Significance of Bodies in Sōseki's *Kokoro*," *Monumenta Nipponica* 53，no. 4［1998］：481；*SZ* 8：106.）

3. 文学之路

1. 此处的"将军"有一种温和的嘲讽。

2. Natsume Sōseki，*Sōseki zenshū*，18 vols.（Tokyo：Iwanami shoten，1966），16：599 - 600（后引用为 *SZ*）。

3. Ibid.，601.

4. 此处的"先生"，与"将军"一样也是一种温和的嘲讽。

5. *SZ*，16：601.

6. 明治时期（1868—1912 年），指导日本诗人如何遵循汉诗格律的小册子被广泛传阅，漱石和子规都擅长遵守这种严谨的格律进行创作。

7. *SZ*，16：600 - 601.

8. Ibid.，600.

9. *SZ*，14：11 - 13.

10. Ibid.，18.

11. 同性恋在第一特殊高中和东京帝国大学宿舍十分猖獗。在第一特殊高中，调戏女性可能会被学生领袖警告，但是同性恋通常是被容忍的。这表明基思·文森特（Keith Vincent）等人所认为的同性友爱社会体系在世纪之交仍然占上风。

12. *SZ*，14：9.

13. *SZ*，14：11.

14. Keith Vincent，"The Novel and the End of Homosocial Literature," *Proceedings of the Association of Japanese Literary Studies* 9 (2008)：232.

15. *SZ*，16：600.

16. *SZ*，14：6.

17. 漱石的意思是"用石头漱口"。它出现在唐代的一个故事中，意为顽固与骄傲。一个打算隐居的官员宣称他将"枕流漱石（以河流为枕头，用石头漱口）"。这是他不小心说错了，原本应该是"以石头为枕头，用河流漱口"。当旁人想要纠正他时，他争辩说他是故意说错的。这则故事被收录在一本中国故事集里，明治时期的学生将其作为古典汉语

278

的入门教材。在取这个名字时，漱石将自己与中国文人的传统相接，试图表达自己是个叛逆者。

18. *SZ*，16：598.

19. Ibid.

20. Komuro Yoshihiro, *Sōseki haiku hyōshaku* (Tokyo：Meiji shoten，1983).

21. *SZ*，12：565.

22. *SZ*，14：21－22.

23. *SZ*，11：441－442.

4. 乡间漂泊

1. Natsume Sōseki, *Sōseki zenshū*, 18 vols. (Tokyo：Iwanami shoten，1966)，16：632（后引用为 *SZ*）。

2. Ibid.，605.

3. 引自 Ara Masato, *Sōseki kenkyū nenpyō* (Tokyo：Shūei-sha，1984)，158。

4. *SZ*，14：65.

5. Ibid.，29.

6. Natsume Kyōko, *Sōseki no omoide* (Tokyo：Iwanami shoten，1926)，8－14（后引用为 *Kyōko*）。

   漱石去世 10 年后，他的女婿、小说家松冈让根据夏目镜子的口述，编写了一部长篇回忆录。这部回忆录是一个信息的宝库，书中记述了镜子和漱石一同走过的 18 年的点点滴滴。并非所有的内容能被文字记载，但是镜子有她自己的方式。有时她也借助一些传闻，有时她的记忆不那么准确。总的来说，即便如此，这本回忆录也是珍贵的资源。

7. *SZ*，14：30.

8. Terada Torahiko, Matsune Toyojirō, and Komiya Toyotaka, *Sōseki haiku kenkyū* (Tokyo：Iwanami shoten，1923)，267－268.

9. *SZ*，14：77－78.

10. Natsume Sōseki, *Sōseki zenshū*, 29 vols. (Tokyo：Iwanami shoten，1996)，29：70－84.

11. *SZ*，14：68.

12. Ibid.，72.

13. *Kyōko*，20.

14. 《百人一首》。纸牌上印着一位著名诗人所写的日本短歌（有 31 个音节）中的上半部分或下半部分，持牌者需要技巧来翻出与之匹配的纸牌。

15. *SZ*，14：81.

16. 菅虎雄（1864—1943）比漱石早两年从东京帝国大学毕业，获得了德语语言文学学位，他是第一位在日本被授予这个学位的人。在漱石到熊本的第二年，菅虎雄回到了东京，在东京第一高等学校任教。菅虎雄精通书法，漱石墓碑上的佛号就出自他之手。

17. *Kyōko*，37.

18. Ibid.，34.

19. Ibid.，490.

20. *Kyōko*，58. 漱石的大哥大助，曾简单地与樋口一叶约定过结婚。这个婚约是由漱石的父亲提出的，他认识一叶的父亲，因为他们当时都在为警察工作。但是当一叶的父亲还不上借款的时候，漱石的父亲便不再谈论这场婚约。由此，漱石与樋口一叶之间的叔嫂关系也成了幻想。

21. *SZ*，18：17－19.

22. *SZ*，14：99.

23. Ibid.

24. Ibid.，99－100.

5. 伦敦研学

1. 引自 Komori Yōichi, *Sōseki wo yominaosu*（Tokyo：Chikuma shōbō，1995），60。

2. Natsume Sōseki, *Sōseki zenshū*, 18 vols.（Tokyo：Iwanami shoten，1966），14：72 (letter to Saitō Agu)（后引用为 *SZ*）。

3. 上田万年（Ueda Mannen/Kazutoshi），后来被认为是"日本语言学之父"。

4. 龟井俊介和小森阳一等人认为，漱石在伦敦时无法原谅自己没有实现自己的目标，由此产生的失望和羞愧是他在伦敦饱受精神痛苦乃至最后崩溃的原因。

5. *SZ*，14：149.

6. Ibid.，152.

7. Ibid.

8. 江藤淳通常被认为是一位有洞察力的批评家。他猜测这个来自德国的米德一家"可能是一个犹太家庭"。他引用了"这个单身女子的黑头发

280

355

和黑眼睛，她母亲的生活方式，包括屡次的跨国婚姻，以及家庭中一种浓密的氛围"（Etō Jun, *Sōseki to sono jidai*, 4 vols. ［Tokyo：Shin-chōsha, 1993］, 2：93）。

这看似是个很好的例子，说明日本人普遍存在着一种天真与无知的融合，这是很迷人的。

9. 狩野、大塚、菅虎雄和山川。

10. *SZ*, 13：39.

11. *SZ*, 12：20.

12. *SZ*, 14：155.

13. Ibid., 156–158.

14. Ibid., 156.

15. *SZ*, 14：174.

16. *SZ*, 13：32.

17. 在日本生活的外国人倘若对他们自己辛苦习得的日语能力感到骄傲的话，就会尝到各种各样的羞辱。

18. *SZ*, 13：173.

19. Ibid., 43.

20. Ibid., 34.

21. 从漱石在女王去世时的敬畏的态度，可以看出他是一个帝国主义者，或至少是被"帝国"观念所打动或对这种观念有共感的。在他1909年对南满铁路的观察中可以发现更多迹象，更显著的是《心》（1914）中先生对明治天皇之死的反应。

22. *SZ*, 13：163–166.

23. 漱石本名"金之助"中的第一个字"金"的意思是黄金。

24. *SZ*, 13：167.

25. *SZ*, 14：176–177.

26. *SZ*, 13：42–43.

27. Ibid., 57.

28. Ibid., 179.

29. Ibid., 104.

30. *SZ*, 14：206.

31. *SZ*, 13：60.

32. Photograph in Sammy I. Tsunematsu trans., *Spring Miscellany and London Essays* (North Clarendon, Vt.：Tuttle, 2002).

33. *SZ*，13：75.

34. *SZ*，14：194.

35. *SZ*，9：10－11.

36. *SZ*，14：196.

   漱石不断贬低自己的毅力和勤奋，他这种方式让人想起塞缪尔·约翰逊惩罚自己的懒惰。但是鉴于他强迫自己勤奋和他大量的产出，这也不失为一种反讽。

37. *SZ*，14：204.

38. 东京帝国大学的化学教授池田发现了一种有新味道的化学物质，他将 281
   其命名为"味精"，也就是"鲜味（甘）"，并成立了"味之素"品牌进行销售。

39. SZ，14：89.

40. *SZ*. 13：42.

41. 见 Kamei Shunsuke, *Sōseki wo Yomu*（Tokyo：Iwanami shoten，1994），237－251。另见 Komori Yōichi, *Sōseki wo Yominaosu*（Tokyo：Chikuma shōbō，1995），58－64。

42. SZ，14：163.

43. Ibid.，189.

44. SZ，13：70.

45. *SZ*，12：18－19.

46. Ibid.，209.

47. Sōseki，*Sōseki zenshū*，29 vols.（Tokyo：Iwanami shoten，1996），29：132.

48. Ibid.，105.

49. 《杜鹃》是一本由子规和他的弟子们在 1896 年创办的俳句杂志。高滨虚子是一位日本俳句诗人，子规希望这位有能力的俳句诗人能够接班。在 1898 年，高滨虚子成为《杜鹃》的编辑，并扩大了杂志收录的文类，除诗歌外还增加了虚构文学和非虚构文学。对于漱石来说，高滨在子规去世后对他而言是十分重要的朋友、弟子和编辑。漱石的大部分早期小说，其中包括《我是猫》的连载版本，都在《杜鹃》上首发。

50. SZ，14：210.

51. SZ，11：530－531.

52. SZ，14：210.

53. 缘廊，日本称为"縁側"，是一种环绕房屋的狭窄门廊。

54. *SZ*，14：205.

55. *SZ*，9：14.

6. 回归故里

1. 见 Etō Jun, *Sōseki to sono jidai*, 4 vols. (Tokyo：Shinchōsha, 1970)，2：270。

2. 1898 年 11 月，当时镜子的父亲所效忠的首相大隈重信（从反对派的角度来看，他过于忠诚）被第二任内阁山县所取代之后，他被迫辞去了上议院特别秘书的职务。随后，他在动荡的新股票市场上赔掉了他所拥有的积蓄，并与不怀好意的放债人有牵连。这种压力和耻辱无疑导致了他的健康每况愈下。

3. Natsume Kyōko, *Sōseki no omoide* (Tokyo：Bungei shunjū, 1994)，122（后引用为 *Kyōko*）。

   这个情节与《少爷》中的场景相似，叙述者在第二天发现黑板上详细列出了他前一天晚餐吃过的所有东西，证明他正在被监视。

4. 下面的叙述，见 *Kyōko*，125 – 143。

5. "神经衰弱症"是一个概括性的术语，在当时一般用于描述包含易怒的各种情绪障碍。可以翻译为"神经衰弱"。

6. *Kyōko*，127.

7. 漱石一生中的症状表明，他可能患有双相障碍。凯·雷德菲尔德·杰米森（Kay Redfield Jamison）在描写诗人罗伯特·洛威尔时，她对狂躁症和抑郁症的描述中包括了诸如易怒、不足感、偏执、妄想、幻觉以及世界看起来很灰暗等症状。所有这些症状都在漱石身上有所体现。（*Robert Lowell*：*Setting the River on Fire* [New York：Knopf, 2017].）

8. *Kyōko*，133.

9. Ibid.，131.

10. Natsume Sōseki, *Sōseki zenshū*, 18 vols. (Tokyo：Iwanami shoten, 1966)，13：107（后引用为 *SZ*）。

11. *SZ*，13：104.

12. *SZ*，14：227.

13. Komagome, Sendagi-chō 57 (currently Mukōgaoka in Bunkyō-ku).

    从 1890 年 10 月到 1892 年 1 月，漱石的同期森鸥外曾在这所房子里住了一年多的时间。虽然这所房子早就不在了，但这里挂着诺贝尔文学奖得主川端康成亲笔题字的牌匾（房子本体被完整地保存在名古屋附

282

近的明治村博物馆里）。

14. *SZ*, 14：175.

15. Ibid. , 184.

16. Naka Kansuke, "Sōseki sensei to watakushi," in *Sōseki zenshū*, 29 vols. (Tokyo：Iwanami shoten, 1996), 29：295–296（后引用为 SZ2）。

17. 小林正树在 1964 年的电影《怪谈》由赫恩的 4 个鬼故事汇编而成。包括《黑发》《雪女》《无耳芳一》和《茶碗中》。这部电影获得了 1965 年第 18 届戛纳国际电影节评审团特别奖，并被提名为第 38 届奥斯卡金像奖最佳外语片。

18. 在现代，与赫恩相似的是博学的唐纳德·里奇（Donald Richie, 1924—2013），他能说日语，但是算不上流利。跟赫恩一样，里奇既不会阅读也不会书写日语。作为一名记者、作家、作曲家、电影制片人和文化评论家，里奇在日本的 66 年里，出版了 40 本关于日本的书籍，并写了数百篇影评。外界认为是里奇将日本电影推向西方，西方观众通过他敏锐和见多识广的评论来理解他们所看到的东西。从最开始，他的文章就有赫恩未曾达到的视角和讽刺程度。

19. 回顾 20 世纪 50 年代，整整一代美国高二学生在被强行灌输了《织工马南》之后，对严肃文学产生了持久的厌恶情绪。

283

20. *SZ*, 14：221.

21. Kaneko Kenji diary, in Togawa Shinsuke, *Sōseki tsuisō*（Tokyo：Iwanami shoten, 2016），105.

22. Ibid.

23. 在一高，漱石的学生也让人失望。6 月 25 日，他写信给狩野校长，为前一天睡过头并因此错过了关于成绩的教职工会议而道歉，并说："无论如何，三班学生（我的班级）没有一个通过我给他们的考试。"（*SZ*，14：225.）

24. *SZ*，14：227.

25. 时至今日，在日本的某些地方，一年中几乎每个星期依旧会演奏贝多芬的《第九交响曲》。

26. 引自 Etō, *Sōseki to sono jidai*, 2：307。

27. *SZ2*，29：157, 158.

28. Ibid. , 158.

29. 引自 Itō Sei, *Nihon bundan shi*, 13 vols.（Tokyo：Kōdansha, 1966），9：13。

30. *SZ2*，29：170 - 174.

31. 5 月 12 日，学校举行了欢迎三位新教职工的联欢晚会。据金子健二说，劳埃德和上田敏表现得很好，但漱石沉默寡言，并用他"聪明、判断力强的眼睛"吓唬学生 (*Ningen Sōseki* [Tokyo：Ichirosha, 1948])。

32. Morita Sōhei, *Sōseki sensei to watakushi*, 2 vols. (Tokyo：Tōzai shuppansha，1947)，1：73 - 74.

7.《我是猫》

1. 日语中有至少 6 个表示"我"的阳性代词。原标题中的日语单词"吾辈"在今天已经过时，它既不霸道也不谄媚，而是谦虚，略带恭敬，可能会被商人选择使用，因为它给人一种脚踏实地的感觉。由于英语中的"I"是没有多余意义的，所以在这里为了传达"吾辈"包含的特殊含义，用"Yours Truly"来代替：*Yours Truly Is a Cat*，看起来非常合适。

2. 我将《草枕》翻译为 *Grass for a Pillow*。

3. 一个身处无爱婚姻中的老年作家，无疑就是田山花袋本人。《蒲团》中，这位作家接受一名大学女生作为他的弟子，并让她搬进自己家中。他对这个女孩产生了一种激情，并且详细地阐释了这一点。作为她的老师，他这种感情是尤其禁忌和可耻的，这背离了师生之间神圣的关系。当这个女孩与一个同学发展关系时，这位作家嫉妒得发狂，盘问她是否发生越界行为。最后，他无法忍受她生活在自己家中，就把她送回了乡下。结尾令读者震惊，女孩离开了，他跑上楼，把脸埋在她的床上。

4. 见 William F. Sibley，"Naturalism in Japanese Literature，" *Harvard Journal of Asiatic Studies* 28（1968）：157 - 169。

5. 1908 年 2 月，田山花袋自《蒲团》后就被认定为主流作家，他说漱石的《三四郎》是从赫尔曼·苏德曼（Hermann Sudermann）的小说 *Katzensteg*（译为《猫步》）中借鉴了创作方法，这激怒了漱石。漱石在反驳中写道，《三四郎》也许是一部劣质作品，但肯定不是模仿。他抨击道：

> 与其担心捏造，为何不担心捏造看似活生生的人物和看似自然的情节？编造这种人物和情节的作者是一类创作者，应该为他的创作感到骄傲。另一方面，一个作品如果被人为恶意编造（例如大仲马的《黑郁金香》）是不可接受的，这都不必等田山君来指出。但是，即使没有人为的痕迹，写出一些不被大众认可是实质存在的现实人物或事实，同样也

284

完全无法接受。（Natsume Sōseki，"Tayama-kun ni kotau," in Natsume Sōseki，*Sōseki zenshū*，18 vols.［Tokyo：Iwanami shoten，1966］，11：184－86，italics mine［后引用为 *SZ*］。）

6. Natsume Sōseki，*I Am a Cat*，trans. Aiko Itō and Graeme Wilson，3 vols.（Rutland，Vt.：Tuttle，1979）.

7. *SZ*，1：437.

8. *SZ*，1：534.

9. *SZ*，12：190.

10. *SZ*，16：666.

11. *SZ*，1：235.

12. Ibid.，130.

13. *SZ*，1：124－125.

14. *SZ*，1：148－150. 这种"滑稽"瞬间的背后是对女性的反感，这种反感贯穿于漱石的所有作品中。基思·文森特坚信，漱石对女性有隐藏着的厌恶，这反映了他从过去的同性恋或同性友爱社会，到由日本现代化社会产生的异性恋未来的一种转变，这种转变令他苦恼。

15. *SZ*，1：386.

16. Ibid.，524－525.

17. Ibid.，526.

18. Ibid.，534.

8. 闪光的小作品

1. Natsume Sōseki，*Sōseki zenshū*，18 vols.（Tokyo：Iwanami shoten，1966），2：162（后引用为 *SZ*）。

2. Ibid.，170. 江藤淳认为，漱石十分强调通奸的罪恶性，这是为了减轻自己被兄嫂登世吸引而产生的内疚感。

3. *SZ*，2：141.

4. Ibid.，14：421. 漱石在最后对自己的慢性病作了辛酸的暗示："如果我有一个有山有水有家的故乡，特别是有一点钱，我就敢说我很满足了。但是事与愿违：过不了多久，我就会被胃病折磨死。"

5. 漱石作品的英文译者将标题保留为日文原文 *Botchan*。（见 *Botchan*，trans. J. Cohn［Tokyo：Kōdansha International，2005］。）*Botchan* 的意思是"可爱的小男孩"，是一个亲昵的词语，人们经常会在摸着年轻人的头发时说，可以用来指代依旧像个孩子一样受到宠爱的年轻人。我会借用意第绪语"*Boychik*"的说法。

6. 在漱石 1907 年发表的《文学论》中，他认为简·奥斯丁是"现实主义的大师：她有用熟悉的、日常的语言来表达某一时刻的本质的能力，这是任何男性作家都无法比拟的"。漱石节选了《傲慢与偏见》第一章来论证，在这一节选中，班纳特太太向她的丈夫唠叨着即将搬入尼德斐庄园的富有单身汉，而她丈夫对此深深的怀疑则完全逃不过她的眼睛。漱石评价道：

> 奥斯丁并不仅仅描绘了一对普通夫妇之间无意义的对话。她也不只想要在读者眼前勾勒出一个当时的生活片断。但凡有阅读能力的人都会注意到，在这段话中，她把丈夫和妻子的性格活灵活现地展现出来，使他们跃然纸上。(*SZ*, 9：365 - 370.)

7. 石原千秋提出了另一种解读。他将主人公描述为典型的次子。次子这个词在漱石作品中反复出现，反映了漱石在两个哥哥去世后作为次子的伤痛。在日本，次子通常被认为是"乐天派"，因为他不被期望于接管家族和确保未来家庭繁荣。相反，石原强调"次子的悲哀"。他断言，次子在家庭中的唯一地位就是"备用"，也就是在长子无法成为一家之主的情况下，作为大儿子的替补去填补长子的空缺。因此，次子是一个"边缘人"，除了作为替补之外，他们在家庭中被剥夺了其他身份，所以被迫在其他地方寻求身份。石原认为，少爷在愤怒、鲁莽、自负和蔑视中寻找自己的身份，这些是他的父亲作为"江户儿郎"所具备的气质。在石原的解读中，少爷自豪地讲述他在省立中学的失败故事，其隐藏动机是为了证明他拥有从父亲那里继承的江户人的气质，以及由女仆清传下来的江户人的价值观。这种继承使得与家庭断绝血缘的关系重新连接起来。石原的结论是，漱石的这篇中篇小说并不是关于一个江户人在四国的生活故事，而是关于少爷寻找自己内心中的家庭所传承江户人气质的朝圣之旅。他指出，开篇的一句话就是线索："自从我还是个孩子，**我从父亲那里继承的鲁莽行为就给我带来了麻烦。**"(*SZ*, 2：241.) 有趣的是，这句话的意义就在于少爷对继承家庭的坚持，而在英译本中，译为："From the time I was a boy, the reckless streak that runs in my family has brought me nothing but trouble."(13)，这其中的含义被掩盖了。另见 Ishihara Chiaki, *Sōseki*

no kikōgaku（Tokyo：Kōdansha，1999），45－70。

8. 由梅雷迪斯·麦金尼（Meredith McKinney）翻译的 2018 年的最新译本保留了日文标题 *Kusamakura*，这个译法无法向英文读者传达意义。稍早时期的 1965 年的译本则是由艾伦·特尼（Alan Turney）从文本中提取了一个晦涩的短语"三角世界"（*The Three-Cornered World*）作为标题。但是这些都是令人费解的译法，因为由日文原文直接翻译成英文，很容易变成"Pillow of Grass"，或者稍好一些为"Grass for a Pillow"，而日文原文能唤起旅行者的经历，所以从意义上而言，或许就是"在路上（on the road）"。

9. *SZ*，2：387.

10. Ibid.，526.

11. Ibid.，488.

12. Ibid.，395. 也许是画家在一定程度上对超脱的主张，令《草枕》取代了《魔山》成为格伦·古尔德（Glenn Gould）最喜欢的书。他在 1967 年读了英译本，便为之着迷；据说他曾在两个晚上打电话给他表弟大声朗读整本书。他去世时放在床边的两本书，一本是《圣经》，另一本就是做了很多注释的《草枕》。 （Damian Flannigan，"The Three-Cornered World of Glenn Gould and Natsume Sōseki," *Japan Times*，February 14，2015.）
    托马斯·曼凭借他杰出的口才详细介绍了艺术超脱的概念。下文来自年轻艺术家，托尼奥·克罗格：

    只有通过刺激艺术家们损坏的神经系统，使之感受到冷酷的狂喜和跳跃，才称得上是艺术。艺术家必须有一些非人的东西，超越人性，脱离人类的关怀，这样他才有去玩弄它、戏弄它的能力和欲望，从而将它描绘得成功又有趣……但事实是，所有健康而强烈的感情都没有什么品味。一个艺术家一旦成为一个正常人，像普通人一样去感知，那他的艺术生涯就结束了。（Thomas Mann，*Death in Venice and Other Stories*，trans. David Luke［New York：Bantam Classics，1988］，199－200.）

287

13. *SZ*，2：464.

14. Ibid.，396.

15. Ibid.，547.

16. *SZ*, 16：543–555.

17. *SZ*, 14：491–492.

18. *SZ*, 15：570（给山田小三郎的信）。

19. *SZ*, 9：16. 漱石对其精神疾病的感谢应该是一种调侃，无论他知不知道，精神病学家凯·雷德菲尔德·杰米森在她关于诗人罗伯特·洛威尔的书中说道："双相情感障碍和创造力之间确有联系。"（*Robert Lowell：Setting the River on Fire* [New York：Knopf, 2017].）

9. 周四沙龙

1. 这预演了短篇小说大师芥川龙之介在他家格子门上贴的那张著名的便签"忙中謝客"。

2. 另一方（自然主义）也有自己强大的小圈子，即龙土会，他们以龙土町的一家法国餐馆命名，在餐馆里举行会议。龙土会的成员包括田山花袋、岛崎藤村、国木田独步和岩野泡鸣在内。漱石和他的弟子们隶属于东京帝国大学，在《朝日新闻》上发表文章，并在一段时间内主导了该报的艺术形式。而田山和他的同僚们则与早稻田大学密切相关，一般在《读卖新闻》上发表文章。

3. Natsume Sōseki, *Sōseki zenshū*, 18 vols.（Tokyo：Iwanami shoten, 1966），14：876（后引用为 *SZ*）。

4. 引自 Nakajima Kunihiko, *Natsume Sōseki no tegami*（Tokyo：Daishūkan shoten, 1994），142。

5. 小金老师（金やん先生）。这里的小金老师就像他给子规写的信中的一样，漱石是在诙谐地打趣自己。用了他的名字中的第一个字"金"，加上缩略语"やん"（即京都方言中的"ちゃん"）。这种自我指称看起来很亲和俏皮，就像一只狗翻过身来让人揉肚子一样，与他在课堂上不可接近的形象截然不同。

6. *SZ*, 14：317–320. 铃木的信的命运在漱石的圈子里引起了轩然大波。在收到他的信的几天后，漱石和一个朋友待在书房里的时候，他的房子被抢劫了。客人的帽子和漱石的橡胶雨衣不见了，装着信的白色厚信封也不见了。第二天早上，园丁发现信在花园，一直被拖到栅栏上。在信纸的最后，小偷放了传统的"纪念物"——大便，并将信的最后30厘米作为卫生纸。据小宫说，铃木第一次从镜子那里得知此事时，他脸上痛苦的表情给她留下深刻的印象。此后，每当在漱石面前提到这个话题时，他都会皱起眉头并陷入沉默，小宫认为，漱石无疑是对

288

铃木感到抱歉的。

7. *SZ*，14：326.

8. Ibid.，390 – 391.

9. Ibid.，391.

10. 漱石是以第三人称指代自己。

11. *SZ*，14：392.

12. Natsume Kyōko, *Sōseki no omoide*（Tokyo：Bungei shunjū, 1994），176.

13. *SZ*，14：400 – 401.

14. Ibid.，388（给森田草平的明信片）。

15. Ibid.，493.

16. Ibid.，348.

17. Morita Sōhei, *Sensei to watakushi*，2 vols.（Tokyo：Genjitsusha, 1947），1：123（后引用为 *MS*）。

18. *SZ*，14：480.

19. *MS*，1：221.

20. 森田租的小房子是樋口一叶在 1896 年去世前的一年里所居住的，这一巧合为森田收获了沙龙里其他作家的羡慕甚至是尊敬。

21. 在下面的叙述中，我主要依赖特鲁科·克雷格（Teruko Craig）对平塚自传的出色翻译。*In the Beginning*，*Woman Was the Sun*（New York：Columbia University Press, 2006），89 – 139.

22. 森田曾要求平塚雷鸟把他给她的情书带着，可以烧掉。他认真阅读了加布里埃莱·邓南遮的爱情自杀小说《死亡的胜利》，产生了这个想法。

23. Hiratsuka, *In the Beginning*，120.

24. *SZ*，14：687.

25. Ibid.，727.

26. Ibid.，740.

27. Ibid.，741.

28. *SZ*，1：27.

29. 引自 Itō Sei, *Nihon bundan-shi*，13 vols.（Tokyo：Kōdansha, 1978），9：217。

30. *SZ*，14：490.

10. 职业作家

1. 见 Stephen Dodd，"The Significance of Bodies in Sōseki's *Kokoro*,"

Monumenta Nipponica 53, no. 4 (1998)：496。

2. Natsume Sōseki, *Sōseki zenshū*, 18 vols. （Tokyo：Iwanami shoten, 1966），14：532 - 533（后引用为 *SZ*）。

3. Natsume Kyōko, *Sōseki no omoide* （Tokyo：Bungei shunjū, 1994），185（后引用为 *Kyōko*）。

4. 从 1897 年 1 月开始，在《读卖新闻》上连载的尾崎红叶的小说《金色夜叉》在全国引起了轰动。

5. *SZ*，14：506. 这封信的收信人是泷田樗阴（本名哲太郎），他是《中央公论》的一名编辑，被指派向漱石转达这一提议。

6. *SZ*，11：11 - 20.

7. 二叶亭四迷（长谷川辰之助，1864—1909）是翻译屠格涅夫作品和其他俄国作品的杰出翻译家，同时他自己也是一位小说家。《浮云》是他早期对于现实主义的尝试，但是失败了。20 年后的 1906 年，二叶亭在《朝日》杂志上连载了第二部小说《其面影》，这部作品很受欢迎，但不如他意。次年，他开始创作《平凡》，这是他第三次尝试。这之后，二叶亭放弃了写小说，在圣彼得堡当起了朝日新闻社的驻外记者。1909 年，他在回国途中，死于孟加拉湾的船上。作为一个有天赋的作家，二叶亭最终没能摆脱 19 世纪"浮华写作"的影响，这阻碍了他实现他渴望的现实主义。

8. 池边三山是东京《朝日新闻》德高望重的主笔。他成长于九州南部动荡的熊本县，他的父亲在 1877 年的西南战争中与萨摩藩武士西乡隆盛并肩作战而死。多年来，他是漱石最坚定的支持者之一。

9. 村山龙平是《朝日新闻》的出版商。

10. *SZ*，14：557 - 558.

11. 漱石在 1906 年的发表量难以想象，他完成了《我是猫》的第二部分，以及《草枕》《少爷》《趣味的遗传》和《二百十日》。

12. *SZ*，14：559 - 560.

13. *SZ*，11：584 - 585.

14. 最近的评论家们从漱石对像西乡隆盛这样的人物的评价中读出了一些政治和社会性的意义。作为帝国主义事业的烈士，西乡隆盛是帝国主义的象征。他有坚忍不拔的日本武士风范，也是大男子主义理想的缩影，是男人和男人之间的同性友爱社会体系的核心，然而这种体系正在被由现代化带来的异性恋主导体系所取代。因此，赋予他正直和荣誉是反动的。

289

15. *SZ*，11：493 - 496.

16. 引自 Etō Jun, *Sōseki to sono jidai*，4 vols.（Tokyo：Shinchōsha, 1970），4：38。

17. 漱石用一支百利金钢笔写字，这是他在丸善株式会社购买的两支钢笔之一。通常来说，比起蓝色墨水和黑色墨水，他更喜欢用深褐色的墨水。漱石的弟子们对他的书写工具也充满敬意。当他厌倦了用一支笔，或者把它用坏了，他们就会小心翼翼地把它收起来，并像对待皇室成员一样给它一个头衔。比如，漱石在写《虞美人草》时用的笔就叫"百利金一世"。

18. *SZ*，14：589.

19. Ibid.，587.

20. Ibid.，626.

21. Ibid.，632 - 633.

22. 第二场晚会邀请了森鸥外，他的独创性让他可以与漱石、泉镜花和德田秋声比肩。幸田露伴、岛崎藤村和国木田独步等人则被邀请至第三场晚会。

23. 1911 年 5 月 22 日，漱石观看了帝国剧院的《哈姆雷特》演出。他迟到早退，但看到的情况已足以让他坚信坪内的翻译是无法用于表演的：

> 坪内教授在过分忠实于莎士比亚的同时，却对日本观众不忠，这是非常遗憾的。他创造出古怪的日语词汇试图准确表达莎士比亚的原意，这就导致了这种矛盾。莎士比亚戏剧的一个基本特点是它不可能用日语表达。在坪内做出翻译莎士比亚戏剧这一大胆的决定时，他就把我们日本人抛在了一边……坪内教授不得不决定是忠实地翻译莎士比亚而放弃其可表演性，还是考虑为表演莎剧而成为一个不忠实的译者。（*SZ*，11：287 - 288.）

24. *SZ*，3：27 - 28.

25. Ibid.，388.

26. Ibid.，419 - 422.

27. *SZ*，14：604 - 605. 漱石的总结判断与小森阳一对藤尾之死的解释相吻合。据小森说，藤尾不得不死，因为她无视自己的父亲和宗近的父亲定下的与宗近的婚约，而选择小野作为她未来的丈夫。小森认为，她的反叛挑战了同性友爱社会体系中身份的基础价值观，这种体系将家庭中的男性联合起来。从男性的角度来看，她选择诗人小野作为未来的丈夫尤其令人费解。女性在这个体系中应当是务实的、物质的，而非诗意的。男人之间通过"汉文训读"进行交流；藤尾和小野关于"紫色"的对话是遭人摒弃的。从她的感性和她的所有选择看来，藤尾是"他者"，她处于同性友爱社会的范围之外，她的感性和她的所有选择都不可理解。正是这样，连她的母亲都与家中的男人们站在一边，将她视为"迷"。见 See Komori Yōichi, *Sōseki wo yominaosu*。

28. *SZ*，3：428 - 429.

29. 漱石的意思可能是，《虞美人草》完全超出了当时盛行的自白小说的范畴。

30. *SZ*，15：295 - 296.

31. *Kyōko*，202.

32. *SZ*，14：585.

33. 2017 年 9 月，漱石山房纪念馆在原址（现在的漱石公园）开放，这个纪念馆是一个按比例建造的房屋模型。

11. 《三四郎》

1. 日本新年（松の内）是展示松树花圈和花环的时期。1945 年后，这个时期缩减至 3 天。

2. 在场的一些作家后来也描述过这个情节，但我参考的是镜子的回忆。（Natsume Kyōko, *Sōseki no omoide* [Tokyo：Bungei shunjū, 1994]，210 - 215.）

3. Natsume Sōseki, *Sōseki zenshū*, 18 vols.（Tokyo：Iwanami shoten, 1966），2：334（后引用为 *SZ*）。

4. Nogami Toyoichirō, "Sōseki sensei to utai," in *Sōseki zenshū*, *Sōseki zenshū geppō*，（Monthly newsletters for the 1929 edition of the *Collected Works*），129.

5. 安倍 1906 年毕业于东京帝国大学哲学系，并很快开始了哲学家、教授和政治家的职业生涯。他是"漱石门下四天王"中的一人（另外三人是小宫丰隆、森田草平、铃木三重吉）。日本文学学者、奥斯陆大学教授安倍玲子（Reiko Abe Auested）是安倍的孙女。

6. Nogami, *Sōseki zenshū geppō*，128.

7. 黑泽明导演在他 1990 年的电影《梦》中借用了漱石的概念，甚至复制了每个章节的单行序言："我做了这样一个梦。"

8. *SZ*，14：714.

9. Ibid.，711.

10. Ibid.

11. Morita Sōhei, *Sōseki sensei to watakushi*，2 vols.（Tokyo：Genjitsusha，1947），2：60 - 65.

12. 在漱石从英国带回来的书中，包括了屠格涅夫的全部作品。美弥子以及她对三四郎的影响使人想起了《初恋》中的女主角齐娜伊达。

13. *SZ*，4：256.

14. 顺便提一句，亨利·詹姆斯在 1869 年遇到拉斯金的时候也是一名年轻的学生。在 1885 年发表的《小说的艺术》中，詹姆斯提到了"画画的艺术家和写小说的艺术家的共同方法"，詹姆斯强调了作者和"他的画笔兄弟"之间的联系。这里漱石可能是在三四郎和画家的场景中想到了这一观念。 292

15. *SZ*，4：65 - 66.

16. Ibid.，134 - 135.

17. 美弥子在熟人圈子之外选择了一个丈夫，这让小森想起了藤尾。她的与众不同让她的朋友们感到困惑：在他们看来，她肯定是一只"迷途羔羊"。

18. *SZ*，4：15.

19. Ibid.，87.

20. Ibid.，56.

21. Ibid.，57 - 58.

22. Natsume Sōseki, *Sōseki zenshū*（SZ2），29 vols.（Tokyo：Iwanami shoten，1997），29：406.

23. 这本日记还体现了一种日本常见的人际关系，精神病学家土居健郎将其称为"撒娇"（甘え），一般是指对仁慈的长者所产生的如婴童似的过度依赖，这种撒娇或耍萌通常能够得到满足。

24. 锦辉宫，东京的第一家电影院（1891—1918）。

25. 小宫爱上了一个人，而这个人却被许配给了其他人（就像《三四郎》中的女主角一样）。事实上，沙龙中的两位年轻作家，久米正雄和松冈让，都是笔子的追求者。笔子在她父亲去世的两年后即 1918 年嫁给了松冈。

26. 寺田的博士论文是关于尺八的声学，尺八是一种长竹笛。

27. 还有一次，漱石对女用人们大发雷霆，指责她们又在暗算他，于是把她们都解雇了。

28. 论文是关于剧作家及小说家列昂尼德·安德列耶夫的。小宫在德语翻译领域研究他。

29. 寺田自 1 月起担任东京帝国大学的物理学助教，3 月到柏林研究地球物理学。第二年，他在斯德哥尔摩、巴黎、英国和美国继续他的研究，后于 1911 年返回日本。

30. 叶理绥（Serge Elisséeff, 1889—1975）是一位精通八种语言的法籍俄国人，他被东京帝国大学日本文学专业录取，在 1912 年成为第一个在日本文学专业毕业的西方人，随后成为第一个西方研究生。在东京时，他是在周四沙龙之外的。在彼得堡任教后，他又在日本帝国驻巴黎大使馆担任首席翻译。1934 年，哈佛大学为他提供了一个远东语言的教授职位；他是哈佛燕京学社的首任社长，并创立和主持了该社，直到 1956 年退休。他最有名的学生埃德温·赖肖尔（Edwin Reischauer）将他称为"美国的远东研究之父"。

31. 《后来的事》在 1909 年 6 月 27 日至 10 月 14 日之间连载。

293   **12. 爱情两部曲**

1. Natsume Sōseki, *Sōseki zenshū*, 18 vols.（Tokyo：Iwanami shoten, 1966），4：524（后引用为 *SZ*）。

2. Ibid., 564 – 565.

3. Ibid., 568.

4. Ibid., 610.

5. Ibid., 620.

6. Ibid., 622.

7. *SZ*, 4：345.

8. Ibid., 313 – 314.

9. *SZ*, 376. 是对威廉·詹姆斯的引用，漱石在伦敦时就一直在阅读他的作品，这一点很重要。所以《后来的事》中对意识的强调以及对心理学的概述，不必多说都是受詹姆斯影响。

10. *SZ*, 4：438.

11. Ibid., 536.

12. 石原千秋对《后来的事》进行了另一种解释，认为长井代助作为次子，是"多余的"或"边缘的"。就像漱石本人一样，长井代助的两个哥哥已经去世，他成了长子诚吾之下的"次子"。因此，在石原的解读中，所有男性继承人的名字都以“诚”字开头：诚信、诚吾、诚太郎，而代助名字中的第一个字是“代”，是“替代”的意思，所以长井代助是被排除在家族男性之外的。石原认为，由于代助是多余的，所以在他被排除在家门之外时被“性别重塑”为女性。他认为同样的命运也降临在《春分之后》中的须永和《道草》中的健三身上。石原提供了充分的证据：长井代助像情妇一样是一个“被包养的人”，被允许住在一个独立的房子里，家庭给他提供补贴，但是被限制在家庭给予的自由中。他的父亲将他视为女儿一样，为他计划一个“战略联姻”，让他进入一个富裕的家庭。长井代助在澡堂里通过镜子欣赏自己的场景，使得石原发现了代助的性别被替代了的证据：

> 他像往常一样小心翼翼地刷牙，自己整齐的牙齿让他觉得十分高兴。他脱掉衣服，仔细地擦洗胸前背后。每当他移动肩膀或抬起手臂时，他的皮肤就会闪耀着光泽，就像用香膏按摩过后被仔细地擦掉一样，这也让他感到十分满足……代助用双手来回抚摸自己饱满的脸颊，打量着镜中的自己。他的动作像是一个女人在涂粉。事实上，他对自己的身体感到非常自豪，如果有需要，他也会毫不犹豫地在脸上涂粉。（Natsume Sōseki, *And Then*, trans. Norma Field [Ann Arbor: Center for Japanese Studies, University of Michigan, 1997], 3.）

294

石原认为这不是一个男性冒充女性还能是什么？所以，他觉得《后来的事》并不像人们通常认为的那样是一个爱情故事。相反，它是一个男性试图通过爱三千代来找回男性自我的传记，在这个故事中，他与他的家庭逻辑相斥，家庭已经“阉割”了他。（Ishihara Chiaki, *Sōseki no kikōgaku* [Tokyo: Kōdansha, 1999], 60 – 65，177 – 180.）

13. *SZ*, 4: 659.
14. Ibid., 763 – 764.
15. Ibid., 773.
16. Ibid., 774 – 776.
17. 美国读者可能很难想象这种场景，安井在没有听他亲密的朋友透露过秘密的情况下就得知了真相。在日本社会习惯缄默的背景下，这在过去和现在都是很正常的。
18. *SZ*, 4: 789 – 790.
19. Ibid., 794 – 795.

20. Ibid.，854.

21. *SZ*，14：810.

22. 漱石自己的《查拉图斯特拉如是说》英译本上有大量注释。

23. Morita Sōhei, *Sōseki sensei to watakushi*，2 vols.（Tokyo：Genjitsusha，1947），2：160.

24. *SZ*，4：864.

13. 修善寺危机

1. Natsume Sōseki, *Sōseki zenshū*，18 vols.（Tokyo：Iwanami shoten，1966），14：816（后引用为 *SZ*）。

2. Ibid.，822.

3. 漱石对医生的选择反映了他的社会地位。日本最杰出的胃肠病医生长与称吉医生在慕尼黑接受了 7 年的培训，并不是谁都能请到的。

4. *SZ*，13：483 – 484.

5. July 3 letter to Togawa Shūkotsu, *SZ*，14：838.

6. *SZ*，13：501.

7. "Natsume Sōseki ron," *Shinchō*，July 1910，15.

8. Ibid.，5.

9. Ibid.

10. Ibid.，9.

11. *SZ*，13：524.

12. Ibid.，525.

13. Ibid.，526.

14. Natsume Kyōko, *Sōseki no omoide*（Tokyo：Bungei shunjū，1994），232（后引用为 *Kyōko*）。

15. Ibid.，233.

16. *SZ*，8：308 – 313.

17. 见 Morita Sōhei, *Sōseki sensei to watakushi*，2 vols.（Tokyo：Genjitsusha，1947），2：185 – 190。

18. *SZ*，13：559.

19. Ibid.，560.

20. Ibid.，571.

21. 例如《列仙传》，没有一个日本年轻人能够读懂的这部典籍。

22. *SZ*，13：288.

295

23. 引自 Etō Jun, *Sōseki to sono jidai*, 4 vols. (Tokyo：Shinchōsha，1993)，
    4：364。

24. Ibid.，566.

25. 另一位《朝日新闻》的编辑涩川玄耳也因某种胃病被送进了长与医院。
    他比漱石早出院。

26. *SZ*，15：6-7.

27. *SZ*，13：579.

28. 以下简称《杂忆录》(Omoidasu koto nado)。

29. *SZ*，8：280.

30. Ibid.，282.

31. Ibid.，284.

32. Ibid.，285-286.

33. 石原千秋将这句话纳入了他所谓的"漱石神话"中，由漱石的弟子特
    别是小宫丰隆公布。 (Ishihara Chiaki, *Sōseki no kikōgaku* [Tokyo：
    Kōdansha，1995]，7-11.)

34. *SZ*，8：327-328.

35. *SZ*，12：711.

36. *Kyōko*，267.

37. Ibid.，266.

38. Ibid.，282.

39. Morita, *Sōseki sensei to watakushi*，2：219.

40. *SZ*，15：33.

41. 引自 Etō，*Sōseki to sono jidai*，4：383。

42. *SZ*，15：54.

43. 引自 Etō，*Sōseki to sono jidai*，4：386。

44. Morita, *Sōseki sensei to watakushi*，2：221.

45. *SZ*，11：263.

46. 1994 年，在获得诺贝尔文学奖后不久，大江健三郎拒绝接受日本的最
    高文化奖——日本文化勋章，引起了轰动。大江宣称道："我不承认
    还有胜过民主主义的权威和价值观。"虽然这件事所牵扯的利益关系
    更大，但这件事让人想起了漱石的博士学位事件，尤其是众所周知日
    本政府对诺贝尔奖的颁发措手不及，在最后一刻将大江的名字加入了
    文化勋章获得者的名单中。大江几乎认定自己是漱石的直接继承人，
    以至于人们不得不怀疑他的反抗是不是受到了漱石的启发。（顺便提

296

一句，左派的批评者质疑，大江为何可以接受从瑞典国王手中颁出的奖，而拒绝日本天皇颁的奖。）

14. 亲人去世

1. 森田承诺过平塚的父亲他永远不会再写他们悲惨的遭遇。

2. Natsume Sōseki, *Sōseki zenshū*, 18 vols. (Tokyo: Iwanami shoten, 1966), 13：612 (后引用为 *SZ*)。

3. Morita Sōhei, *Sōseki sensei to watakushi*, 2 vols. (Tokyo: Genjitsusha, 1947), 2：227.

4. *SZ*, 13：635.

5. *SZ*, 11：344.

6. *SZ*, 12：718.

7. *SZ*, 13：664.

8. *SZ*, 15：105.

9. 引自 Ara Masato, *Sōseki kenkyū nenpō* (Tokyo: Shūei-sha, 1984), 705, n. 28。

10. 在这段哀悼的日子里，漱石反复提到练习能剧《盛久》中的困难段落。《盛久》讲述一个被杀的武士死而复生，对生前的攻击者进行报复的故事。这种时候，他似乎在谣曲中得到了清净。

11. 行德二郎是漱石在熊本第五高等学校的学生，后来成为漱石的弟子。

12. *SZ*, 13：668 - 669.

13. Ibid., 670 - 674.

14. Natsume Kyōko, *Sōseki no omoide* (Tokyo: Bungei shunjū, 1994), 307 - 8 (后引用为 *Kyōko*)。

15. 这里的工作人员称为"隐坊"，是火葬场和墓地的工人，他们在江户时代被视为贱民。这个工作是世袭的。

16. 这就是禁止使用两根不同的筷子夹起食物的禁忌来源。只有在火葬场，两个人（家庭成员）同时使用不同筷子夹起骨头是可行的。

17. *SZ*, 13：673.

18. *Kyōko*, 310.

19. *SZ*, 13：672 - 678.

20. *SZ*, 15：120.

21. *SZ*, 5：189.

297   22. Ibid., 192.

23. Ibid., 199.

24. Ibid., 193.

15. 孤独

1. Natsume Kyōko, *Sōseki no omoide* (Tokyo: Bungei shunjū, 1994), 299 (后引用为 *Kyōko*)。

2. Ibid., 310.

3. Natsume Sōseki, *Sōseki zenshū*, 29 vols. (Tokyo: Iwanami shoten, 1999 – 2004), 29: 530 (后引用为 *SZ2*)。

4. Ibid., 520.

5. Ibid., 530.

6. Ibid., 536, 537.

7. Natsume Sōseki, *The Wayfarer*, trans. Beoncheon Yu (Rutland, Vt.: Tuttle, 1967).

8. *SZ2*, 13: 747.

9. Ibid., 754.

10. *SZ2*, 5: 466 – 468.

11. Ibid., 505 – 506.

12. Ibid., 512 – 513.

13. 见 Reiko Abe Auestad, *Rereading Sōseki* (Wiesbaden: Harrassowitz, 1998), 4。

14. *SZ2*, 5: 527.

15. Ibid., 710 – 711.

16. Ibid., 720.

17. *SZ2*, 15: 341.

18. Natsume Sōseki, *Kokoro*, trans. Edwin McClellan (Washington, D. C.: Regnery, 1957).

19. 土居健郎在其 1971 年的作品《日本人的心理结构》中指出，他觉得"没有任何文学作品能像夏目漱石的《心》那样准确地描绘出日本社会中同性恋关系的本质"。（引自 Keith Vincent, *Two-Timing Modernity* [Cambridge, Mass.: Harvard University Asia Center, 2012], 89。）

20. *SZ2*, 6: 10 – 11.

21. Ibid., 96.

22. Ibid., 142.

23. Ibid., 252.

24. Ibid., 248.

25. Ibid., 267.

26. Ibid., 288.

27. Ibid., 54.

28. Ibid., 41.

29. 联想到在小津安二郎的《东京物语》中，最小的儿子在母亲去世时未能及时回家陪伴她的那种悲痛。

298 30. *SZ2*，6：34.

31. Ibid., 282.

32. Komori Yōichi, "Kokoro wo seisei suru Ha-to［heart］," *Seijō kokubungaku*, March 1985). 对于辩论的细节进行了有力的总结。见 Sakaki Atsuko, *Recontextualizing Texts* (Cambridge, Mass.: Harvard University Asia Center, 1999), 29 - 54。

33. Etō Jun, "A Japanese Meiji Intellectual: An Essay on *Kokoro*," in *Essays on Natsume Sōseki's Works* (Japan Society for the Promotion of Science, 1972), 65. Translated by Keith Vincent in *Two-Timing Modernity*, 95 - 96.

34. *SZ2*，6：5, italics mine.

35. Ibid., 194.

36. 有趣的是，埃德温·麦克莱伦（Edwin McClellan）在他的翻译中省略了这句提示性的话："Whenever the memory of him comes back to me now, I find that I think of him as 'Sensei' still. And with pen in hand, I cannot bring myself to write of him in any other way."（McClellan, trans., *Kokoro*, 1）。麦克莱伦的日语是出了名的流利，他不可能读错这句话，所以一定是有选择性地删除它。也许他看出了一种招致不满的暗示，所以想避免它。在接下来的一个关键场景中，也有类似的删除，这就增加了可能性。（见 n. 41。）梅雷迪斯·麦金尼（Meredith McKinney）则不太自然地翻译了这句话："It would also feel wrong to use some conventional initial to substitute for his name and thereby distance him."（Natsume Sōseki, *Kokoro*, trans. Meredith McKinney［New York: Penguin, 2010］, 3.）

37. 1988 年 5 月，时任东京大学名誉教授的三好行雄（我的老师是在 1963 年至 1965 年期间任教的）在一篇题为《华生医生是背叛者吗?》

（Watosan wa haishinsha ka）的文章中对小森的结构主义解读提出了异议。三好认为，当代读者每天都能体会《心》中的生活，不可能到小说的最后才知道先生用首字母"K"来称呼他的朋友。小森等人轻易地驳斥了他，他们认为开篇的几句话是伏笔，读者确实可以在后来看到先生说的"我就叫他 K 吧"时想起这一点。

38. McClellan，trans．，*Kokoro*，213–214.

39. McKinney，trans．，*Kokoro*，148–149.

40. *SZ2*，6：25，italics mine.

41. 麦克莱伦再一次抹掉了（故意的?）这一场景原来的细微差别：

> "It would be so nice if we had children," Sensei's wife said to me.
> "Yes, wouldn't it," I answered. But I could feel no real sympathy for her.
> At my age, children seemed an unnecessary nuisance.
>
> "Would you like it if we adopted a child?"
>
> "An adopted child? Oh, no," she said, and looked at me (McClellan
> trans．，*Kokoro*，17).

42. *SZ2*，6：96.　　　　　　　　　　　　　　　　　　　　　　299

43. 见 Vincent，*Two-Timing Modernity*，102。

44. Ibid．，102–105. 我想，我的解读已经把我自己归入了包括三好和江藤以及他的密友埃德温·麦克莱伦在内的保守反动派。我不完全相信这个学生现在和先生的妻子生活在一起，还和她生了一个孩子，但我承认从叙事学上而言确有这种可能性。这并不是漱石第一次将重要的主题暗示埋得如此之深，以至于读者无法发现（尤其是在《明暗》中）。但是若说我要反对小森的观点（包括石原千秋的），那就是他们都试图想象一个结局，在这个结局中，学生认为他已经从先生那里学到了东西，不会再犯错误。在缺乏文本证据的情况下，这就假设了漱石认为学生在他的"老师"死后的行为是一种胜利，一种从男人和男人的同性友爱社会到现代化的异性恋社会的积极转变，女性在异性恋社会中不会被亏待。但是考虑到漱石对这种转变的反感，以及他作品中出现的对异性恋的局促，他应该不太可能会庆祝这个学生获得这种现代性的解放。

45. 镜子在回忆录中表现出不服输的独立性，以及她对丈夫不断的直言不讳的批评，让她背负了不称职的妻子的恶名。

46. *SZ2* 15：308.

47. *SZ2* 8：424 - 425.

16. 《道草》

1. "道草"是一个很难翻译的词。从字面上看，它的意思是"生长在路边的草"，因此麦克莱伦选择翻译成 *"Grass on the Wayside"*。(*Grass on the Wayside*，trans. Edwin McClellan [Chicago：University of Chicago Press，1969]）作为一个习语，它暗含"停下来吃草"的意思，意味着在前往目的地的路上花时间停下来，有点"逗留"的意思。但是这两者似乎都无法完全传达日语"道草"的意思。

2. 例如，见 Edwin McClellan, *Two Japanese Novelists* (Rutledge, Vt.：Tuttle，2004)，59。

3. 大量证据表明，漱石在写《我是猫》的时候借助了很多自己的经历。在 1905 年的最后一天写给铃木三重吉的信中，漱石提到了关于苦沙弥家后面的男校里那些调皮学生的情节：

> 我在想，如果他们能到家里来抗议，这会给我提供一些素材。宿舍就在隔壁，当学生们晚上回来的时候，他们就会大吵大闹，扰乱附近的人。他们今晚就来了。下一次我定将抓住几个人。我在想我能做些什么才能引校长出现。如果没有废墟和骚动，关于"猫"的素材就很有限。（Natsume Sōseki, *Sōseki zenshū*, 18 vols. [Tokyo：Iwanami shoten, 1966]，14：349 [后引用为 *SZ*]。）

4. *SZ*, 13：370.

5. Ibid.，296.

6. *SZ*, 6：312.

7. Ibid.，493 - 494.

8. Ibid.，584 - 585.

9. Ibid.，592.

10. 西川一草亭的艺术及其高雅的品味在战后得到了敕使河原苍风（日本花道流派草月流的创始人）和他的儿子敕使河原宏的赏识。敕使河原宏是同时也是一位陶艺家和电影导演。

11. 见 *SZ*, 13：759 - 763。

12. 从江户时代开始，茶屋就集合了餐饮和娱乐。在精心准备的晚宴上，

300

会叫来艺伎招待男客人。在不可撼动的双重标准下，艺伎不可能嫁一个好人家，所以艺伎最希望的就是找到一个雇主来安顿她的日常起居。

13. 见 O-Tami 关于这段时期的回忆录，1917 年发表于《涩柿》(*Shibugaki*) 杂志的 2 月刊。"Notes on Encounters in the Capital" (Raku nite, o-me ni kakaru no ki).

14. 见 *SZ*, 13：762 - 764。

15. 祇园之于京都相当于银座之于东京。这里有酒吧、歌舞伎座和茶屋，在这里能见到如今已经不太常见的艺伎。

16. Seifū Tsuda, *Sōseki and Ten Disciples: Stepping on the Tiger's Tail* (Tokyo: Meibundō, 1967).

17. 见 Natsume Kyōko, *Sōseki no omoide* (Tokyo: Bungei shunjū, 1994), 352 - 364。

18. Ibid., 355.

19. Ibid., 358.

20. Ibid., 360.

21. *SZ*, 15：454.

22. *SZ* (*geppō*) 15：118.

23. *SZ*, 15：463.

24. Ibid., 464.

25. Ibid., 462.

26. 漱石用"职业"来形容一个将为取悦男性提供场所当作职业的女人，这体现了他是不偏不倚的。

27. *SZ*, 15：66 - 467.

28. 有传言说，漱石对大塚楠绪子情有独钟，而且大塚楠绪子回应了他的爱。后来漱石还是将她让给了他的朋友。这就像《后来的事》中长井代助把三千代让给平冈一样。(Kosaka Susumu, *Sōseki no ai to bungaku* [Tokyo: Kōdansha, 1974].) 301

29. SZ, 8：472.

30. Ibid., 473.

31. Ibid.

17. 最后时光

1. Natsume Kyōko, *Sōseki no omoide* (Tokyo: Bungei shunjū, 1994), 371 (后引用为 *Kyōko*)。

2. Ibid., 372.

3. Kume Masao, *The Wind and the Moon* (Tokyo: Kamakura bunkō, 1947).

4. 菊池宽是重要文学月刊《文艺春秋》的创办者及主编。在 1935 年菊池宽以他朋友的名义设立了"芥川龙之介奖"。该奖至今仍是日本最负盛名的文学奖，并且在大众眼中是成为主流作家的途径。

5. Natsume Sōseki, *Sōseki zenshū*, 18 vols. (Tokyo: Iwanami shoten, 1966), 15: 536 (后引用为 *SZ*)。

6. Akutagawa Ryūnosuke, *Rashōmon and Seventeen Other Stories*, trans. Jay Rubin (New York: Penguin, 2006), 191.

7. Ibid., 553.

8. Ibid., 565.

9. Ibid., 554.

10. 1912 年，和辻哲郎在东京帝国大学哲学系的最后一年，他选择用英语写毕业论文，方便俄裔德国哲学教授拉斐尔·冯·库伯（Raphael von Koeber）阅读。

11. *SZ*, 15: 569.

12. 基思·文森特认为，"对漱石而言，中国诗歌的写作与一个衰败的同性友爱社会有关。相比之下，小说则与他所看到的现代性相关"。（"The Novel and the End of Homosocial Literature," *Proceedings of the Association of Japanese Literary Studies* 9 [2008]: 235.）

13. *SZ*, 15: 575 - 576.

14. 这是一部"附体剧（possession play）"，据说是世阿弥（1363—1443）的作品，根据《源氏物语》（同时也是三岛由纪夫《近代能乐集》的五部作品之一）中一个可怕的场景改编。1938 年，野上在剑桥担任交换教授，拿着与漱石一样的政府津贴，他讲授世阿弥的戏剧，并将《葵上》介绍至西方。

15. *SZ*, 15: 549.

16. Ibid., 578 - 580.

17. Ibid., 573.

18. *SZ*, 15: 591.

19. Ibid., 592.

20. Ibid., 603 - 604.

21. Ibid., 605.

22. Natsume Sōseki, *Light and Dark*, trans. John Nathan (New York:
302

Columbia University Press, 2014). For an earlier translation, see *Light and Darkness*, trans. V. H. Viglielmo (Rutland, Vt.: Tuttle, 1972).

23. "遠慮"是一个表示自我克制的词,出现了 60 次之多。"手前"意为"毕恭毕敬(deference)",与"遠慮"相伴出现了 20 次。

24. Natsume Sōseki, *Light and Dark*, trans. John Nathan, 249 (*SZ*, 8: 374).

25. 这本书一经发表就饱受质疑。一些研究日本文学的著名美国学者对它不屑一顾。日本文学研究的先驱唐纳德·基恩(Donald Keene)写道:"我不得不说这本书从头到尾都令我无语。它不仅情节无聊,氛围也很沉闷。而且这还是一部冗长的解释类小说,几乎不遵循日本传统写作手法,这是很罕见的。"(*Dawn to the West* [New York: Columbia University Press], 347.)杰·鲁宾(村上春树喜爱的译者之一)称这本书像"一头疲惫的老白象,语言极其乏味"。(Natsume Sōseki, *The Miner*, trans. Jay Rubin [Stanford, Calif.: Stanford University Press, 1988], afterword, 181.)即使是对外邦的品味而言,埃德温·麦克莱伦也把它排除在对漱石的研究之外,称其为"漱石后期小说中最乏味的一部",并说:"里面没有一句话能打动我。"(McClellan, *Two Japanese Novelists: Sōseki and Tōson* [Chicago: University of Chicago Press, 1969], 59.)

26. *Light and Dark*, 274 (*SZ*, 7: 413).

27. 对《明暗》的语言分析,见 Reiko Auestad, *Rereading Sōseki* (Wiesbaden: Harrassowitz, 1998), 149–166。安倍玲子觉得漱石采用了不常用的、不常见的句子结构,试图创造一个批判性的、客观的、多视角的全知叙述者,而非聚焦的叙述者。

28. 吉川夫人建议,去拜访清子将是"对阿延最好的办法",并推搡着说:"你等着瞧吧,我会把阿延调教成一个更加像样的妻子。"(*Light and Dark*, 311 [*SZ*, 7: 479].)一些日本评论家说,这就意味着无论阿延多么痛苦,都必须接受调教。阿延从津田那里获得的爱对于一个妻子来说是不正确的,她更应该努力帮丈夫在亲戚面前树立一个好形象。(见 ōe Kenzaburo, *Saigo no shōsetsu* [Tokyo: Kōdansha, 1994], 161。)小森阳一认为,在《虞美人草》中,漱石觉得藤尾不得不死是因为她无视了家中的男性,选择了自己想结婚的人。从小森的观点来看,阿延的行为更恶劣一些,因为她没有和家人商量就嫁给了津田。虽然她关注外在,但她还是勇敢地遵循自己的心意。在同性友爱社会体系的 303

背景下，她违反了作为妻子的行为准则。因此她成为了被羞辱和惩罚的对象。

29. *Light and Dark*, 387 (*SZ*, 7: 608 – 609).

30. Ibid., 54 (*SZ*, 7: 52).

31. Ibid., 48 (*SZ*, 7: 43).

32. Ibid., 46, (*SZ*, 7: 39).

33. Ibid., 54, (*SZ*, 7: 53, italics mine).

34. Ibid., 177 (*SZ*, 7: 253).

35. Ibid., 326 (*SZ*, 7: 506 – 507).

36. Ibid., 328 (*SZ*, 7: 509).

37. Ibid., 339 (*SZ*, 7: 525).

38. Ōoka Shōhei, *Shōsetsuka Natsume Sōseki* (Tokyo: Chikuma shōbō, 1988), 425 – 429.

39. Mizumura Minae, *Zoku Meian* (Tokyo: Chikuma shōbō, 1990), 260 – 261.

40. *Kyōko*, 392.

41. 以下关于最后一段时间的叙述是根据夏目镜子的回忆，并由久米正雄、森田、小宫、松根、芥川等人加以证实和补充。

42. Akutagawa, *Rashōmon and Seventeen Other Stories*, trans. Jay Rubin, 192.

43. *SZ*, 14: 21 – 22.

参考文献

日文文献

Ara Masato. *Sōseki kenkyū nenpyō*. Tokyo: Shūeisha, 1984.

Etō Jun. *Natsume Sōseki*. Tokyo: Keisō shōbō, 1965.

——. *Sōseki to sono jidai*. 4 vols. Tokyo: Shinchōsha, 1970.

Ishihara Chiaki. *Sōseki no kigōgaku*. Tokyo: Kōdansha, 1995.

Ishihara Chiaki and Komori Yōichi. "Sōseki Kokoro no genkō o yomu."
　　Bungaku 3, no. 4 (October 1992): 2 – 12.

Itō Sei. *Nihon bundanshi*. 13 vols. Tokyo: Iwanami shoten, 2010.

Karatani Kōjin, Koike Seiji, Komori Yōichi, Haga Tōru, and Kamei Shunsuke.
　　Sōseki wo yomu. Tokyo: Iwanami semina-bukkusu 48, 1994.

Komiya Toyotaka. *Natsume Sōseki*. 3 vols. Tokyo: Iwanami shoten, 1953.

Komori Yōichi. "Kokoro ni okeru hanten suru 'shuki.' " In *Kōzō to shite no
　　katari*, 415 – 440. Tokyo: Shinyōsha, 1988.

——. "Kokoro wo seisei suru Shinzo (ha-to)." *Seijō kokubungaku*.
　　March 1985.

Komori Yōichi, Ishihara Chiaki, and Karatani Kōjin. *Sōseki wo yominaosu*.
　　Tokyo: Chikuma shōbō, 1995.

——. "Taidan: Nihon ni tojirarenai sekai de tsūyō suru Sōseki no tankyū o." *Sōseki kenkyū*, no. 1 (1993): 4 - 34.

Miyoshi Yukio. "Watosan wa haishinsha ka: Kokoro saisetsu." *Bungaku* 56 (May 1988): 7 - 21.

Miyoshi Yukio and Karatani Kōjin. "Taidan: Sōseki to wa nani ka." *Kokubungaku: kaishaku to kyōzai no kenkyū* 34 - 35 (April 1989): 6 - 22.

Mizumura Minae. *Zoku Meian.* Tokyo: Chikuma shōbō, 1990.

Morita Sōhei. *Sōseki sensei to watakushi.* 2 vols. Tokyo: Genjitsusha, 1947.

Nakajima Kunihiko and Nakajima Yūko. *Natsume Sōseki no tegami.* Tokyo: Taishūkan shoten, 1994.

Natsume Kyōko. *Sōseki no omoide.* Tokyo: Bungei shunjū, 1994.

Natsume Sōseki. *Sōseki zenshū* [*Complete Works*]. 18 vols. Tokyo: Iwanami shoten, 1965 - 1986.

——. *Sōseki zenshū.* 29 vols. Tokyo: Iwanami shoten, 1999 - 2004.

Noami Mariko. *Natsume Sōseki no jikan no sōshutsu.* Tokyo: Tōkyō daigaku shuppankai, 2012.

Ōe Kenzaburō. *Saigo no shōsetsu.* Tokyo: Kōdansha, 1988.

Ōoka Shōhei. *Shōsetsuka Natsume Sōseki.* Tokyo: Chikuma shobō, 1988.

英文文献

Auestad, Reiko Abe. *Rereading Sōseki: Three Early Twentieth Century Japanese Novels.* Wiesbaden: Harrassowitz, 1998.

Dodd, Stephen. "The Significance of Bodies in Sōseki's *Kokoro.*" *Monumenta Nipponica* 53, no. 4 (winter 1998): 473 - 498.

Fowler, Edward. *The Rhetoric of Confession: Shishōsetsu in Early Twentieth-Century Japanese Fiction.* Berkeley: University of California Press, 1988.

Fujii, James. *Complicit Fictions: The Subject in Modern Japanese Prose Narrative.* Berkeley: University of California Press, 1993.

Hibbett, Howard. "Natsume Sōseki and the Psychological Novel." In *Tradition and Modernization in Japanese Culture.* Edited by Donald Shively, 305 - 346. Princeton, N. J.: Princeton University Press, 1971.

James, Henry. *The Art of Criticism.* Chicago: University of Chicago Press, 1986.

Jameson, Frederic. "Sōseki and Western Modernism." *Boundary* 218 (Fall

1991): 123 – 141.

Karatani Kōjin. *Origins of Modern Japanese Literature.* Edited and translated by Brett de Bary. Durham, N. C. : Duke University Press, 1993.

McClellan, Edwin. *Two Japanese Novelists: Sōseki and Tōson.* Rutland, Vt. : Tuttle, 2004.

Miyoshi Masao. *Accomplices of Silence: The Modern Japanese Novel.* Berkeley: University of California Press, 1974.

Natsume Sōseki. *And Then.* Translated by Norma Moore Field. Rutland, Vt. : Tuttle, 2011.

——. *Botchan.* Translated by J. Cohn. Tokyo: Kōdansha International, 2005.

——. *The Gate.* Translated by Francis Mathy. London: Peter Owen, 1972.

——. *The Gate.* Translated by William F. Sibley. New York: New York Review of Books, 2013.

——. *Grass on the Wayside (Michikusa).* Translated by Edwin McClellan. Chicago: University of Chicago Press, 1969.

——. *I Am a Cat.* Translated by Aiko Itō and Graeme Wilson. 3 vols. Rutland, Vt. : Tuttle, 1972.

——. *Kokoro.* Translated by Meredith McKinney. New York: Penguin, 2010.

——. *Kokoro and Selected Essays.* Translated by Edwin McClellan and Jay Rubin. Claremont, Calif. : Pacific Basin Institute, 1992.

——. *Kusamakura.* Translated by Meredith McKinney. New York: Penguin. 2008.

——. *Light and Dark.* Translated by John Nathan. New York: Columbia University Press, 2014.

——. *Light and Darkness.* Translated by V. H. Viglielmo. Rutland, Vt. : Tuttle, 1972.

——. *The Miner.* Translated by Jay Rubin. Rutland, Vt. : Tuttle, 1988.

——. *Sanshirō.* Translated by Jay Rubin. New York: Penguin, 1999.

——. *Spring Miscellany and London Essays.* Translated by Sammy I. Tsunematsu. Rutland, Vt. : Tuttle, 2002.

——. *Theory of Literature and Other Critical Writings.* Edited by Michael K. Bourdaghs, Atsuko Ueda, and Joseph A. Murphy. New York: Columbia University Press. 2009.

——. *The Three-Cornered World* (*Kusamakura*). Translated by Alan Turney. Tokyo: Tuttle, 1965.

——. *The Tower of London*. Translated by Damian Flanagan. London: Peter Owen, 2005.

——. *Travels in Manchuria and Korea*. Translated by Inger Sigrun Brodey and Sammy I. Tsunematsu. Kent: Global Oriental, 2000.

——. *The 210th Day*. Translated by Sammy I. Tsunematsu. Rutland, Vt.: Tuttle, 2002.

——. *The Wayfarer*. Translated by Beongcheon Yu. Rutland, Vt.: Tuttle, 1969.

Said, Edward W. *On Late Style: Music and Literature Against the Grain*. New York: Vintage Books, 2007.

Sakaki, Atsuko. *Recontextualizing Texts*. Cambridge, Mass.: Harvard University Asia Center, 1999.

Tayama Katai. *The Quilt and Other Stories by Tayama Katai*. Translated by Kenneth G. Henshall. Tokyo: University of Tokyo Press, 1981.

Vincent, J. Keith. "The Novel and the End of Homosocial Literature." *Seijō kokubungaku* (March 1985).

——. *Two-Timing Modernity*. Cambridge, Mass.: Harvard University Asia Center, 2012.

Yu Beongcheon. *Natsume Sōseki*. New York: Twayne, 1969.

索引

注：斜体的页码是指图片。

《文学论》（漱石）

396

一生》（霍夫曼），and Sōseki's *I Am a Cat* 与漱石的《我是猫》，92‑93

Light and Dark（*Meian*，Sōseki）《明暗》（漱石），259‑267；as birth of modern Japanese novel 日本现代小说的诞生，260；critics' response to 批评家的反应，302n25；critics' views on theme of 批评家对于主题的观点，262；deep revelations of character in 对角色的深刻揭示，as new to Japanese fiction 对日本小说的革新，260‑261，267；echoes of Sōseki's health problems in 呼应了漱石的健康问题，253；echoes of Sōseki's marriage life in 呼应了漱石的婚姻生活，240；heated emotions in 强烈的情感表达，as new to Japanese fiction 对日本小说的革新，259；Japanese constraints on social relationships as theme in 日本的限制社会关系主题，260；length of 长度，259；plot of 情节，261‑262；setting for final scene of 最后场景的设定，249；speculations on intended conclusion of 对结局的预测，266‑267；as study of prewar urban bourgeoisie 战前城市中产阶级的研究，259；style of 风格，237；suppressed passion of disrupted past as source of

dramatic tension in 被打乱的过去中被压抑的激情作为戏剧张力的来源，176；and Western novelistic conventions 西方小说的惯例，use of 使用，260；writing of 写作，253，254，256‑257，258，259

Light and Dark《明暗》，Kiyoko character in 清子的角色：as elusive woman characteristic of Sōseki's fiction 拥有漱石小说中难以捉摸的女性特征，157‑158；as mystery at heart of novel 小说的核心奥秘，262‑263

Light and Dark《明暗》，O‑Nobu character in 阿延的角色：detailed exploration of character of 角色的详细探索，260‑261；egoism of 利己主义（自我主义），265；naiveté of 天真，265‑266；as "new woman" threatening traditional homosocial order 威胁传统同性友爱社会秩序的"新女性"，266，302‑303n28；obsession with preserving appearances，259‑260

Light and Dark《明暗》，Tsuda character in 津田的角色：as emotional dullard 情感木讷的人，260；flirtation with nurse 与护士调情，autobiographical basis of 自传基础，250‑251；illness 疾病，nature of 本质，263‑265；as narcissist 自恋者，

262；obsession with preserving appearances 痴迷于保持外貌，259 - 260；quest for self-knowledge by 寻求自我认识，262

"The Literary Arts and Morality" (Sōseki)《文学艺术和道德》（漱石），201

literary figures 文学学者，contemporary 同期，Sōseki's isolation from 漱石自我封闭的对象，118 - 119

literature 文学：Sōseki's decision to study 漱石学习的决定，16 - 17；Western 西方，Japanese interest in 日本的兴趣，48。另见 Chinese literature 中国文学；English literature 英语文学

Lloyd, Arthur 阿瑟·劳埃德，84，86，283n31

London 伦敦：Ministry of Education order requiring Sōseki's study in 文部省要求漱石学习，48；Sōseki's efforts to avoid assignment to 漱石避免外派的努力，48；Sōseki's travel to 漱石的旅行，49，50 - 51

London 伦敦，Sōseki in 漱石所在：and bachelor life 单身生活，inconveniences of 不便，58；and bicycle riding lessons 学骑自行车，69 - 70；book purchases 买书，51，52，53，54，63，64，69，70，108 - 109，291n12；on

British condescension to Japanese 英国对日本的屈尊，56；on constrained Western society 克制的西方社会，60；diary entries on 日记，53，56，60，62，65 - 66，67；echoes of 呼应，in *Grass on the Wayside* 在《道草》中，232，233；on empty flattery of Westerners 西方人假惺惺的奉承，63；encounters with Christian faith 认识基督教信仰，60 - 61；and European formal dress 欧洲正装，57；failure to file required Education Ministry reports 未能提交文部省所需的报告，68；hard study during 努力学习，58，61，64 - 65，67，69；homesickness for Japan 对日本的思乡之情，72；isolation and loneliness of 封闭和孤独，50 - 51，57，58，59，66，67 - 68，69，73；lack of access to great novelists in city 在城市里无法接触到伟大的小说家，66 - 67；and life astride two cultures 跨越两种文化的生活，57，71 - 72；and mental illness 精神疾病，flare-up of 发作，66，67 - 72，279n4；and mental illness, Ministry of Education intervention in，69，70；and monthly stipend 每月津贴，inadequacy of 不足，51，52，54 - 55，58，67；other

430